广东省社会管理研究会策划、资助出版
社会管理文库

U0656401

安全社区明白人

ANQUAN SHEQU
MINGBAIREN

陈 篮 ◎编著

中国出版集团

世界图书出版公司

广州·上海·西安·北京

图书在版编目（CIP）数据

安全社区明白人 / 陈篮编著. --
广州：世界图书出版广东有限公司，2015.5
ISBN 978-7-5100-9697-6

Ⅰ.①安… Ⅱ.①陈… Ⅲ.①社区－安全管理－案例
－中国 Ⅳ.①D669.3

中国版本图书馆 CIP 数据核字(2015)第 099742 号

安全社区明白人

策划编辑	胡一婕
责任编辑	杨力军
封面设计	高艳秋
投稿邮箱	stxscb@163.com
出版发行	世界图书出版广东有限公司
地　址	广州市新港西路大江冲 25 号
电　话	020–84459702
印　刷	虎彩印艺股份有限公司
规　格	787mm×1092mm　1/16
印　张	24.5
字　数	460 千
版　次	2015 年 5 月第 1 版　2016 年 4 月第 2 次印刷
ISBN	978-7-5100-9697-6/C·0045
定　价	59.00 元

序

老子在《道德经第六十三章》中有句话：“天下难事必作于易，天下大事必作于细。”意思是说，天下的难事都是从容易之时发展起来的，天下的大事都是从细微之处一步步形成的。也就是说，解决难事要从事情还比较容易解决的时候去谋划，做大事要从细小之处做起。

做安全管理工作也一样。

安全，知易行难。

如果细心留意，您会发现，您的身边，安全风险无处、无时、无事不在。

安全形势瞬息万变，安全问题包罗万象，安全问题迫在眉睫，应从何处着手、如何下手？这是对基层政府安全管理能力的考量。

透过几年的认知，我觉得，对于区域的安全治理，安全社区这个模式不妨一试。安全社区在国外几十年、国内十几年的发展历程与成效，体现了其理念、运作模式所具有的顽强生命力，也表明该公共管理模式适合我国国情，值得稳步推进。

近些年，关于安全社区建设工作，我和我的领导、同事和同行们做了一些交流与探讨，如街镇的领导、创安办及项目组成员，安监部门的领导及同事，安全社区建设专家等。在参与对街镇安全社区建设工作的策划、指导、协调、交流中，我也听到了不少声音，如街镇对安全社区的认识与评价，对安全社区建设中的困惑与需求、经验与体会、做法等。

俗话说，对症下药，才能药到病除。

安全的事项千头万绪，关键在于落实。

安全社区建设，重在实践。

安全社区建设，强调问题导向，不能放过任何风险隐患，应直面问题、正视问题、分析问题、解决问题，从而提升社区的本质安全水平。

安全社区建设，应当聚民心、集民智、用民力，做一些居民群众身边看得见、摸得着的好事、实事，尽最大的努力改变安全现状。

安全社区建设，要体现各职能部门做好自己分内的、同时关注自己分外的安全事项，通过建设提升各行业、领域乃至整个社区日常安全管理水准。

安全社区建设，是一项基础性、经常性、长效性的社会管理工作。它决定了我们不能用百米冲刺的方式求一时之快，而是要用跑马拉松的方法调匀节奏，稳扎稳打，深入打好安全文化的基础。

安全社区是发动大家做出来的，不是包装出来的；是建设出来的，不是日常工作简单堆积出来的。

建设安全社区，就是在日常工作中植入安全元素，将安全服务带到居民群众的身边。

建设安全社区，就是对我们日常交通、工作场所、消防、公共场所、涉水、学校、老年人、残疾人、儿童、居家、公共场所、体育运动等诸多领域，展开一次全面、彻底的安全隐患排查与整治，是对居民群众自身安全的全面保障。

为探索安全社区建设之路，给街镇安全社区建设者提供比较明确具体的指引与思考，我根据近年来自己在安全社区建设与业务工作中的所看、所思、所做，编写了本书。编写中，参考并引用了有关资料，全国安全社区促进中心欧阳梅主任、陈文涛副主任等专家以及省市安全社区培训讲义有关资料，一些街镇工作报告素材以及网络上有关资料，特此致谢。

本书也许还比较粗糙，有些方面考虑得还不一定完善、成熟，但我想借助本书，将自己对安全社区的认知与理解告诉大家，抛砖引玉，发动大家一起参与思考、参与探讨、参与建设，改变局部的、有限的思维定势，跳出安全看安全，在换位思考中抓安全，在脚踏实地中抓安全，努力预防与减少我们身边的各类事故与伤害。

我坚信，我们今天在安全管理领域前行的每一小步，都将汇聚成为日后的一大步。

感谢广东省社会管理研究会对本书出版给予的大力资助！

感谢广东省、广州市、黄埔区安监部门及各级领导对我的鼓励、支持、指导与帮助。

感谢我的同事们在日常业务工作中给予的大力支持与热心帮助，以及本书编写中的有益讨论与启示！

感谢出版社杨力军主任为本书的出版所付出的辛勤劳动。

安全社区建设是一个大课题，涉及各行业、领域的方方面面与人人事事。因时间仓促，限于本人理论、实践以及视野的局限，以及随着对安全社区认知的不断发展提升，本书存在的不妥之处，敬请读者指正。有关意见及建议可发到如下电子邮箱:gzhpchenlan@126.com,以便再版时修正。

今天,就让我们一起努力,将安全意识从工厂带到社区、家庭,融入社会;从8小时内的管理延伸到8小时之外的关注,让我们的生活中少一分伤害少一声哭泣,多一分安全多一点快乐!

朋友,祝您安全地工作,安全地生活!一生平安幸福!

编 者

2015年3月21日于黄埔

目　录

第一章
立足大安全的安全社区

未雨绸缪

天还没有下雨，先把门窗绑牢，事先做好准备工作，才能避免出问题。

本图片由广州苍龙动漫发展有限公司设计制作

本章关键词:安全,社区,理念,视野

本章内容导读:

1. 什么是安全;

2. 什么是安全社区;

3. 安全社区的由来、定义、范畴、理论支撑、国内的建设历程;

4. 如何从宽广的视野看待安全社区建设。

安全社区的核心理念是资源整合、全员参与、持续改进。其关注的立足点是大安全,是一个围绕人的安全来展开的社会管理工作的创新。因此,我们需要从安全的概念起步,搞清楚我们需要关注哪些安全问题,如何解决这些安全问题,什么是安全社区,如何看待安全社区建设。

第一节　关于安全

安全大如天,万事排第一。

安全,是地球村全人类共同关注的话题。

从天地初开生命初起之时,安全就是一个无法被忽视的话题。

生命的足迹无论走到哪里,安全都必须先行一步。

人类要生存生活、劳动创造、拥有财富,安全是这一切的保障。

社会发展,文明进步,人类从没有像今天这样重视安全的存在,同时,也从未像今天一样为了安全而忧虑。

安全的对立面是事故。事故就像一个梦魇,在人类的身边阴魂不散。工矿企业、建筑工地、交通运输、机场码头、商场学校、公众场所、家庭住宅等所有生产、生活场所,总能见到事故的魔影;地震、洪涝、坍塌、矿难、火灾、爆炸等灾难性的事件总是不时打破世界的祥和宁静;工业伤亡、交通事故、环境污染、食品安全事故、社会治安问题等长期困扰社会。

1999 年,在哥本哈根召开的世界社会发展首脑会议提出:"向全世界对我们人类的安全与和平、生存与健康构成威胁的现象做斗争,并将此作为我们的工作重点和优先领域。"

安全问题,已不仅仅隶属于工业生产范畴,它已渗透到我们日常工作、生活的方方面面,成为我们的揪心之痛。

一、安全的含义

安全是一个很广泛的概念。现代意义上的安全(security)一词源于拉丁文的"securitas",意为从小心、不稳定和自制中解脱出来的状态,进而引申为脱离危险的安全状态。

《朗曼现代英语词典》的解释中,安全是指"摆脱危险和焦虑的状态""得到某种保障、保护和防卫"。

美国安全工程师学会编写的《安全专业术语词典》解释中,安全是指"导致损伤的危险度是能够容许的,较为不受伤害的威胁和损害概率低的通用术语"。

在政治学的概念中,安全是指人们的生命财产受到保护,社会安宁,政权稳固,社会政治经济制度正常运转。

1943年,美国心理学家马斯洛把人的各种需要归纳为五个基本层次:生理需要、安全需要、社交与归属需要、尊重需要和自我实现需要,将安全的需要列为人的第二需要,认为人的需要是分层次由低级向高级发展的。马斯洛认为,当人的生理需要得到较充分的满足后,安全需要就将成为个人行为的驱动力。

广义上的安全,是预知人类活动的各个领域里所采取的或潜在的危险,并且为消除这些危险所采取的各种方法、手段和行动的总称。

事实上,广义上人的安全需要存在于人的各个层次需要中。追求自我实现是人的本能,也是社会发展的动力。处于追求自我实现需要的人,其对安全的需要显得更加重要,他们需要安全地施展才华,实现自我抱负。

安全社区所涉及的安全是指没有危害或不发生危险的状态。在工程学的意义上,绝对安全是不存在的,只能说将发生危险的几率降到尽可能的小。

安全的对立概念是危险或事故,从这个角度出发,安全的含义又可理解为预知危险或事故和消除危险或事故,两者缺一不可。

二、如何保障安全

(一)安全要从理念先行

通常,谈起美国杜邦公司,人们都会将其作为安全的代名词,原因是它一直坚持"所有的操作危害都是可以控制的;从科学出发,一切事故均可避免"的安全理念,并且落实到员工个体。

1.安全理念是在发展过程逐步完善提升的

杜邦公司由一家生产黑火药的小企业起家。创业时,鉴于产品的特殊性,杜邦公司创始人 E.I.杜邦将厂址选在河边。人们的印象中,生产危险品的车间通常是被建成四面厚厚的砖墙和坚固的房顶,而 E.I.杜邦则建三面砖墙及轻质屋顶,在靠河的一面只建轻薄的墙体,如果发生爆炸事故,可将爆炸产生的压力导向轻质屋顶和靠河的一面,减轻爆炸冲击波带来的危害。

杜邦公司安全管理体系的建设完善历程充满了艰辛和坎坷。以下几个时间节点值得回顾与思考:

1815 年工厂发生爆炸事故,9 人死亡。为此,E.I.杜邦为遇难者遗孤和遗孀建立了养老金制度。同时,杜邦家族搬进工厂,以示与工人共命运。

1818 年,工厂再次发生爆炸,事故导致 40 人丧生,起因是员工酗酒。从此,E.I.杜邦要求员工工作时禁酒,并摸索出了一套安全管理制度。

1911 年,杜邦公司成立世界第一个企业安全委员会。

20 世纪 40 年代,杜邦公司提出"所有事故都可以预防"的理念。

1953 年,杜邦公司开始统计员工非工作时间的安全状况。从此,杜邦公司关注员工 8 小时以外的安全。

1990 年,杜邦公司设立"安全、健康与环境奖"。

1998 年,杜邦公司成立安全管理咨询部,将其安全管理经验和知识与全球的企业分享。

2.杜邦公司安全理念要点

(1)所有的安全事故都是可以预防的;

(2)各级管理层对各自的安全直接负责;

(3)所有的安全操作隐患都是可以控制的;

(4)安全是被雇佣的员工条件;

(5)合同中明确员工如果违反安全操作规程,随时可以被解雇;

(6)员工必须接受严格的安全培训;

(7)各级主管必须进行安全检查;

(8)发现安全隐患必须及时改正;

(9)工作外的安全和工作安全同样重要;

(10)良好的安全就是一门好的生意;

(11)员工的直接参与是确保安全的关键。

由此看出,安全是每一位员工的事。没有员工的参与,安全就是一句空话;没有员工的参与,公司的安全就无法落到实处。

3.安全领域无神话

2014年11月15日,杜邦公司出现了安全管理界关注的事件:美国休斯敦工厂发生甲硫醇泄漏事故,5名工人直接暴露于有害气体中,造成4人死亡、1人重伤。这件事让全球安全管理界印象深刻,作为安全代名词的杜邦公司也会出事吗?

由此给我们两点启示:一是安全管控永无止境;二是制定制度的目的在于落实。

(二)安全是一个系统工程

安全,是一个系统工程,需要系统的思维。决定安全的状态有多重因素,如人、物(如安全防范措施、安全性能好的生产设备等)、管理制度(法规、标准、规范、操作规程等)和环境(如天气因素的雨雪风雾,高处作业、水上作业等)。

1.安全的关注因素

(1)安全靠个体:每个人都应当具备一定的安全素质,即安全修养、安全责任心、业务技能、健康的身体等;

(2)安全靠领导:领导高度重视,舍得投入,提供良好的工作环境;

(3)安全靠法规、标准、规范、制度:用强制性的法规、科学的标准、规范、制度规范个体的各项行为;

(4)安全靠机制:建立健全奖惩机制,逐级落实安全责任,奖罚分明;

(5)安全靠管理:建立安全管理体系,重视过程控制,实现规范化、标准化管理;

(6)安全靠文化:安全文化对员工的影响是潜移默化、深远持久的,它影响员工的安全思维方式和安全行为方式;

(7)安全靠细节:一个小小的差错会形成巨大的隐患;一个小小的疏忽,会影响工作的正常运行;一个小小的闪失,会让生命处于险境。细节是安全工作的生命线。

【链接】日常工作与生活中细节安全做法参考

上下楼梯要手扶扶手;

上车后的第一件事是系好安全带；

开会或搞活动的首要事情是安全，要让所有人知道安全通道在哪里；

停车时要将车头向外；

用过的笔放置时要笔头向内；

在作业场所工作时不要奔跑；

开车时不要接、打电话；

在安全帽上标注姓名及血型——一旦发生事故，能在第一时间知道伤者是谁且免去化验血型的时间，也许这几秒钟就能挽回一条生命；

对每个岗位和工种均制作危险源告知卡，让员工掌握自己岗位的生产流程及易发隐患，人手一卡并要求随身携带；

集体聚会前要有安全提示。

2.安全管理的基础

安全法规是安全管理的基础。

安全标准是落实安全工作的工具。

安全规范是落实安全工作的基本程序。

安全制度是落实安全工作的行动准则。

安全管理的核心是人本管理。

【链接】安全管理切莫讳疾忌医

战国末期思想家韩非（约公元前280—前233年）的著作《韩非子·喻老》中有一文《扁鹊见蔡桓公》，讲述了这样的故事：扁鹊进见蔡桓公，说君王您的皮肤有点小病，不医治的话，恐怕会更严重。桓侯毫不在乎地说，我没病，医生就喜欢给没病的人治病，以此来邀取功名。十天后，扁鹊又去拜见桓侯，说君王您的病已经到了肌肉里，不医治的话，会更加严重。桓侯不高兴了，说你走吧，我根本没病。又过了十天，扁鹊再去拜见桓侯，说您的病已经到了肠胃中，再不医治的话，会出现危险。桓侯大怒，将扁鹊轰了出去。再过了十天，扁鹊看到桓侯转身就跑。桓侯诧异，便派人去问扁鹊。他说，病在皮肤，烫熨就能治好；病渗透到了肌肉，针灸能治好；病转移到了肠胃里，火剂汤可以治疗；病扩散到了骨髓里，无可救药，谁也没有办法治好。现在他的病已到了骨髓，所以我无话可说了，只好躲开，一走了之。五天后，桓侯浑身疼痛，派人寻找扁鹊，扁鹊已逃到秦国去了。桓侯因为不愿承认有病不愿接受治疗而死了。

与安全相关的法规、标准、规范及制度所阐述的每一条要求、每一个规定，都用严谨的语言、简洁的表述告诉人们，在生产生活中应当采用什么样的方式才是安全的。

对待安全工作必须充分发挥每一个人的主观能动性，把安全作为个人的一种使命、一种本能，而不是表面上的一种形式主义。

安全的法规、标准、规范及制度，构成了安全行为的规范，如同带电的高压线，谁碰谁受伤。

安全，不是做给别人看的，它必须是发自内心的良好愿望。

安全，必须从现在做起，从点滴做起，从本职做起，从细节做起。

抓安全，必须系统抓、全面抓，必须长抓不懈。

安全，必须老生常谈。

安全，必须时时讲、天天讲、月月讲、年年讲。

（三）关注人一天各时间节点上的安全

人的一生，即便算活到 80 岁，也不到 3 万天的日子。在每天 24 小时的日子里，除掉睡觉的 8~10 小时，各类工作、运动、休闲娱乐等只有 14~16 小时。在一天的各个时间段，人在不同的场所、场合面临着不同的风险隐患，相应地需要关注的安全要点是不同的。

请思考阅读《人一天各时间节点上的安全要素一览表》，对自己的日常安全做一个盘点。

注意：不同的人群，在不同环境、不同场所、不同领域，所面临的安全风险要素有所不同，应做相应修改补充。

表1-1 人一天各时间节点上的安全要素一览表

时间节点	活动区间	动作内容	安全要素	安全要素分类	可能伤害类型	应对措施
7:00—7:40	起床—出门	起床	迷糊状态下起床	行为因素	其他	在床上呆到清醒（保持清醒）
			从床上摔下	行为因素	其他	在床上呆到清醒（保持清醒）
			床上吸烟	物理因素	火灾	杜绝此项行为
		洗脸刷牙	卫生间地滑	物理因素	其他	小心行走
			刷牙时被水呛到	行为因素	其他	小心谨慎
			产品过期变质	化学因素	其他	看清产品使用日期
			个人卫生用具的卫生	生物因素	其他	经常清洗、更换
		做早餐	燃气泄漏	化学因素	中毒	用完检查
			插座漏电	物理因素	触电伤害	购买正规合格品
			用火	化学因素	火灾	清理明火周边无关物品
			厨房通风	物理因素	中毒	常开窗(开抽风机)
			电器漏电	物理因素	触电伤害	购买正规合格品
			油、水烫伤	行为因素	灼烫	小心谨慎
			餐具划伤	行为因素	机械伤害	小心谨慎
			变质食物	行为因素	中毒	食用前查看保质期
			厨房地滑	行为因素	其他	小心谨慎
		吃早餐	噎着、呛着	行为因素	其他	小心谨慎
		打扮着装	衣柜夹伤	行为因素	其他	小心谨慎
			穿套头衫时窒息	行为因素	其他	小心谨慎
			昆虫等遗留物质在衣服上致皮肤过敏	化学因素	其他	穿着时小心检查衣服
			清洁问题	生物因素	其他	经常清洗、更换
		检查房间	电源	物理因素	触电伤害、火灾	切断电源
			门窗	物理因素	其他	关闭门窗
			燃气	化学因素	中毒、火灾	关闭总阀
			水龙头	行为因素	其他	关闭总阀
			充电器、电暖器等未拔离电源	化学因素	爆炸、火灾	检查
			物品有无倾倒迹象	行为因素	物体打击	检查

续表

时间节点	活动区间	动作内容	安全要素	安全要素分类	可能伤害类型	应对措施
7:00 — 7:40	起床—出门	出门	门未锁好	行为因素	其他	检查，防盗
			忘带钥匙	行为因素	其他	小心谨慎
			门夹伤	行为因素	其他	小心谨慎
7:40 — 8:30	出门—单位	走楼梯	踩空、扭伤	行为因素	其他	小心谨慎
		乘电梯	出现故障	行为因素	起重伤害	注意电梯安全
			夹伤	物理因素	机械伤害	小心谨慎
		停车库	自身安全，观察车辆周边情况	行为因素	其他	观察车辆周边有否杂物
			停车库盲点	行为因素	其他	慢慢观察行驶
		公交站	摔下站台被车辆碰撞	行为因素	车辆伤害	尽量避开拥挤时段
			被盗	行为因素	其他	小心谨慎
		自驾	车辆自燃	其他因素	火灾	及时逃离
			交通事故	行为因素	其他	遵守交通规则，宁等不抢
			撞伤行人	行为因素	其他	注意避让行人
			马路上追逐、酒醉驾	行为因素	其他	不违规
			行车打接电话	行为因素	其他	遵章守纪，不做违规动作
		乘公交车	上下公交车踩空台阶	行为因素	其他	小心谨慎
			车门夹手	行为因素	机械伤害	小心谨慎
			车内拥挤	行为因素	其他	避开高峰时段
			未扶扶手而摔伤	行为因素	其他	小心谨慎
			自身财物丢失	行为因素	其他	小心谨慎
			周围有异常情况	行为因素	其他	小心谨慎
			危险事件发生	行为因素	其他	小心谨慎
			周边有危险提示	行为因素	其他	小心谨慎
		乘地铁	车门夹手	行为因素	机械伤害	小心谨慎
			车内拥挤	行为因素	其他	避开高峰时段
			财物被盗	行为因素	其他	小心谨慎
			周边有异常情况	行为因素	其他	小心谨慎

时间节点	活动区间	动作内容	安全要素	安全要素分类	可能伤害类型	应对措施
7:40—8:30	出门—单位	乘地铁	危险事件发生	行为因素	其他	小心谨慎
			周边有危险提示	行为因素	其他	小心谨慎
		骑自行车	路况差	行为因素	车辆伤害	选择好的路况
			速度过快	行为因素	车辆伤害	安全行驶，安全第一
			被来往车辆撞伤	行为因素	车辆伤害	小心谨慎
		步行	玩手机造成自身伤害	行为因素	车辆伤害	不玩手机，专心走路
			过马路被车辆撞伤	行为因素	车辆伤害	一停二看三通过
			高空坠物砸伤	物理因素	物体打击	走路时多留心眼
			野狗野猫等伤害	生物因素	其他	避开野狗野猫
			被盗	行为因素	其他	小心谨慎
		走楼梯	踏空	行为因素	其他	小心谨慎
		乘电梯	电梯出现故障	行为因素	起重伤害	注意电梯安全
			夹伤	物理因素	机械伤害	小心谨慎
		停车库	自身安全，观察车辆周边情况	行为因素	其他	观察车辆周围有否杂物
8:30—17:30	单位	吃午餐	午餐不卫生	行为因素	中毒	吃合格的产品，叫正规的外卖
			食物配搭不当、食物相克	化学因素	中毒	了解食物配搭
			噎着、呛着	物理因素	其他	吃饭不要太急，进食时不要说话
		办公地点	火灾	物理因素	火灾	熟悉安全通道
			有毒物质	化学因素	中毒	有不适症状应立即查明原因
			撞伤	物理因素	其他	小心谨慎
			违规使用电器	行为因素	触电伤害	按规范使用电器
			触电、漏电	物理因素	触电伤害	注意用电安全
			夹伤	物理因素	机械伤害	小心谨慎
			烫伤	物理因素	灼烫	小心谨慎
			摔伤	物理因素	其他	小心谨慎

续表

时间节点	活动区间	动作内容	安全要素	安全要素分类	可能伤害类型	应对措施
17:30—18:00	回家途中	走楼梯	踏空	物理因素	其他	小心谨慎
		乘电梯	出现故障	行为因素	起重伤害	注意电梯安全
			夹伤	行为因素	机械伤害	小心谨慎
		停车库	自身安全,观察车辆周边情况	行为因素	其他	观察车辆周围有否杂物
		公交站	摔下站台被车辆撞伤	行为因素	车辆伤害	尽量避开拥挤
			被盗	行为因素	其他	小心谨慎,多个心眼
		自驾	车辆自燃	行为因素	火灾	及时逃离
			交通事故	行为因素	车辆伤害	遵守交通规则,宁等不抢
			撞伤行人	行为因素	车辆伤害	注意避让行人
			疲劳驾驶	行为因素	其他	勿疲劳驾驶,珍惜生命
			行车打接电话	行为因素	其他	遵章守纪,不做违规动作
		乘公交车	上下公交车踩空台阶	行为因素	其他	小心谨慎
			车门夹手	物理因素	机械伤害	小心谨慎
			车内拥挤	行为因素	其他	避开高峰时段
			自身财物丢失	行为因素	其他	小心谨慎
			周边有异常情况	行为因素	其他	小心谨慎
			危险事件发生	行为因素	其他	小心谨慎
			周边有危险提示	行为因素	其他	小心谨慎
		乘地铁	车门夹手	物理因素	机械伤害	小心谨慎
			车内拥挤	行为因素	其他	避开高峰
			财物被盗	行为因素	其他	小心谨慎
			周边有异常情况	行为因素	其他	小心谨慎
			危险事件发生	行为因素	其他	小心谨慎
			周边有危险提示	行为因素	其他	小心谨慎
		骑自行车	路况差	行为因素	车辆伤害	选择好的路况
			速度过快	行为因素	车辆伤害	安全行驶,安全第一
			被来往车辆撞伤	物理因素	车辆伤害	小心谨慎

续表

时间节点	活动区间	动作内容	安全要素	安全要素分类	可能伤害类型	应对措施
17:30—18:00	回家途中	步行	玩手机造成自身伤害	行为因素	车辆伤害	不玩手机,专心走路
			过马路被撞伤	物理因素	车辆伤害	过马路时注意来往车辆
			高空坠物砸伤	行为因素	物体打击	走路时多留心眼
			野狗猫等伤害	生物因素	其他	避开野狗野猫
			被盗	行为因素	其他	小心谨慎
		买菜	被盗	行为因素	其他	小心谨慎,多个心眼
			受到意外伤害	行为因素	其他	注意观察周围情况
			发生口舌,打架伤害	行为因素	其他	做文明有素养的人
			拥挤、抢时间	行为因素	其他	不要争抢,能等就等
		走楼梯	踏空	物理因素	其他	小心谨慎
		乘电梯	出现故障	行为因素	起重伤害	注意电梯安全
			夹伤	物理因素	机械伤害	小心谨慎
		停车库	自身安全,观察车辆周边情况	行为因素	其他	观察车辆周边有否杂物
18:00—21:00	家中	做晚饭	燃气泄漏	化学因素	中毒、火灾	用完检查
			用火	化学因素	火灾	清理明火周围无关物品
			厨房通风	物理因素	中毒	常开窗,防中毒
			电器漏电	物理因素	触电危害	购买正规合格产品
			油、水烫伤	行为因素	灼烫	小心谨慎
			餐具划伤	行为因素	机械伤害	小心谨慎
			厨房地滑	行为因素	其他	小心谨慎
		吃晚饭	噎着、呛着	行为因素	其他	吃饭不要太急,进食时不要说话
21:00—22:00	饭后活动	走楼梯	踏空	行为因素	其他	小心谨慎
		乘电梯	出现故障	行为因素	起重伤害	注意电梯安全
			夹伤	物理因素	机械伤害	小心谨慎
		停车库	自身安全,观察车辆周边情况	行为因素	其他	观察车辆周边有否杂物
		外出娱乐	过度酗酒	行为因素	中毒	合理娱乐
			受到意外伤害	行为因素	其他	小心谨慎

续表

时间节点	活动区间	动作内容	安全要素	安全要素分类	可能伤害类型	应对措施
21:00—22:00	饭后活动	外出娱乐	走人烟稀少的地方	行为因素	其他	尽量结队出行
			醉酒驾车	行为因素	车辆伤害	喝酒不开车
			娱乐场所安全问题	其他因素	火灾	熟悉安全通道
			夜出晚归，发生意外伤害	其他因素	其他	尽量避免一个人太晚外出
		外出健身	做剧烈运动	行为因素	其他	合理健身
			健身器材故障	行为因素	其他	小心谨慎
			运动时损伤	行为因素	其他	小心谨慎
			选择场所不对	其他因素	其他	选择平坦的地方
		走楼梯	踏空	行为因素	其他	小心谨慎
		乘电梯	出现故障	行为因素	起重伤害	注意电梯安全
			夹伤	物理因素	机械伤害	小心谨慎
		停车库	自身安全，观察车辆周边情况	行为因素	其他	观察车辆周边有否杂物
22:00—07:00	睡觉	睡前洗漱	地滑摔倒	物理因素	起他	小心谨慎
			用电不安全	物理因素	火灾、触电	注意用电安全
		检查房间	电源	物理因素	触电伤害、火灾	切断电源
			门窗	行为因素	其他	关闭门窗
			燃气	化学因素	火灾、中毒	关闭总阀
			房间密封窒息	物理因素	其他	保持空气流动
			水龙头	行为因素	其他	关闭总阀
			物品有倾倒迹象	行为因素	物体打击	检查
		睡觉前	躺在床上吸烟	物理因素	火灾	杜绝此类不良行为
			蚊虫叮咬	生物因素	其他	经常杀虫灭蚊
			床周边有易摔物	行为因素	物体打击	保持整洁
		睡觉时	睡姿不当引起颈椎、腰椎问题	物理因素	其他	注意良好睡姿

第二节　关于安全社区

一、关于社区

社区是指一个包括人口、地域及各种社会关系的具体的、有限的地域社会共同体,是社会的基本构成单位,是人们生活的基本区域。其基本要素如下:

(1)具有一定数量的人口;

(2)具有一定的地域界限;

(3)具有共同的文化、制度和经济生活,居民按一定的方式和结构分布并具有一定的凝聚力和归属感。

二、安全社区的有关内容

(一)安全社区的由来

1975年,"安全社区"的雏形诞生于瑞典Falkoping(中文名为法尔雪平)社区。该社区意识到伤害是公众安全健康的主要问题,要解决这一问题,必须依靠社区各部门及志愿团体的合作。他们制定了有针对性的伤害预防计划,包括宣传、教育、咨讯、监管及环境改善等环节。计划实施两年半后,该社区内交通伤害减少28%,家居伤害减少27%,工伤事故减少28%,学龄前儿童伤害减少45%。而相邻未实施伤害预防计划的社区伤害现象则无明显减少。

1989年,世界卫生组织(WHO)第一届事故与伤害预防大会正式提出"安全社区"概念,来自50个国家的500多名代表在会上一致通过了《安全社区宣言》。宣言指出:任何人都享有健康和安全的权利。这一原则是WHO推进全人类健康及全球预防意外伤害控制计划的基本原则。20多年来,推广"安全社区"概念成为 WHO 在安全促进和伤害预防方面的一项重点工作。

《安全社区宣言》指出:伤害严重威胁着人类的健康和生命,是一个重要的公共卫生问题。在需要医院就诊的人群中,约有三分之一是由伤害原因造成的。尽管伤害问题极其严重,但大部分国家并没有把伤害预防作为一个需要优先解决的问题。只有通过包括国际组织、国家和地方政府、私人的和非盈利的教育、社会和经济组织在内的跨界部门的一致努力,事故和伤害才可以得到预防和控制。

(二)安全社区的定义及拓展含义

安全社区是指建立了跨部门合作的组织机构和程序,联络社区内相关单位和个人共同参与事故与伤害预防和安全促进工作,持续改进地实现安全目标的社区。安全社区的本质就是持续不断地预防或减少社区各类事故和伤害。

建设安全社区的目的是将社区内各种不同的组织机构,包括政府部门、商业机构、学校、社区卫生服务中心以及社区服务团体等紧密联系起来,运用各自的资源及服务,为社区居民提供一个安全健康的工作和生活环境,识别和控制社区及辖区单位的各类风险,提高社区成员的安全意识和安全行为能力,让社区内所有人不论是在工作场所还是在日常生活中,都有安全和健康保障,最大限度地降低职业伤害、日常生活中的伤害、各种事故伤害以及暴力、自杀等各种意外伤害。

安全社区建设是从经济发展和社会公共管理源头上关注安全,坚持"关爱生命,关注安全""安全、健康、和谐、平等、文化"等理念,坚持以人为本、安全发展的宗旨。

安全社区建设体现了7个特点:先进理念的导向性,资源整合的有效性,公众参与的群众性,政府推动的必要性,各具特色的广泛性,坚持标准的科学性,持续改进的进步性。

(三)安全社区的区域范畴

本书中的社区指城市街道、农村乡镇、企业主导型社区、工业园区等类型。安全社区建设最小的区域单位是街镇,再大的可以是行政区(设市的区,如深圳市福田区的整区创建)或地级以上市。

(四)安全社区建设的理论支撑

安全社区的理论主要基于戴明管理模式(PDCA 模式),以及流行病学、项目管理、风险管理、公共安全、循证医学等理论。

PDCA 模式由美国质量管理专家戴明(W.E.Deming)首先提出并运用到质量管理工作中,又称戴明循环。

P(planning)——策划:根据顾客的要求和组织的方针,为提供结果建立必要的目标和过程。

D(do)——实施:实施过程。

C(check)——检查:根据方针、目标和产品要求,对过程和产品进行监督和测量,并报告结果。

A(action)——处置或改进:采取措施,以持续改进过程业绩。

PDCA 循环的四个阶段,虽起源于质量管理,但适合各领域的管理,具有广泛性、实用性和有效性,体现着科学认识论的管理手段和科学的工作程序。

(五)我国安全社区建设历程

十几年前,安全社区建设这一创新载体进入国内的视野与行动中。2002年,中国职业安全健康协会受国家安全监管总局委托启动安全社区建设,致力于安全社区理念推广和安全社区建设。

2002 年以来,安全社区建设已由北京、上海、大连、山东等大城市和东部经济发达地区,延伸至四川、重庆、广东、宁夏等地区,由单一的城区街道型扩展到企业主导型、农村乡镇型和工业园区等。

2004 年,国家安全监管总局提出制定中国安全社区标准,委托中国职业安全健康协会起草安全社区标准。

2006 年 2 月 27 日,《安全社区建设基本要求》(AQ/T 2001—2006)由国家安全监管总局颁布,2006 年 5 月 1 日在全国范围内正式实施。

2006 年,国家将安全社区建设纳入《安全生产"十一五"发展规划》和

《安全文化建设纲要》,确定"十一五"期间全国建成 500 个安全社区的目标。

目前全国安全社区的建设大致经历了 3 个阶段:

第一阶段:2002—2005 年,启动试点、策划调研阶段;

第二阶段:2005—2008 年,以点带面、逐步发展阶段;

第三阶段:2008 年至今,规范建设、创新发展阶段。

2007 年 9 月 3 日,国家安全监管总局在沈阳召开第一届全国安全社区工作会议,命名了首批 21 个"全国安全社区"。此后,每年 11 月份左右召开一次。

截至 2014 年底,被命名的全国安全社区有 552 家,有 10 多个区(县)实现了整体创建。在建安全社区 2600 多家,分布在全国 22 个省、市、自治区,涵盖人口 1.5 亿人,包括城市社区、企业主导型社区、农村社区。

表 1-2　2004—2014 年全国安全社区建设情况一览表

年度	新启动社区	新命名社区	国家安全监管总局召开年度全国安全社区工作会议届别及地点
2004	7		
2005	113		
2006	84		
2007	79	21(首批)	第一届,沈阳
2008	139	50	第二届,青岛
2009	399	64	第三届,北京
2010	489	69	第四届,重庆
2011	193	85	第五届,北京
2012	238	71	第六届,西安
2013	594	120	第七届,南京
2014	271	94	第八届,成都
总 计	2606	552	

（六）安全社区的核心理念

1.跨界合作(见本书第四至七章内容);

2.资源整合(见本书第六章内容);

3.全员参与(见本书第五章、第七章内容);

4.持续改进(见本书第九章内容)。

三、安全社区建设的关注点

对街镇创安机构来说,安全社区建设的关注点是围绕大安全的范畴展开,如:

1.关注各类事故与伤害;

2.关注辖内各类人群的安全状况、安全需求;

3.关注辖内各单位的安全管理;

4.关注眼前的安全与未来的安全;

5.关注村居的安全管理;

6.关注辖内各行业、领域的安全管理。

对辖内个人来说,安全社区建设应当关注如下方面:

1.自己身边的安全风险与隐患;

2.发生在别人身上的事故与伤害案例;

3.过去发生的事故与伤害案例;

4.大安全理念;

5.好的安全措施、安全设施、安全管理等。

四、从四大视野看安全社区

我们知道,有什么样的理念就有什么样的行为和结果。优秀、超前的理念将引领好的行动和好的结果。

俗话说,站得高才能望得远。对安全认识的境界高低,决定了对安全的重视程度。

安全社区建设是一个系统工程,需要系统的、深度的思维。因此,我们要从更广的角度、更深的层面来认识、了解安全社区,加大安全社区理念的宣传与推广力度。

（一）从大安全（系统综合工程）的视野看安全社区

强调"大"字，是为了有别于传统的安全管理，在超越安全中抓安全。

大安全观涵盖社会所有行业、领域的安全，包括自身的躯体和心理方面、身体以外的环境，如社会秩序、文化、经济、制度、自然、生态等。

大安全范畴很广，如食品安全、饮水安全、治安安全、婚姻安全、性安全、生长发育安全、心理安全、交通运输安全、消防安全、医疗安全、居室装修安全、居室外各种设施和环境安全、用电安全、燃气安全、文化信息安全、财产金融安全、学校安全、工作场所安全、公共场所设施安全、国家安全等。

大安全的构建，需要由政府统一领导，社会各单位参与，整合社会资源，对导致个人、家庭、社会公共秩序、生产秩序的事故与伤害进行全面、系统的预防和控制。

大安全理念应当避免"头痛医头，脚痛医脚"，避免"临时抱佛脚"。在建设过程中，我们既要预防和控制近期或当前突出的各种安全隐患和危害，也要未雨绸缪，预防和控制日后可能发生的各种安全隐患和危害。

通过安全社区建设，把企业生产安全的好做法逐步延伸到员工日常生活的各个方面，形成多层次、全覆盖、共参与的安全促进体系。

通过安全促进项目的全面展开和各种伤害预防计划的全面实施，改善社区居民和企业员工的生活、工作环境，持续增强居民群众的安全感、舒适感、方便感、归属感。

通过安全社区建设，形成从生产到生活，从老人到儿童，全员、全过程、全方位抓安全的工作局面，在居民群众中牢固树立大安全理念。

（二）从社会管理的视野看安全社区

随着经济的发展和高科技的应用，现代社会充满各类风险。

有社会学家说过："古典现代性阶段的理想是平等，而高级现代性阶段的理想则是安全。"因此，抓安全建设是居民群众的现实需求。安全社区这一公共管理模式适合我国当前社会经济发展的要求和实际。社区管理属于社会公共管理范畴，社区安全管理涉及大安全范畴，是安全生产的社会基础，牵涉方方面面，需要建立管理体系、规范管理行为，从而提升管理效能。

当前我国社会管理和社区治理面临着许多新问题、新特点,在安全社区建设中,要提高基层安全治理的效率,需要充分发挥政府、市场、社会三大部分各种组织的优势,采用综合治理、分类治理、网格化治理等模式,把有限的基层治理资源有效整合起来,发挥最大功能的综合效应,形成合力,共同管理、治理社区安全事务。

关于村居如何参与安全社区建设的内容请参阅本书第七章相关部分。

(三)从安全文化的视野看安全社区

如果把社区看作是一个安全有机体,那么其细胞就是社区内各单位、各住宅小区、各村居民,安全有机体的特征在于系统中的每一个细胞都是抗风险的健康细胞。安全社区的目标是建设充满活力、资源整合、全员参与、协调有效的社区安全有机体。

在建设过程中,应当注重安全文化建设,在重塑心智模式中抓安全,将安全文化的正能量注入这些细胞中。就如医学中所说的,每一个健康的正常人体中,均存在着癌细胞,癌细胞是否爆发,取决于健康细胞与癌细胞的较量。

人管人累死人、制度管人管死人,而文化管人才是组织管理的最高境界。因此,只有着力于安全文化氛围的安全社区建设,才能达到潜移默化的效果。

关于安全社区建设中如何开展安全文化建设的内容请参阅本书第八章。

(四)从互联网的视野看安全社区

互联网科技的发展对传统社会形态产生了强烈的冲击,导致人们的思考方式发生变化。一种崭新的思维模式——互联网思维由此而生。

有人认为,互动是互联网时代的最明显特征。有人说,互联网思维就是触类旁通、举一反三的思维。也有人说,互联网思维就是群众路线思维。因此,在互联网时代,我们应当善于借势,利用互联网思维进行系统的思考。如用户思维,就是要对特定的人群实施特定的干预项目;如社会化思维,就是要用大安全的理念去处理安全问题;如大数据思维,就是要信息共享,整合排查各类安全隐患;如平台思维,就是要在安全社区这个平台上看问题、思考问题;如跨界思维,就是要充分体现跨界合作的理念。

在互联网时代,其特点是什么事都公开化,想瞒也瞒不了;信息多、信息过剩,但信息的真伪需要辨别,有用的信息需要重组;信息传播快、覆盖面广,手机、电脑、平板、电视、公众场所的大屏幕等视频终端遍布各处。

现代社会碎片化、快餐式阅读的习惯常导致一知半解的现象,有些人并未深入理解互联网思维就四处挪用,这点在安全社区建设过程中需引起注意。因此,我们应当深入思考如何充分利用互联网资源。

五、安全社区建设没有句号

从上述四大视野的角度出发,我们能理解,安全社区建设是一个动态的建设过程。

实际上,只要一个人活着,工作还在进行中,这个人及其身边就必然存在着风险。也就是说,各类风险将伴随着一个人的一辈子。因此,在每个人工作、生活的日子里,婴儿从母体出生到成为老人安享晚年的日子里,必须时时、事事、处处关注安全,想着安全,考虑安全。

安全,既要挂在嘴上,也要放在心上,更要落到实干的行动上。

安全,永远在路上。

安全社区建设没有句号。

第二章
安全社区建设要素

本图片由广州苍龙动漫发展有限公司设计制作

本章关键词：安全社区，建设，思考，要素，误区

本章内容导读：

1. 对《全国安全社区评定指标》12 个要素、50 个指标的解读，明确建设要求；

2. 安全社区建设的理解误区；

3. 安全社区建设中应当注意的问题。

从打算启动安全社区建设开始，建设者就会被一系列或简单或复杂的问题、疑问所困惑。随着建设工作的深入推进，会碰到越来越多的安全问题与困惑。那么，我们需要在这些一堆安全问题与困惑的解决中前行，在解决眼前的、潜在的、自身的、身边的各类安全问题与隐患中，尽管有些可能就是一件件小事，但我们需要的是持之以恒地干预、改进、完善。

第一节 安全社区建设思考题

以下问题,是安全社区建设中常见的一些问题,也将是建设中绕不开的问题。

问题理解了、明白了,您前行的方向就清晰了。

1.如何理解安全?

2.如何理解安全社区中的大安全概念?

3.什么是安全社区?

4.建设安全社区目的是什么?

5.安全社区建设的主体是谁?

6.安全社区区域范畴是多大?

7.建设安全社区的关键是什么?

8.安全社区的基本思想是什么?

9.如何理解安全社区的理念?

10.如何看待并理解安全社区?

11.安全社区的理论基础是什么?

12.如何理解安全社区建设基本要求及要素指标?

13.安全社区指标中有哪些定量要求?

14.街镇建设安全社区要成立哪些机构?

15.安全社区建设领导机构和安全促进项目组的工作制度通常有哪些?

16.安全社区的建设流程有哪些?

17.安全社区建设启动仪式有什么要求?

18.各行业、领域有哪些主要的安全法规、标准和规范?

19.如何制定长期和年度的安全社区工作目标和工作计划?

20.安全社区建设需要多少资金投入?

21.安全社区有 logo 吗?

22.如何理解安全社区建设中的信息交流?

23.安全项目大类是如何确定的？

24.项目组成员应当如何确定？

25.如何开展伤害监测？

26.安全社区建设中应当收集多长时间段的各类事故与伤害数据？

27.社区安全风险诊断的主要目的是什么？

28.社区安全风险诊断方法通常有哪些？

29.社区安全风险诊断的范围是什么？

30.社区安全风险诊断结果通常有哪些？

31.社区安全风险诊断要注意哪些问题？

32.如何对自己所在行业、领域的安全问题做风险辨识？

33.如何确定本职工作中的风险与隐患？如何确定其优先度？

34.项目中关注"两高一脆弱"、"三重点"是指什么？如何具体分析辖内的"两高一脆弱"？

35.如何设计居民类、学校类、企业类等系列安全状况问卷调查表？

36.如何制定事故与伤害预防目标？如何制定事故与伤害预防计划？

37.对安全促进项目的数量与确立有什么要求？

38.安全促进子项目应当如何确定？

39.安全促进项目是如何运作的？

40.企业在安全社区建设中应当如何做？

41.学校在安全社区建设中应当如何做？

42.村居在安全社区建设中应当如何做？

43.医疗机构在安全社区建设中应当如何做？

44.在安全社区建设中如何宣传、发动、组织居民群众参与？

45.在安全社区建设的宣传教育中针对不同人群应当讲些什么内容？

46.传播安全知识的渠道和载体分别有哪些？

47.如何达到全员参与的效果？

48.实施安全促进项目过程应注意哪些问题？

49.安全社区建设中应当制定几个层面的应急预案或应急响应措施？

50.如何理解要素八中的监测与监督？谁来监测、监测谁（什么）？谁来监督、监督谁？

51.如何理解要素十一中的预防措施与纠正措施？预防什么？纠正什么？

52.建设过程的哪个阶段要开展评估？如何对项目运作情况进行评估？

53.如何进行随机抽查？

54.持续改进计划依据什么来制定？

55.如何理解并实施资源整合？

56.安全社区建设有否标准模板？

57.安全社区的档案应当如何建立？

58.如何撰写安全社区工作报告？

59.安全社区评定验收的基本条件有哪些？

60.安全社区评定验收流程是怎样的？

61.如何做好迎接现场评定验收的准备工作？

第二节　安全社区建设指标要素解读

全国安全社区建设的要求是依据《全国安全社区评定指标》，共有12项一级指标、50项二级指标。

街镇促委会、创安办、项目组成员及有关部门、单位人员应当认真阅读，理解指标要点要求。

要素一：安全社区创建机构与职责

有5项二级指标（指标1—5）：

1.有安全社区建设领导机构，成员组成符合跨部门合作的要求，涵盖了辖区内主要相关部门、社会组织及其负责人，负责组织、协调安全社区建设和绩效评审工作。

本指标理解要点：

安全社区启动仪式以后首先要做的第一件事就是成立机构（该机构要体现跨界合作、资源整合的要求），即某街镇建设安全社区促进委员会（通常简称促委会),街镇书记任主任,街镇主任任常务副主任,街镇其他分管领导及辖内重点部门、单位分管领导任副主任,成员由街镇各科室、各村居负责人,辖内重点部门、单位部门负责人,辖内人大代表、政协代表、志愿者代表、专家代表、居民代表、驻军代表等组成,下设某街镇建设安全社区促进委员会办公室(通常简称创安办),街镇分管领导任主任,配备一定数量的专职、兼职工作人员。

安全社区建设一个特别重要的前提是要列为街镇的"一把手工程"。这个"一把手工程"应当体现在街镇层面、各科室层面、村居层面、辖内各单位层面。

安全社区建设的关键之一是看机制建设,如机制有效建立并运行良好,则存在的安全问题才能得到有效解决。

要把安全社区建设作为进一步加强安全"双基"(基层、基础)工作的切入点,探索安全管理的新机制、新模式,推进安全的综合治理,形成全员参与、各部门齐抓共管的格局,通过落实安全责任,构建有效的社区安全防护体系,逐步改善社区安全状况,打造本质安全社区。

2.有符合社区实际情况的若干个安全促进项目组,成员包括相关职能部门和社会单位管理人员、专业技术人员、社会组织代表、志愿者及社区居民等,负责组织实施安全促进项目。

本指标理解要点:

成立若干个安全促进项目组,通常在工作场所安全、交通安全、消防安全、居家安全、老年人安全、儿童安全、学校安全、公共场所安全、体育运动安全、涉水安全、社会治安、防灾减灾与环境安全等 12 大类中确定。项目组成员的构成要从专业的人干专业的事这个角度考虑,提高安全干预的成效。具体内容请阅读本书第四章第一节内容。

3.建立健全了安全社区建设领导机构和安全促进项目组的工作制度并规定其职责。

本指标理解要点:

制定促委会、创安办、项目组等机构的工作制度。明确促委会、创安办、项目组等机构职责,包括制定规划、协调资源、实施安全促进、实施评估等。

制定安全社区建设有关工作制度,如安全绩效评审制度、事故与伤害监测记录报告制度、公共设施安全监督管理制度、定期协商议事制度、会议制度、绩效评审办法、危险源辨识及隐患排查整治制度、生产经营单位安全管理制度、事故与伤害风险辨识及其评价制度、信息交流和全员参与制度、宣传教育与培训制度、档案管理制度、定期评估制度等。

4.制定了长期和年度的安全社区工作目标和工作计划。

本指标理解要点：

制定长期(3年或以上)和启动的当年、第一年、第二年的安全社区建设工作目标和工作计划。

注意：目标是指经过努力后想要达到的目的或取得的成果，计划是指行动前拟定的方案。目标的提出要切合实际，然后做出合理的计划，计划可分段、分步或多部门同步进行。计划的关键是讲清楚"做什么"(目标)、"做到什么程度"(要求)和"怎样做"(措施)三部分。

5.有必要的资金投入，保障安全社区建设顺利进行。

本指标理解要点：

俗话说，巧妇难为无米之炊。通常，创安工作资金可从如下方面考虑：

(1)当地政府财政资金的专项支持；

(2)有关职能部门专项经费投入与支持；

(3)上级安监部门专项资金支持；

(4)街镇自筹资金；

(5)驻街镇企事业、部队等单位将创安工作与各自本职工作结合的资金投入及支持。

要素二：信息交流和全员参与

有4项二级指标(指标6—9)：

6.积极组织和广泛参与辖区内、外的安全社区各类交流活动。

本指标理解要点：

安全社区的创建是一个动态的过程，其建设过程搭建了一个很好的交流平台——具有开放性、广泛性。建设者要避免闭门造车，应当眼观六路，耳听八方，博采众长，通过广泛的交流来提升(升华)理念、质量。

辖内的交流主要是指在促委会、创安办统一协调下,项目组、村居、辖内各部门及单位居民群众之间关于大安全信息的沟通、反馈、交流等。

辖外的交流主要是指:创安办、项目组成员走出去学习、观摩其他街镇安全社区创建的好经验、好做法、成功案例;请有关专家到辖区宣讲、指导、检查,加深了解安全社区的理念和创建方法,为创安工作打下坚实的基础。

采取日汇报、周例会、月总结、季交流、年评估等形式,研究解决建设过程中出现的问题、部署下一阶段工作内容,使安全社区建设工作逐步进入规范化、标准化、科学化的轨道。

7.建立了相关安全信息收集、交流、沟通、传递和反馈渠道,保持社区内纵向各层级和横向各部门以及国内安全社区网络的沟通积极、顺畅。

本指标理解要点:

社区成员的安全诉求与需求有传递、解决、反馈的渠道。

根据街镇特点,建立、完善各类安全信息的收集、交流、沟通、传递和反馈渠道,充分利用现有载体和平台,如居民群众意见箱、热线电话、网格化管理平台、居民群众诉求工作站,体现沟通效果。

如通过村居安全生产巡查员、网格员、企业安全主任(注册安全工程师)、学校及幼儿园安全管理教师,网站、手机短信、QQ群、微信群等;

如街镇季度安全生产工作会议、安全隐患举报奖励制度、村居楼栋长、居民小组长等与居民交流收集等;

如企业负责人培训及再培训班、安全主任培训及再培训班、特种作业人员培训及再培训等;

如上级有关职能部门召开的工作会议,应当善于借力、借势来达到各类安全信息的沟通有效、顺畅。

8.有持续参与社区安全促进工作的志愿者和社会组织,充分发挥其作用且活动有效果。

本指标理解要点:

其核心是实现跨界合作、资源整合,通过专业化、社会化、市场化运作,积极拓展各行业、领域志愿者队伍的建立、运作,扩充创建工作的参与空间,充分挖掘辖内社会组织的力量,如企业、政府、学校(幼儿园)、医疗机构、社会团体、驻军等,政府购买服务的机构(如家庭综合服务中心等)。

9.组织社区成员以不同形式广泛参与各类安全促进活动。

本指标理解要点：

其核心是社会各界对各自安全直接负责，对公共安全承担义务。

拓宽全员参与渠道，各行业、各领域全面参与，点、线、面全覆盖、无遗漏，增强居民群众的"红线"意识、危机意识、责任意识，夯实安全发展基础，扩大安全促进项目运作的覆盖率。

充分利用社区居民群众自治组织，发挥其自我管理、自我教育功能，加强减灾防灾工作，积极排查公共安全危险源，降低公共安全风险，提高社区的抗灾防灾能力；及时调解利益矛盾，化解风险，预防与及时处置突发事件。

如社区工作者民情日记收集空巢老人安全需求；

如通过安全信息（事故、伤害）公告台、治安晴雨表（火情、燃气泄漏、当前防范重点、诈骗、伤害、偷车、入室盗窃、治安案件、刑事案件等）向公众公布事故与伤害信息；

如利用社区报刊、网站、微信群、QQ群、手机短信等媒介宣传、交流项目开展情况；

如通过隐患举报平台收集居民群众发现的各类隐患。

有关思路请阅读本书第五章、第七章内容。

要素三：事故与伤害风险辨识及其评价

有4项二级指标（指标10—13）：

10.选择并运用适用的方法（如隐患排查、安全检查表、社区调查、伤害监测、专家经验等）对社区各类事故与伤害风险进行辨识与分析。

本指标理解要点：

"风险辨识及其评价"通俗的叫法是社区诊断。社区诊断的主要目的是找出本社区的安全隐患，也就是存在哪些安全问题。社区诊断是项目策划、实施的基础和依据，是确定项目大类及子项目的先决条件、关键步骤。通常选择不少于3种合适的方法（如安全检查表、问卷调查、专家经验法等）进行诊断。

具体操作思路及步骤请阅读本书第四章内容。

11.辨识的风险符合社区实际情况。事故与伤害资料数据真实,能够反映其发生的频次和原因。

本指标理解要点:

如何判断辨识的风险是否符合社区实际,可以请有关专家进行评估检查。

事故与伤害资料数据必须真实、完整,不能虚假。

12.分析容易发生或受到伤害的高危人群、高风险环境和弱势群体并确定重点人群、重点场所、重点问题。

本指标理解要点:

通过全面的风险辨识,确定高危人群、高风险环境和弱势群体(称为"两高一脆弱"),确定重点人群、重点场所、重点问题(称为"三重点")。

高危人群——容易被伤害的人群,其受伤害率高于人群平均水平。

高风险环境——容易发生事故或事故率高于平均水平的环境。

弱势群体——由于自身的原因,容易引发伤害的人群。

对不同的街镇,即使是同一个街镇的不同场所、时间节点,其"两高一脆弱"也不同,因此,必须具体问题具体分析。

随着城市化进程的加快,各种伤害增加,加之环境污染、生态环境破坏,各种疾病增多,导致威胁人们安全与健康的因素增多,因此,应不断动态地分析辖内重点危险源及高危人群、高风险环境和弱势群体,不断地持续改进。

13.建立各类生产经营和商贸、服务性单位的安全专项台账,及时掌握其安全动态。

本指标理解要点:

建立完善的一企一档,做到底数清、情况明,这是安全生产基础工作是否扎实的体现。

建立生产经营单位的分级分类管理制度。

要素四:事故与伤害预防目标及计划

有2项二级指标(指标14—15):

14.根据事故与伤害风险辨识及其评价的结果、社区实际情况和社区成员的安全需求,制定了事故与伤害预防控制目标,应有明确的针对重点人群、重点场所、重点问题的安全促进目标。

本指标理解要点：

根据风险辨识及其结论，对确定的安全大类制定事故与伤害预防控制目标，对重点人群、重点场所、重点问题制定安全促进目标。这方面存在的主要问题是认识模糊、无明确目标，或者有目标但无计划，不知如何下手、从哪下手、谁来做、做什么等。

15.制定了覆盖不同人群、环境和设施的并能够长期、持续、有效进行的事故与伤害预防和风险控制计划，尤其是针对重点人群、重点场所、重点问题的安全促进计划。

本指标理解要点：

根据指标14确定的预防控制促进目标，制定相应的安全促进计划。

要素五：安全促进项目

有7项二级指标（指标16—22）：

16.依据事故与伤害预防、控制目标和安全促进计划，策划并确定安全促进项目。

本指标理解要点：

根据对指标14确定的目标、对指标15确定的计划，确定各大类安全项目的子项目。

17.安全促进项目的策划要针对社区存在的特定问题，有实施方案和具体措施，项目结构完整。

本指标理解要点：

此处的实施方案包含子项目的目标与计划。

注意：要素四中的事故与伤害预防目标及计划是指对各安全大类的预防目标及计划，其中包括两部分内容：一些内容是通过子项目运作来实施干预改善，另一些内容是通过日常安全监管工作来干预完善。

具体操作请阅读本书第五章、第七章内容。

18.安全促进项目覆盖了工作场所、消防、交通、社会治安、居家等主要方面。工作场所安全应关注从业人员的职业安全与职业健康。

本指标理解要点:

其核心要求是安全大类应当包括工作场所、消防、交通、社会治安、居家等方面,这是对安全大类项目的基本要求。工作场所安全应关注从业人员的职业安全与健康。

项目运作流程及内容请阅读本书第四章内容。

安全促进项目通常可从如下 12 个大类考虑:

(1)交通安全;

(2)消防安全;

(3)工作场所安全;

(4)居家安全;

(5)老年人安全;

(6)儿童安全;

(7)学校安全;

(8)公共场所安全;

(9)体育运动安全;

(10)涉水安全;

(11)社会治安;

(12)防灾减灾与环境安全。

19.安全促进项目覆盖了目标人群或场所,覆盖面不少于 50%。

本指标理解要点:

这是一项定量指标要求,各子项目的运作涉及的目标人群或场所的覆盖面不能少于 50%。要通过安全促进项目的运作,引导、吸引更多的居民群众参与安全社区建设。

20.安全促进项目组能够履行职责,发挥作用,组织或实施各项安全促进项目。

本指标理解要点:

项目组要善于把握主要矛盾,在补齐短板中抓安全干预。要善于运用问题导向思维,针对典型事故和隐患,勇于直面各类安全问题,敢于正视安全问题,深入分析安全问题,切实解决安全问题。

具体操作要点请阅读本书第四章、第五章、第七章内容。

21.能够体现社会组织、志愿者和社区单位的参与情况,证明已多渠道整合了各类资源。

本指标理解要点:

其核心要求是体现跨界合作、资源整合。

具体操作请阅读本书第四章至第七章内容。

22. 安全促进项目实施效果良好并能够提供相应对比数据或客观证据,并用于持续改进。

本指标理解要点:

其核心要求是经过项目化运作,能取得较好的效果,并有充分可靠的数据或客观证据来证明。

安全促进项目完成了,并不是说有关安全工作就结束了,应当作为一个成果,纳入日常安全管理工作中;或者进行拓展完善。

要素六:宣传教育与培训

有 6 项二级指标(指标 23—28):

23.吸纳和整合能够满足社区需要的安全宣传教育与培训的设施和资源,包括社区内部资源和外部资源。

本指标理解要点:

分析辖区内外有哪些宣教与培训的设施、资源,统筹整合,创安办、项目组结合各行业、领域特点展开宣教与培训。

24.有符合社区制定的事故与伤害预防计划的宣传教育与培训计划以及相关管理要求。

本指标理解要点:

根据指标 15 确定的安全促进计划,结合行业、领域特点制定相关的宣教与培训计划,明确相关负责人、宣教培训对象、经费开支等有关要求。

25.采取多种形式组织实施对社区成员适用的安全知识和技能的宣传教育与培训工作。实施效果能够满足不同需求与要求,达到预期效果。

本指标理解要点:

具体实施操作请阅读本书第五章。

26.安全社区建设领导机构和各安全促进项目组的骨干参加了安全社区标准和建设方法的培训。

本指标理解要点：

街镇组织有关人员参加国家、省、市、区举办的相关培训，或者邀请有关专家到街镇开展培训，培训一批安全社区建设明白人。

有关内容请阅读本书第五章。

27.重视安全文化建设，建立并充分运用传播安全知识的渠道和载体。

本指标理解要点：

其核心在于将安全理念通过潜移默化的途径、载体，融入个人、家庭、单位、社会和政府的所有行为中。

具体实施操作请阅读本书第八章。

28.依据相关要求组织或监督对从业人员的安全培训和职业健康教育。

本指标理解要点：

该要素中的相关要求指国家及地方政府的法规、标准、规范等规定，企业的各类人员应当参加相关安全培训(包括职业健康教育)。

具体内容请阅读本书第七章第二节。

要素七：应急预案和响应

有4项二级指标(指标29—32)：

29.针对社区自然灾害、事故灾难、公共卫生事件和社会安全事件等突发事件制定不同层次、具有可操作性的应急预案或应急响应措施。

本指标理解要点：

一是全面摸清辖内应急情况、应急能力需求、重大危险源及风险等，制定自然灾害、事故灾难、公共卫生事件和社会安全事件等类别突发事件应急预案。

二是制定街镇、村居、辖内重点单位层次的应急预案。

三是辖内各部门、一般单位制定可操作性强的应急响应措施。

四是每季度分析评估辖内突发事件风险隐患。根据评价结果确定辖内存在的重大危险源及风险，确定优先应急对象；预防各类风险向突发事件的转化。

30.按标准、要求或预案规定配备了应急设施和器材并保持完好。

本指标理解要点：

一是按照行业、领域标准、规范要求或预案规定配备应急设施和器材；

二是有保管场地、保管制度、定期检查制度等；

三是落实值班人员。

31.建立了专职或兼职的应急队伍，有组织、调动和训练的制度体系，能够保证快速、有效地进行应急响应和救援处置。

本指标理解要点：

一是有专职或兼职的应急队伍及相关管理制度；

二是有定期或不定期的训练、检查制度并实施，确保有急能应；

三是可考虑组建跨界合作的专项应急队伍，如消防、综治、公安、三防、安监、食药、卫生、交通、建筑、城管等，落实人员、物资、器械、车辆等。

32.有针对性地组织应急知识宣传、应急技能培训及必要的应急演练，社区成员具有基本的自救互救知识和应急避险能力。

本指标理解要点：

其核心是应急工作应当全员参与，了解辖内居民群众的应急能力需求，有针对性地提高应急素质与能力，持续提升社区居民抵御各类灾害的能力，全面构筑城市安全屏障。

注意：

(1)演练中包括演与练两部分，通常街镇的演能做到，但练的方面则还有差距，应当避免光说不练的现象。

(2)根据不同年龄层次人群的知识结构特点，合理设置安全知识要点与内容深度。如对儿童和老人的授课重点是避险、逃生知识；对中青年人的授课重点是急救、简单的灾害处置知识；对专业人群(义务消防员、辅警、村居安全巡查员、网格员等)的重点是专业灾情处置知识等。

有关内容请阅读本书第五章。

【链接】街镇系列应急预案参考清单

1.街镇值班室应急值守制度；

2.街镇应急信息报告制度；

3.街镇突发公共事件总体应急预案；

4.街镇"三防"(防汛、防旱、防风)应急预案；

5.街镇群体性事件应急处置预案；

6.街镇某行业群体性事件应急处置预案；

7.街镇消防安全应急救援预案；

8.街镇重大危险源及危险化学品事故应急处置预案；

9.街镇校园突发事件应急处置预案；

10.街镇环境污染事件应急处置预案；

11.街镇城中村及人员密集场所应急预案；

12.街镇劳资纠纷应急处置预案；

13.街镇食品安全应急预案；

14.街镇非正常上访处置预案；

15.街镇大型活动突发事件应急预案；

16.街镇安全生产重大事故应急处置预案；

17.街镇森林火灾事故应急预案；

18.街镇突发性地质灾害应急预案；

19.街镇应急避难场所疏散安置预案。

【链接】《企业安全生产应急管理九条规定》(国家安全监管总局令第 74 号,自 2015 年 2 月 28 日起施行)

一、必须落实企业主要负责人是安全生产应急管理第一责任人的工作责任制,层层建立安全生产应急管理责任体系。

二、必须依法设置安全生产应急管理机构,配备专职或者兼职安全生产应急管理人员,建立应急管理工作制度。

三、必须建立专(兼)职应急救援队伍或与邻近专职救援队签订救援协议,配备必要的应急装备、物资,危险作业必须有专人监护。

四、必须在风险评估的基础上,编制与当地政府及相关部门相衔接的应急预案,重点岗位制定应急处置卡,每年至少组织一次应急演练。

五、必须开展从业人员岗位应急知识教育和自救互救、避险逃生技能培训,并定期组织考核。

六、必须向从业人员告知作业岗位、场所危险因素和险情处置要点,高风险区域和重大危险源必须设立明显标识,并确保逃生通道畅通。

七、必须落实从业人员在发现直接危及人身安全的紧急情况时停止作业,或在采取可能的应急措施后撤离作业场所的权利。

八、必须在险情或事故发生后第一时间做好先期处置,及时采取隔离和疏散措施,并按规定立即如实向当地政府及有关部门报告。

九、必须每年对应急投入、应急准备、应急处置与救援等工作进行总结评估。

要素八:监测与监督

有3项二级指标(指标33—35):

33.有社区专职或兼职安全监督机构,认真履行职责。制定并有效实施社区成员对社区各类安全工作的监测与监督方法。

本指标理解要点:

一是监测方面。

(1)要有各类事故和伤害监测途径和方法,事故与伤害的监测要尽量做到多系统、全方位;

(2)事故与伤害的监测不是一劳永逸的事情,不是说启动之初做一次就可以了,要形成工作机制坚持做下去。

二是监督方面。

(1)从行政监督、公众监督和媒体监督等多方面考虑;

(2)建立、完善安监、质监、工商、治安、消防、交通、城管、食药等行业安全监管机构,完善日常安全检查制度;

(3)完善区(县)、街镇、村居的层级安全监管机制;

（4）制定并实施安全隐患与事故举报奖励制度；

（5）发动居民群众关注身边的安全、身边的隐患；

（6）建立公众监督的机制和途径。

34.有不同形式和内容的定期、不定期、专项及综合安全检查制度并严格执行。检查范围覆盖社区内所有场所、设施和环境尤其是工矿商贸企业的关键岗位、要害部位。全面、综合性安全检查每年不少于4次。

本指标理解要点：

合理布置事故伤害监测点，构建事故与伤害监测网络。

建立、完善专项及综合安全检查制度。

日常安全检查覆盖街镇辖内所有场所、设施和环境尤其是各企业的关键岗位、要害部位。该指标考量街镇对各行业、领域大安全范畴的全方位关注与落实。

街镇每年组织全面、综合性安全检查不少于4次，这是一个定量指标。

35.事故与伤害数据的监测结果能够按要求如实报告相关主管部门并及时反馈给安全社区建设领导机构和安全促进项目组。

本指标理解要点：

该指标要求街镇建立顺畅的事故与伤害数据的监测及反馈机制，辖内各医疗机构、企业、院校、村居等能及时、准确地上报有关数据，安全社区建设领导机构和项目组能依据有关数据把握安全动态状况，对项目运作进行及时评估修正。

要素九：事故与伤害记录

有5项二级指标（指标36—40）：

36.建立了事故与伤害记录制度，能够将社区各类伤害尤其是工作场所、消防、交通、社会治安等方面的事故与伤害进行记录。

本指标理解要点：

结合街镇工作实际，明确责任科室，及时记录辖内工作场所、消防、交通、社会治安等方面的事故与伤害数据，如医疗机构、企业、院校、村居等明确责任人，做好记录、汇总、分析、上报工作。

37.按照相关部门的要求,规范了记录的种类、格式、内容和填写要求,记录内容真实、完整,信息全面。

本指标理解要点:

明确责任人,统一记录的种类、格式、内容和填写要求。具体如本书第七章的《学生伤害监测报告卡》《学校、幼儿园伤害数据情况一览表》《医疗机构伤害监测卡》等。

38.有事故与伤害记录的管理制度。5 年内的事故与伤害记录保存完好,具有可追溯性且便于查阅。

本指标理解要点:

制定事故与伤害记录的管理制度;

对新创建街镇,提供启动建设之后至验收日期期间完整的事故与伤害记录;

对第 5 年复评的街镇,完整保留授牌后至复评日期期间 5 年的事故与伤害记录。

39.指定专门工作组或专人负责各类伤害记录的收集、整理与分析并将结果反馈给安全社区建设领导机构和相关安全促进项目组。

本指标理解要点:

对各行业、领域等均要指定专人负责事故与伤害记录的收集、整理与分析及反馈。

40.伤害记录(包括人群伤害调查)与分析的结果应用于绩效分析、预防与纠正措施及策划安全促进项目等方面。

本指标理解要点:

建立一个完整的事故与伤害记录(包括人群伤害调查)、结果分析的流程,将结果用于绩效分析、预防与纠正措施及策划安全促进项目等安全社区建设的全过程。

要素十:安全社区创建档案

有 3 项二级指标(指标 41—43):

41.建立了适用的、符合社区工作惯例的、不同形式的、包含了安全社区建设主要工作和信息的档案。

本指标理解要点：

建立街镇、村居、社会单位，创安办、项目组等档案分级分类管理机制。及时收集、整理档案，不得伪造或修改，不得闭门造车"做资料"。

42.制定了安全社区创建档案的管理办法，明确档案的使用、发放、保存和处置要求。

本指标理解要点：

安全社区建设档案管理可采用日常档案管理惯例。

43.安全社区档案的保存、管理符合社区实际情况，满足各单位和部门工作需要。

本指标理解要点：

以方便、实用为原则，未硬性要求档案存放、管理单位和部门，但街镇要明确存放地点及管理者。

要素十一：预防与纠正措施

有3项二级指标（指标44—46）：

44.对社区各类风险识别和信息交流、各类安全监测与监督以及社区安全绩效评审或评估工作中发现或反映的问题，采取了有效的整改措施并对整改结果有验证。

本指标理解要点：

街镇要落实对辖内各行业、领域的安全问题都有人关注、有人跟踪处理，并对最终结果能得到验证。明确日常发现的非事故与伤害问题如隐患如何处理、如何整改。

45.认真调查分析社区发生的各类事故与伤害，有针对性的制定了纠正措施并予以实施。

本指标理解要点：

发生事故与伤害问题如何处理、如何及时纠正，预防或减少事故与伤害。本着"四不放过"原则（事故原因不查清不放过、责任人员未处理不放过、整改措施未落实不放过、有关人员未受到教育不放过）处理各类事故与伤害。

46.针对已发现的问题和发生的各类事故与伤害,能够采取预防措施,防止同类问题重复出现。

本指标理解要点:

对社区内外的事故与伤害,能做到举一反三,防止同类事故与伤害的发生;

本着"预防为主"的理念,对各类安全问题和发生的事故与伤害能举一反三,把过去的事故当作今天的事故来看待,把别人的事故当作自己的事故来看待,把小事故当作大事故来看待,把隐患当作事故来看待。

要素十二:评审与持续改进

有4项二级指标(指标47—50):

47.有计划、目标、项目与措施、效果评审的制度与方法。

本指标理解要点:

制定评审的制度并能落实执行。

48.每年组织不少于一次的安全社区建设整体工作的安全评审。对重点安全促进项目进行了计划、过程和效果评审。

本指标理解要点:

每年对安全社区建设整体工作评审一次,对子项目运作每半年评审一次,可邀请有关专家或创安办的骨干人员进行评审。

评审内容:社区安全促进工作的各个方面,包括标准要求涉及的12个要素,安全促进目标、指标的完成情况,重点项目的执行情况。如数据对比、满意度调查、培训效果的检验等。

评审方式:各类安全类别的年终考评、工作总结或项目总结、上级政府部门年终检查评估等。

评审方法:安全检查、事故统计分析、满意度调查评估、安全知晓率变化、客观证据对比等。

评审结果处理:做到缺什么补什么、差哪项补哪项。

49.评审结果能够反映安全促进工作的实际效果并用于指导持续改进工作的开展。

本指标理解要点:

所谓的持续改进,是指建立在一定基础之上的持续改进。

对指标48要求实施的评审是真实有效而不是走过场,所得出的结论对下一步工作的开展有指导作用。

策划实施新项目等。

50.根据随机抽查结果,大多数社区成员对社区总体安全状况表示满意,对实施的重点安全促进项目表示满意。

本指标理解要点:

确定随机抽查的方法、抽查对象(各类人群)数量、制作问卷调查表等,得出可靠、全面的结论。

第三节 建设中的误区及应注意的问题

一、安全社区建设中的九大理解误区

误区1:安全社区建设就是做做档案、整整资料、开开会、发发资料就可以搞定的事。

安全社区建设是围绕大安全的问题来展开、实实在在做事的系统工程,通过这个契机、平台,解决一些居民群众看得到、感受得到的安全问题、安全难题。项目组应针对行业、领域、人群存在的风险隐患做排查分析,针对存在问题,实施有针对性的干预,并评估实施效果,持续改进。安全社区建设的核心在于项目化运作,绝不是常规理解上通过收集整理有关资料即可完成的简单工作,收集整理资料的目的是用于验证项目化运作的工作痕迹。

误区2:项目组实施的子项目就是由牵头负责的科室搞定。

一些项目组存在这样的误区:我负责的子项目就是由我科室负责搞掂。安全社区建设的理念与灵魂是"资源整合、全员参与、持续改进"。因此,各项目组负责各自的项目,是要求负责的科室起到牵头、策划、分工、统筹等作用,应将与本项目有关的部门、行业、领域及人群发动起来,一并参与项目运作,资源整合越到位、跨界合作越充分,就越能达到良好的效果。

项目运作中,往往是你中有我、我中有你,相互交错渗透的关系,因此项目组应主动加强交流、学习、帮助,如此才能将街镇的安全社区建设工作推上一平台。

项目组要善于借力,比如街镇三化网格员队伍、村居委有关力量、家庭综合服务中心的团队力量、物业管理公司的管理力量、区(县)有关职能部门、某些专业中介机构、志愿者队伍、社工队伍等,不论是各自的宣传发动还是有关措施,就像广州亚运会宣传的一句口号"大家一起来才更精彩",如此,才能实现资源整合、全员参与的效果。

误区3:创安办要什么资料我就提供什么资料。

一些项目组存在被动参与的误区:创安办要什么资料我就提供什么资料。创安办是街镇建设安全社区的指挥部、参谋部,目前街镇确定的大安全类别是由创安办在对街镇状况全面把握的基础上确定的,而各子项目是由各项目组在对本行业、领域状况做全面诊断分析基础上,组织有关人员广泛讨论、征求各方意见确定的,因此,各项目组应有充分的依据阐明子项目设立的理由、有关背景、目标、干预措施、实施效果分析及持续改进计划等。各项目组应对各自领域的安全问题负责,应自主实施运作子项目,这是一项系统的工作,不是简单意义上的创安办或街镇或上级部门布置的一项单一的工作。这是与以往一般的日常工作最大的区别之处。

误区4:将往日的日常工作收集、整理、包装即是子项目内容。

各子项目可以是与街镇的日常管理及已开展的其他创建工作相结合,或者是对现有项目做完善和延伸而来,但绝不是简单地将日常工作素材进行收集、整理、包装即是子项目的全部。对日常工作中不完善之处、疏漏之处、不够系统之处,应完善、补充、提升,也就是说,项目化运作的结果将使日常安全工作的视野更宽广、方向更明确、目标更专一、措施更精细、效果更明显。因此,项目组有些成员认为日常工作太忙、事太多,抽不出空搞安全社区建设项目的想法是不妥的,应当考虑如何将安全促进项目与自身行业、领域的安全风险隐患有机结合起来,由此促进日常安全管理工作上一台阶。

项目组有些成员提到的所谓第一次做、没有经验、不知道如何做等这些借口都不能成为安全社区建设工作推进不力的理由。

误区 5：在一些行业、领域围绕安全隐患整改做若干个样板点即可。

《全国安全社区评定指标》二级指标 19 要求，安全促进项目覆盖不少于 50% 的目标人群或场所。在建设过程中，从点开始延伸到线再到面，其中做好相关行业、领域的样板点具有很好的示范效应，但安全社区的核心理念之一是全员参与，这就意味着要具有广泛的覆盖面。因此，应当以点带面推进、推广。

误区 6：硬件设施、条件好的镇、街才能建设安全社区。

《全国安全社区评定指标》并未对街镇的现实硬件设施、条件做明确要求，在现实情况中，硬件设施、条件的好差与风险隐患也不存在逻辑上的对应关系。比如，一个处于现代城市中心区的街道与一个处于经济落后区域的乡镇，两者所具有的风险隐患类别及总数均无直接的关联因素。因此，我们不能说硬件设施、条件好的街镇才能先启动建设，也不能说硬件设施、条件好的街镇一定比硬件设施、条件差的街镇容易建设成功。打个比方，在平地上建高楼与在高原上建高峰的效果，一个是雪中送炭，一个是锦上添花。

误区 7：安全社区就是没有事故与伤害的社区。

安全社区的本质是持续不断地预防或减少社区各类安全事故和伤害。实际上，没有事故与伤害的社区是不存在的，我们的目的是通过安全社区建设，努力预防与减少各类安全事故和伤害。

误区 8：安全社区建设主要看社会治安状况。

社会治安是辖区居民群众非常关注、感受很深的安全领域，但这只是大安全中一类。因此，安全社区建设中既要关注、干预治安安全，也要关注工作场所安全、消防安全、交通安全、居家安全等其他安全领域。

误区 9：照着已成功建设安全社区的标准样板做就是了。

一些街镇希望给一个安全社区建设标准模板，依样画葫芦，认为这既省时、省事又快捷。但实际上，给同样一个葫芦，各街镇画出来的也是不一样的、有区别的。安全社区建设是管理体系建设，不是达标活动、评先活动；其评定是管理体系认证，不是"安全状态"评判、工作成绩评价。客观上安全社区并没有一个标准模板，我国目前的街镇，小的只有万把人，大的超过 100 万人，街镇情况千差万别，因此套用一个所谓标准模型的做法是不可取的、也是不现实的。认真通读《全国安全社区评定指标》后您会发现，其定性要求多、定量要求少,管理要求多、结果要求少,因此给出一个通用的安全社区标准模板是不可行的。

二、成功建设安全社区街镇的经验

(1)各级领导的认识到位与支持是建设安全社区的有力保证(即一把手工程的体现);

(2)社会各界的通力协作是建设安全社区的关键所在;

(3)加强安全社区培训,建立骨干队伍,是安全社区建设的重要环节;

(4)广大居民群众的积极参与是建设安全社区的根本基础;

(5)安全促进项目的开展是促进安全社区建设的有效途径;

(6)建立安全管理长效机制是建设安全社区的目标。

三、安全社区建设中需注意的八大问题

(一)关于领导的关注程度问题

安全社区建设工作必须列为一把手工程。一些街镇的主要领导表面上说重视,但实质上并没有真正关注、介入、靠前指挥,或者说是没有进入指挥状态,可以预计,这个街镇的建设工作是难于进入角色、深入推进的。领导的重视要体现真抓,那就是人、财、物的支持。

在评定验收过程中,有一些街镇的书记、主任(镇长)对专家关于安全社区建设的整体情况都答不上来或缺乏系统思路,这说明其在建设过程中未亲自参与或参与、关注不够。同时还要明确,这个一把手工程也要体现在街镇各科室层面、村居层面、辖内各单位层面。

街镇上下对建设工作是对付的态度、被动地应付,还是主动、自觉地参与,决定了建设质量的高低、效果的好差。

(二)关于资金投入的保障问题

干任何一件工作都需要财力的支持,安全社区建设也一样。有人问建

设一个安全社区需要多少钱，这是没有标准答案的。对不同的街镇，面临的安全基础环境、场所、形势不同，需要干预的安全行业、领域不同，设置的安全促进项目数量及要求不同，人群素质、特点不同，所需宣传培训等费用都不同。因此，安全社区建设指标并未对资金投入有一个明确的硬性要求。因此街镇应根据建设情况，保障足够的资金需求。同时，对资金的使用、进度等应做好计划，将有限的资金用到刀刃上。

（三）关于时间安排问题

一些街镇在建设中往往启动积极，启动后觉得2年时间还长，加上因为日常工作繁忙、人手紧张，将有关建设工作安排一拖再拖，一年甚至一年半后，觉得时间紧迫了，才发起总攻，加班加点突击，这种情形必须避免。通常，2年的建设期间，应做到以周为单位安排工作进展及要求，工作任务应细化到各部门、单位中的个人，街镇创安办统筹、指导、协调，各部门、单位应当按照各自要求有序推进。

有关内容见本书第三章第三节。

（四）关于人员安排问题

做事关键在人。一些镇街经常抱怨：一是缺人手，二是无能人可用。对这个问题，应当客观地看待。安全社区建设作为一项系统性工作，应根据辖内实际情况抽调若干名专职人员，其他大部分人员均是结合自身工作来展开的，也就是要全面认识各自本职工作与安全社区建设之间的关系，安全社区建设绝对不是、也不能是另起炉灶，首先要各人自扫门前雪，做好自己的分内事；其次是整合资源后的齐抓共管，交叉地带的问题，问题中涉及多个行业、领域的复杂问题，均要通过协商解决；再次是预防思维、超前思维，应当提前介入、提前干预。只有理念超前，才能达到四两拨千斤的效果。

（五）关于辖内部门、单位及居民群众宣传发动问题

安全社区秉承以人为本的理念，紧紧围绕"人"这个中心开展安全促进工作。如何扩大项目干预的覆盖面、居民群众知晓率与参与率，需要拓展

思路,认真思考,根据辖内实际展开。

关于宣传培训的要点与内容请阅读本书第五章。

(六)关于建设过程中风险控制方式问题

解决安全问题通常有两个思路:一是解燃眉之急、立足当下;二是高瞻远瞩、着眼长远。

对社区安全,通常有两种风险控制方式:

一是日常安全管理。应完善日常工作机制,加强和规范日常安全管理,解决常规、局部问题,控制各类风险,做到人人都管事、事事有人管、时时有人管的无缝隙管理。在日常安全管理中应当体现大安全的元素。

二是项目运作干预。根据风险程度、政府关注热点、群众反映重点等确定迫切需要解决的问题,以项目运作方式实施干预。

注意:安全社区建设要在良好的日常安全管理基础上进行。基础不牢的话,浮在上面的东西都是空的。

(七)关于建设中突出专业化、精细化、特色化、新颖化的问题

之所以要突出专业化,是因为安全关乎人命、人命关天,专业的人做专业的事,才能处理到位。要善于充分利用专家资源、专家优势,营造浓厚的"专家治安"氛围。比如交通安全干预,需要邀请交警、交通部门的专家参与;学校心理安全干预,需要邀请教育部门、教育专家、医疗机构及心理专家等参与。

之所以要突出精细化,是因为安全无小事,安全在于细节。比如季节性安全干预,春季(潮湿)重点在防潮安全上,夏季(高温)重点在防雷、溺水安全上,秋季(干燥)重点在消防安全上,冬季(寒冷)重点在防燃气中毒上。

之所以要突出特色化,是因为各区域情况不同,必须有的放矢,有啥毛病出啥招。比如对处于闹市区的老城区,要突出对消防、交通、居家等方面的关注;对城郊的农村乡镇,则要突出对农业全过程如生产、农机及农药使用,农民建房,农村用电、用气等方面的关注。

之所以要突出新颖化,是因为安全是动态变化的,之前的安全不代表今天的安全,要避免过去的事故成为今天的事故、避免别人的事故成为自

己的事故、避免小事故成为大事故、避免隐患成为事故。要善于吸取别人的、外界的好经验、好思路、好做法为我所用,在项目运作及日常安全管理中随时引进新元素,完善干预措施。如善于借助科技手段,利用短信平台、微信平台、QQ群、网络等传播新理念、新知识等。

(八)关于如何对待拿牌的问题

安全社区建设需要秉持"大家一起做才精彩"的理念,众人拾柴火焰高,需要大家勇于挑战困难,坚定地一起前行。

安全社区建设工作是一种手段,不是目的;是一个过程、阶段成果,不是一个终结的项目。各项目组完成了预定的目标、计划,但建设过程仍在持续中,新问题、新矛盾、新风险不断出现,因此需要持续改进。通过专家的现场评定,拿到了"全国安全社区"牌子,只是表明安全社区建设走上了轨道、建立了良好的机制、取得了较明显的安全成效,但仍需要不断地持续改进。

通过创建,我们会有不少看得见、摸得着的真实变化,比如,环境的、安全硬件的变化,也有不少看不见的变化,如软件上的、人员安全意识上的变化等。

安全社区建设没有最好,只有更好。

因此,有了全员的共同努力,在大安全理念引导下,以更宽的思路、更广的视野、更细的措施、更扎实的工作,安全社区建设才能走得更稳、更久、更远。

第三章
建设前的准备与启动

本图片由广州苍龙动漫发展有限公司设计制作

本章关键词:建设,准备,法规,标准,规范,启动

本章内容导读:

1.安全社区建设启动前的准备工作;

2.如何启动安全社区建设;

3.全国安全社区建设工作整体部署推进参考表。

阅读了本书第一章、第二章内容,相信您已初步明确了安全社区的框架要求,那么,在启动建设安全社区前,还需要做好哪些功课呢?本章将会给您提供一些建议及思路。

第一节 建设前的准备

一、学习铺垫

街镇有关人员需要学习、了解、掌握如下有关资料的大致内容。

第一类:安全社区有关标准、规范及文件

(1)安全社区建设基本要求(国家安全生产行业标准 AQ/T 9001-2006);

(2)全国安全社区现场评定指标(暂行);

(3)国家、省、市、区有关文件。

国务院安委会办公室关于进一步深入推进安全社区建设的通知(安委办〔2011〕38 号);

国家安全监管总局关于深入开展安全社区建设工作的指导意见(安监总政法〔2009〕11 号);

关于印发《广东省安委会办公室关于进一步深入推进安全社区建设的实施方案》的通知(粤安办〔2011〕122 号);

各地市、区(县)的有关文件。

第二类:各安全大类的相关书籍资料

(1)交通安全;

(2)消防安全;

(3)工作场所安全;

(4)居家安全;

(5)老年人安全;

(6)儿童安全;

(7)学校安全;

（8）公共场所安全；

（9）体育运动安全；

（10）涉水安全；

（11）社会治安；

（12）防灾减灾与环境安全。

第三类：安全法规、标准及规范

目前，我国各安全类别的法律、法规、标准及规范众多，涉及各行业、领域。限于篇幅，以下所列名录仅供参考，不一定齐全，具体采用时可到国家、省、市相关部门官方网站查阅。

（一）法规类

1. 工作场所安全

（1）通用类，如：

《安全生产法》（自 2002 年 11 月 1 日起施行，修订内容自 2014 年 12 月 1 日起施行）；

《安全生产违法行为行政处罚办法》（国家安全监管总局令第 15 号，自 2008 年 1 月 1 日起施行）；

《企业安全生产风险公告六条规定》（国家安全监管总局令第 70 号，自 2014 年 12 月 10 日起施行）；

《企业安全生产应急管理九条规定》（国家安全监管总局令第 74 号，自 2015 年 2 月 28 日起施行）。

（2）危险物品类，如：

《石油天然气管道保护法》（自 2010 年 10 月 1 日起施行）；

《爆炸危险场所安全规定》（原劳动部劳部发〔1995〕56 号，自 1995 年 1 月 8 日起施行）；

《非药品类易制毒化学品生产、经营许可办法》（国家安全监管总局令第 5 号，自 2006 年 4 月 15 日起施行）；

《易制毒化学品管理条例》（国务院令第 445 号，自 2005 年 11 月 1 日起施行）；

《海洋石油安全生产规定》（国家安全监管总局令第 4 号，自 2006 年 5

月 1 日起施行）；

《**新化学物质环境管理办法**》（国家环保总局令第 17 号，自 2003 年 10 月 15 日起施行）；

《**化工(危险化学品)企业保障生产安全十条规定**》（国家安全监管总局令第 64 号，自 2013 年 7 月 15 日起施行）；

《**放射事故管理规定**》（卫生部令第 16 号，自 2001 年 8 月 26 日起施行）；

《**放射性废物安全管理条例**》（国务院令第 612 号，自 2012 年 3 月 1 日起施行）；

《**放射性物品道路运输管理规定**》（交通运输部令 2010 年第 6 号，自 2011 年 1 月 1 日起施行）；

《**港口危险货物管理规定**》（交通运输部令 2012 年第 9 号，自 2013 年 2 月 1 日起施行，废止自 2004 年 1 月 1 日起施行的《港口危险货物管理规定》）；

《**工作场所安全使用化学品规定**》（劳动部、化学工业部 1996 年 12 月 20 日颁布，自 1997 年 1 月 1 日起施行）；

《**民用爆炸物品安全管理条例**》（国务院令第 466 号，自 2006 年 9 月 1 日起施行）。

（3）危险化学品类，如：

《**危险化学品安全管理条例**》（国务院令第 591 号，自 2011 年 12 月 1 日起施行）；

《**危险化学品重大危险源监督管理暂行规定**》（国家安全监管总局令第 40 号，自 2011 年 12 月 1 日起施行）；

《**危险化学品输送管道安全管理规定**》（国家安全监管总局令第 43 号，自 2012 年 3 月 1 日起施行）；

《**危险化学品建设项目安全监督管理办法**》（国家安全监管总局令第 45 号，自 2012 年 4 月 1 日起施行）；

《**危险化学品登记管理办法**》（国家安全监管总局令第 53 号，自 2012 年 8 月 1 日起施行）；

《**危险化学品经营许可证管理办法**》（国家安全监管总局令第 55 号，自 2012 年 9 月 1 日起施行）；

《**危险化学品生产企业安全生产许可证实施办法**》（国家安全监管总局令第 41 号，自 2011 年 12 月 1 日起施行）；

《危险化学品安全使用许可证实施办法》(国家安全监管总局令第 57 号,自 2013 年 5 月 1 日起施行);

《危险化学品包装物、容器定点生产管理办法》(国家经贸委令第 37 号,自 2002 年 11 月 15 日起施行);

《化学品物理危险性鉴定与分类管理办法》(国家安全监管总局令第 60 号,自 2013 年 9 月 1 日起施行);

《易制毒化学品购销和运输管理办法》(公安部令第 87 号,自 2006 年 10 月 1 日起施行);

《化工(危险化学品)企业保障生产安全十条规定》(国家安全监管总局令第 64 号,自 2013 年 9 月 18 日起施行)。

(4)烟花爆竹类,如:

《烟花爆竹安全管理条例》(国务院令第 455 号,自 2006 年 1 月 21 日起施行);

《烟花爆竹经营许可实施办法》(国家安全监管总局令第 65 号,自 2013 年 10 月 16 日起施行);

《危险化学品企业事故隐患排查治理实施导则》(国家安全监管总局安监总管三〔2012〕103 号,自 2012 年 8 月 7 日起施行);

《烟花爆竹企业保障生产安全十条规定》(国家安全监管总局令第 61 号,自 2013 年 7 月 17 日起施行)。

(5)职业病类,如:

《职业病防治法》(自 2002 年 5 月 1 日起施行,修订内容自 2011 年 12 月 31 日起施行);

《工作场所职业卫生监督管理规定》(国家安全监管总局令第 47 号,自 2012 年 6 月 1 日起施行);

《有毒作业危害分级监察规定》(劳部发 50 号,自 1984 年 1 月 26 日起施行);

《尘肺病防治条例》(国发〔1987〕105 号,自 1987 年 12 月 3 日起施行);

《使用有毒物品作业场所劳动保护条例》(国务院令第 352 号,自 2002 年 5 月 12 日起施行);

《建设项目职业卫生安全设施"三同时"监督管理暂行办法》(国家安全监管总局令第 51 号,自 2012 年 6 月 1 日起施行);

《有限空间安全作业五条规定》(国家安全监管总局令第 69 号,自

2014 年 9 月 29 日起施行）；

《严防企业粉尘爆炸五条规定》（国家安全监管总局令第 68 号，自 2014 年 8 月 15 日起施行）。

（6）事故处理类，如：

《国务院关于特大安全事故行政责任追究的规定》（国务院令第 302 号，自 2001 年 4 月 21 日起施行）；

《生产安全事故报告和调查处理条例》（国务院令第 493 号，自 2007 年 6 月 1 日起施行）；

《安全生产事故隐患排查治理暂行规定》（国家安全监管总局令第 16 号，自 2008 年 2 月 1 日起施行）；

《生产安全事故应急预案管理办法》（国家安全监管总局令第 17 号，自 2009 年 5 月 1 日起施行）；

《生产安全事故信息报告和处置办法》（国家安全监管总局令第 21 号，自 2009 年 7 月 1 日起施行）。

（7）培训类，如：

《安全生产培训管理办法》（国家安全监管总局令第 44 号，自 2012 年 3 月 1 日起施行）；

《生产经营单位安全培训规定（2013 年修订）》（国家安全监管总局令第 63 号，自 2013 年 8 月 29 日起施行）；

《劳动防护用品监督管理规定》（国家安全监管总局令第 1 号，自 2005 年 9 月 1 日起施行）；

《特种劳动防护用品安全标志实施细则》（安监总规划字〔2005〕149 号，自 2005 年 10 月 13 日起施行）；

《特种作业人员安全技术培训考核管理规定》（国家安全监管总局令第 63 号，自 2013 年 8 月 29 日起施行）。

（8）矿山类，如：

《矿山安全法》（自 1993 年 5 月 1 日起施行）；

《煤矿安全监察条例》（国务院令第 296 号，自 2000 年 12 月 1 日起施行）；

《矿山安全法实施条例》（劳动部令第 4 号，自 1996 年 10 月 11 日起施行）；

《国务院关于预防煤矿生产安全事故的特别规定》（国务院令第 446

号,自 2005 年 9 月 3 日起施行);

《金属与非金属矿产资源地质勘探安全生产监督管理暂行规定》(国家安全监管总局令第 35 号,自 2011 年 1 月 1 日起施行);

《金属非金属地下矿山企业领导带班下井及监督检查暂行规定》(国家安全监管总局令第 34 号,自 2010 年 11 月 15 日起施行);

《尾矿库安全监督管理规定》(国家安全监管总局令第 38 号,自 2011 年 7 月 1 日起施行);

《小型露天采石场安全管理与监督检查规定》(国家安全监管总局令第 39 号,自 2011 年 7 月 1 日起施行);

《非煤矿山外包工程安全管理暂行办法》(国家安全监管总局令第 62 号,自 2013 年 10 月 1 日起施行)。

(9)劳动保护类,如:

《劳动法》(自 1995 年 1 月 1 日起施行);

《劳动合同法》(自 2008 年 1 月 1 日起施行);

《劳动争议调解仲裁法》(自 2008 年 5 月 1 日起施行);

《劳动保障监察条例》(国务院令第 423 号,自 2004 年 12 月 1 日起施行);

《劳动合同法实施条例》(国务院令第 535 号,自 2008 年 9 月 18 日起施行);

《工伤保险条例》(国务院令第 375 号,自 2004 年 1 月 1 日起施行);

《工伤认定办法》(人力资源和社会保障部令第 8 号,自 2011 年 1 月 1 日起施行);

《女职工保健工作规定》(卫生部、劳动部、人事部、全国总工会、全国妇联联合发布,自 1993 年 11 月 26 日起施行);

《女职工劳动保护特别规定》(国务院令第 619 号,自 2012 年 4 月 28日起施行)。

(10)电力类,如:

《电力法》(自 1996 年 4 月 1 日起施行,修订内容自 2009 年 8 月 27 起施行);

《电力安全事故应急处置和调查处理条例》(自 2011 年 9 月 1 日起施行)。

(11)特种设备类,如:

《特种设备安全法》(自 2014 年 1 月 1 日起施行);

《特种设备安全监察条例》(国务院令第 549 号,自 2009 年 5 月 1 日起实施);

《锅炉压力容器压力管道特种设备事故处理规定》(国家质监总局令第2号,自2001年11月15日起施行);

《特种设备事故报告和调查处理规定》(国家质监总局令第115号,自2009年7月3日起施行)。

广东省法规:

《广东省特种设备安全监察规定》(自2009年9月1日起施行)。

(12)食品安全类,如:

《食品安全法》(自2009年6月1日起施行);

《食品安全法实施条例》(国务院令第557号,自2009年7月20日起施行);

《食品安全国家标准管理办法》(卫生部令第77号,自2010年12月1日起施行);

《餐饮业食品卫生管理办法》(卫生部令第10号,自2000年6月1日起施行)。

(13)农业类,如:

《农业机械安全监督管理条例》(国务院令第563号,自2009年11月1日起施行);

《农药管理条例》(国务院令第326号,自2001年11月29日施行);

《国家明令禁止使用的农药》(农业部令第199号,自2002年6月5日起施行);

《饲料和饲料添加剂管理条例》(1999年5月29日国务院令第266号发布,2013年12月7日《国务院关于修改部分行政法规的决定》第二次修订)。

(14)医疗卫生类,如:

《放射性同位素与射线装置放射防护条例》(自1989年10月24日起实施);

《医疗器械召回管理办法(试行)》(卫生部令第82号,自2011年7月1日起施行);

《药品类易制毒化学品管理办法》(卫生部令第72号,自2010年5月1日起施行);

《医疗事故处理条例》(国务院令第351号,自2002年9月1日起施行)。

（15）建筑施工类，如：

《建设工程安全生产管理条例》（国务院令第 393 号，自 2004 年 2 月 1 日起施行）；

《建设项目安全设施"三同时"监督管理暂行办法》（国家安全监管总局令第 36 号，自 2011 年 2 月 1 日起施行）；

《建筑起重机械安全监督管理规定》（建设部令第 166 号，自 2008 年 6 月 1 日起施行）。

（16）安全生产费用类，如：

《企业安全生产费用提取和使用管理办法》（财企〔2012〕第 16 号，自 2012 年 2 月 14 日起施行）；

《企业安全生产风险抵押金管理暂行办法》（财建〔2006〕第 369 号，自 2006 年 8 月 1 日起施行）。

广东省法规：

《广东省安全生产条例》（自 2014 年 1 月 1 日起施行）；

《广东省工伤保险条例》（自 2012 年 1 月 1 日起施行）；

《广东省燃气管理条例》（自 2010 年 9 月 1 日起施行）；

《广东省突发事件应对条例》（自 2010 年 7 月 1 日起施行）；

《广东省建设项目安全设施监督管理办法》（自 2010 年月 10 月 1 日起施行）。

2.居家、学校、儿童、体育运动等安全

《民法通则》（自 1987 年 1 月 1 日起施行）；

《妇女儿童权益保护法》（自 1992 年 10 月 1 日起施行）；

《未成年人保护法》（自 2013 年 1 月 1 日起施行）；

《残疾人就业条例》（国务院令第 488 号，自 2007 年 5 月 1 日起施行）；

《禁止使用童工规定》（国务院令第 364 号，自 2002 年 12 月 1 日起施行）；

《未成年工特殊保护规定》（劳动部令第 498 号，自 1995 年 1 月 1 日起施行）；

《体育法》（自 1995 年 8 月 29 日起施行）；

《学校体育工作条例》（国家教委令第 8 号，自 1990 年 3 月 12 日起施行）；

《中等体育运动学校管理办法》(教育部令第 14 号,自 2011 年 10 月 1 日起施行);

《校车安全管理条例》(国务院令第 617 号,自 2012 年 4 月 5 日起施行)。

3.交通安全

《道路交通安全法》(自 2004 年 5 月 1 日起施行,修订内容自 2011 年 5 月 1 日起施行);

《道路交通安全法实施条例》(国务院令第 405 号,自 2004 年 5 月 1 日起施行);

《高速客船安全管理规则》(交通部令 2006 年第 4 号,自 2006 年 6 月 1 日起施行;交通部 1996 年 12 月 24 日发布的《高速客船安全管理规则》〈交通部令 1996 年第 13 号〉同时废止);

《铁路交通事故应急救援和调查处理条例》(国务院令第 501 号,自 2007 年 9 月 1 日起施行);

《道路运输条例》(国务院令第 406 号,自 2004 年 7 月 1 日起施行,修订内容自 2013 年 1 月 1 日起施行);

《铁路安全管理条例》(国务院令第 639 号,自 2014 年 1 月 1 日起施行);

《道路危险货物运输管理规定》(交通运输部令 2013 年第 2 号,自 2013 年 7 月 1 日起施行);

《内河交通事故调查处理规定》(交通运输部令 2006 年第 12 号,自 2007 年 1 月 1 日起施行);

《内河渡口渡船安全管理规定》(交通运输部令 2014 年第 9 号,自 2014 年 8 月 1 日起施行);

《公路水运工程安全生产监督管理办法》(交通运输部令 2007 年第 1 号,自 2007 年 3 月 1 日起施行);

《游艇安全管理规定》(交通运输部令 2008 年第 7 号,自 2009 年 1 月 1 日起施行);

《机动车驾驶证申领和使用规定》(公安部令第 123 号,自 2013 年 1 月 1 日起施行);

《港口危险货物安全管理规定》(交通运输部令 2012 年第 9 号,自 2013 年 2 月 1 日起施行);

《营业性道路运输驾驶员职业培训管理规定》(交通运输部令2001年第7号,自2002年7月1日起施行);

《道路交通安全违法行为处理程序规定》(公安部令2006年第105号,自2009年4月1日起施行);

《机动车安全技术检验机构监督管理办法》(国家质监总局令第121号,自2009年12月1日起施行;2006年2月27日国家质监总局公布的《机动车安全技术检验机构管理规定》同时废止);

《道路交通事故社会救助基金管理试行办法》(财政部令第56号,自2010年1月1日起施行)。

4.消防安全

《消防法》(自1998年9月1日起施行,修订内容自2009年5月1日起施行);

《森林防火条例》(国务院令第541号,自2009年1月1日起施行);

《公安部关于修改<消防监督检查规定>的决定》(公安部令第120号,自2011年11月1日起施行);

《消防安全常识二十条》(公消〔2012〕235号,公安部、教育部、民政部、文化部、广电总局办公厅、安全监管总局办公厅等6部门制定,2012年8月1日下发)。

【链接】 消防安全常识二十条

第一条 自觉维护公共消防安全,发现火灾迅速拨打119电话报警,消防队救火不收费。

第二条 发现火灾隐患和消防安全违法行为可拨打96119电话,向当地公安消防部门举报。

第三条 不埋压、圈占、损坏、挪用、遮挡消防设施和器材。

第四条 不携带易燃易爆危险品进入公共场所、乘坐公共交通工具。

第五条 不在严禁烟火的场所动用明火和吸烟。

第六条 购买合格的烟花爆竹,遵守安全燃放规定,注意消防安全。

第七条　家庭和单位配备必要的消防器材并掌握正确的使用方法。

第八条　每个家庭都应制定消防安全计划,绘制逃生疏散路线图,及时检查、消除火灾隐患。

第九条　室内装修装饰不应采用易燃材料。

第十条　正确使用电器设备,不乱接电源线,不超负荷用电,及时更换老化电器设备和线路,外出时要关闭电源开关。

第十一条　正确使用、经常检查燃气设施和用具,发现燃气泄漏,迅速关阀门、开门窗,切勿触动电器开关和使用明火。

第十二条　教育儿童不玩火,将打火机和火柴放在儿童拿不到的地方。

第十三条　不占用、堵塞或封闭安全出口、疏散通道和消防车通道,不设置妨碍消防车通行和火灾扑救的障碍物。

第十四条　不躺在床上或沙发上吸烟,不乱扔烟头。

第十五条　学校和单位定期组织逃生疏散演练。

第十六条　进入公共场所注意观察安全出口和疏散通道,记住疏散方向。

第十七条　遇到火灾时沉着、冷静,迅速正确逃生,不贪恋财物、不乘坐电梯、不盲目跳楼。

第十八条　必须穿过浓烟逃生时,尽量用浸湿的衣物保护头部和身体,捂住口鼻,弯腰低姿前行。

第十九条　身上着火,可就地打滚或用厚重衣物覆盖,压灭火苗。

第二十条　大火封门无法逃生时,可用浸湿的毛巾、衣物等堵塞门缝,发出求救信号等待救援。

5.老年人安全

《老年人权益保障法》(自2013年7月1日起施行)。

注:我国现有关于维护妇女、老人、儿童权益的法律法规散见于《宪法》《民法通则》《刑法》《治安管理处罚条例》《老年人权益保障法》《未成年人

保护法》《婚姻法》等法规。

6.公共场所安全

《大型群众性活动安全管理条例》(国务院令第505号,自2007年10月1日起施行);

《突发公共卫生事件应急条例》(2003年5月7日国务院第七次常务会议审议通过,自2003年5月9日起施行);

《突发事件应急预案管理办法》(国办发〔2013〕101号,自2013年10月25日起施行)。

广东省法规:

《广东省突发事件应对条例》(自2010年7月1日起施行)。

7.社会治安

《治安管理处罚法》(自2006年3月1日起施行,修订内容自2013年1月1日起施行)。

8.防灾减灾与环境安全

《环境噪声污染防治法》(自1997年3月1日起施行);

《传染病防治法》(自2004年12月1日起施行);

《固体废物污染环境防治法》(自2005年4月1日起施行);

《水污染防治法》(自2008年6月1日起施行);

《清洁生产促进法》(自2012年7月1日起施行);

《自然灾害救助条例》(国务院令第570号,自2010年9月1日起施行);

《废弃危险化学品污染环境防治办法》(国家环保总局令第27号,自2005年10月1日起施行);

《突发环境事件信息报告办法》(国家环保总局令第17号,自2011年5月1日起施行);

《污染源自动监控设施现场监督检查办法》(国家环保总局令第19号,自2012年4月1日起施行);

《环境监察办法》(国家环保总局令第21号,自2012年9月1日起施行);

《环境污染治理设施运营资质许可管理办法》(国家环保总局令第20号,自2012年9月1日起施行);

《危险化学品环境管理登记办法(试行)》(国家环保总局令第22号,自2013年3月1日起施行);

《气象法》(自2000年1月1日施行);

《气象灾害防御条例》(国务院令第570号,自2010年4月1日起施行);

《防雷减灾管理办法(修订)》(中国气象局令第24号,自2013年6月1日起施行);

《防雷装置设计审核和竣工验收规定》(中国气象局令第21号,自2011年9月1日起施行);

《防雷工程专业资质管理办法 (修订)》(中国气象局令第25号,自2013年6月1日起施行);

《水法》(自2002年10月1日起施行);

《水污染防治法》(自2008年6月1日起施行);

《环境保护法》(自2015年1月1日起施行)。

广东省法规:

《广东省防御雷电灾害管理规定》(自1999年4月1日起施行)。

(二)国家、省、市安全生产标准

1.国家相关标准

(1)金属非金属地下矿山安全生产标准化评定标准

(2)金属非金属露天矿山安全生产标准化评定标准

(3)尾矿库安全生产标准化评定标准

(4)小型露天采石场安全生产标准化评定标准

(5)白酒生产企业安全生产标准化评定标准

(6)啤酒生产企业安全生产标准化评定标准

(7)乳制品生产企业安全生产标准化评定标准

(8)纺织企业安全生产标准化评定标准

(9)食品生产企业安全生产标准化评定标准

(10)造纸企业安全生产标准化评定标准

(11)建筑卫生陶瓷企业安全生产标准化评定标准

(12)平板玻璃企业安全生产标准化评定标准

(13)仓储物流企业安全生产标准化评定标准

(14)商场企业安全生产标准化评定标准

(15)水泥企业安全生产标准化评定标准

(16)冶金企业安全生产标准化评定标准(炼钢)

(17)冶金企业安全生产标准化评定标准(炼铁)

(18)冶金企业安全生产标准化评定标准(煤气)

(19)冶金企业安全生产标准化评定标准(轧钢)

(20)冶金企业安全生产标准化评定标准(焦化)

(21)有色金属压力加工企业安全生产标准化评定标准

(22)有色重金属冶炼企业安全生产标准化评定标准

(23)电解铝(含熔铸、碳素)企业安全生产标准化评定标准

(24)氧化铝企业安全生产标准化评定标准

(25)交通运输企业安全生产标准化评定标准

(26)高处作业分级(1984年1月1日起实施)

(27)企业安全生产标准化基本规范(2010年6月1日起实施)

(28)全国安全文化建设示范企业评价标准(修订版)

(29)安全标志及其使用导则(GB 2894-2008)

(30)工作场所职业病危害警示标识(GBZ 158-2003)

(31)职业健康安全管理体系审核规范(GB/T 28001-2001)

(32)消防安全常用标准

建筑灭火器配置设计规范(GB 50140-2005)

高层民用建筑设计防火规范(GB 50045-95,适用10层以上建筑)

建筑设计防火规范(GB 50016-2006版,适用9层以下建筑)

建筑内部装修设计防火规范(GB 50222-95)

消防基本术语第1部分(GB/T 5907-1986)

消防基本术语第2部分(GB/T 14107-1993)

消防安全标志设置要求(GB 15630-1995)

手提式化学泡沫灭火器(GB 4400-84)

手提式灭火器第1部分:性能和结构要求(GB 4351.1-2005)

手提式灭火器第2部分:手提式二氧化碳灭火器钢质无缝瓶体的要求

（GB 4351.2-2005）

手提式灭火器第 3 部分：检验细则（GB 4351.3-2005）

火灾报警设备专业术语（GB/T 4718-2006）

（33）电气安全常用标准

静电安全术语（GB/T 15463-2008）

颜色标志的代码（GB/T 13534-2009）

系统接地的型式及安全技术要求（GB 14050-2008）

电气设备电源特性的标记安全要求（GB 17285-2009）

三相电力系统相导体的钟时序数标识（GB/T 18891-2009）

人机界面标志标识的基本和安全规则 指示器和操作器件的编码规则（GB/T 4025-2010）

人机界面标志标识的基本和安全规则 设备端子和导体终端的标识（GB/T 4026-2010）

人机界面标志标识的基本和安全规则 操作规则（GB/T 4205-2010）

人机界面标志标识的基本和安全规则导体颜色或字母数字标识（GB 7947-2010）

外壳对人和设备的防护检验用试具（GB/T 16842-2008）

安全出版物的编写及基础安全出版物和多专业共用安全出版物的应用导则（GB/T 16499-2008）

国家电气设备安全技术规范（GB 19517-2009）

电气设备安全通用试验导则（GB/T 25296-2010）

电气设备的安全风险评估和风险降低第 1 部分：总则（GB/T 22696.1-2008）

电气设备的安全风险评估和风险降低第 2 部分：风险分析和风险评价（GB/T 22696.2-2008）

电气设备的安全风险评估和风险降低第 3 部分：危险、危险处境和危险事件的示例（GB/T 22696.3-2008）

电气设备的安全风险评估和风险降低第 4 部分：风险降低（GB/T 22696.4-2011）

电气设备的安全风险评估和风险降低第 5 部分：风险评估和降低风险

的方法示例（GB/T 22696.5-2011）

电气设备热表面灼伤风险评估第 1 部分：总则（GB/T 22697.1-2008）

电气设备热表面灼伤风险评估第 2 部分：灼伤阈值（GB/T 22697.2-2008）

电气设备热表面灼伤风险评估第 3 部分：防护措施（GB/T 22697.3-2008）

电气设备应用场所的安全要求第 1 部分：总则（GB/T 24612.1-2009）

电气设备应用场所的安全要求第 2 部分：在断电状态下操作的安全措施（GB/T 24612.2-2009）

用电安全导则（GB/T 13869-2008）

低压配电设计规范（GB 50054-95）

特低电压（ELV）限值（GB/T 3805-2008）

电气安全名词术语（GB 4776-84）

电气设备安全设计导则（GB 4064-83）

防止静电事故通用导则（GB 12158-2006）

弧焊设备——焊接电缆插头、插座和耦合器的安全要求（GB 7945-87）

空调用通风机安全要求（GB 10080-2001）

手持式电动工具的管理、使用、检查和维修安全技术规程（GB/T 3787-2006）

外壳防护等级 IP 代码（GB 4208-2008）

小功率电动机的安全要求（GB 12350-2009）

（34）机械安全常用标准

型材切割机（JB/T 9608-2013）

机械加工设备危险有害因素分类（GB 12299-90）

机械加工设备一般安全要求（GB 12266-90）

剪切机械安全规程（GB 6077-1985）

磨削机械安全规程（GB 4674-2009）

起重机械超载保护装置安全技术规范（GB 12602-1990）

起重机械危险部位与标志（GB 15052-1994）

悬挂输送机安全规程（GB 11341-2008）

机械安全避免人体各部位挤压的最小间距（GB 12265.3-1997）

电梯使用管理与日常维护保养规则（TSGT 5001-2009）

电火花加工机床安全防护技术要求（GB 13567-1998）

冷冲压安全规程（GB 13887-2008）

机械安全安全防护的实施准则（GB/T 30574-2014）

农林机械安全第 1 部分：总则（GB 10395.1-2009）

机械设备防护罩安全标准（GB 8196-2003）

机械安全安全标准的起草与表述规则（GB/T 16755-2008）

机械安全控制系统有关安全部件第 1 部分：设计通则（GB/T 16855.1-2008）

机械安全控制系统有关安全部件第 2 部分：确认（GB/T 16855.2-2007）

机械安全进入机械的固定设施第 1 部分：进入两级平面之间的固定设施的选择（GB 17888.1-2008）

机械安全进入机械的固定设施第 2 部分：工作平台和通道（GB 17888.2-2008）

机械安全进入机械的固定设施第 3 部分：楼梯、阶梯和护栏（GB 17888.3-2008）

机械安全进入机械的固定设施第 4 部分：固定式直梯（GB 17888.4-2008）

机械安全机械安全标准的理解和使用指南（GB/T 20850-2007）

(35)危险化学品企业常用标准

危险货物品名表（GB 12268-2012）

危险化学品经营企业开业条件和技术要求（GB 18265-2000）

常用化学品贮存通则（GB 15603-1995）

易燃易爆性商品储藏养护技术条件（GB 17914-2013）

腐蚀性商品储藏养护技术条件（GB 17915-2013）

毒害性商品储藏养护技术条件（GB 17916-2013）

汽车加油加气站设计与施工规范（GB 50156-2002）

危险货物中型散装容器检验安全规范（GB 19434-2009）

汽车运输、装卸危险货物作业规程（JT 618-2004）

水路运输危险货物包装检验安全规范(GB 19270-2009)

化学品危险性评价通则(GB/T 22225-2008)

危险货物便携式罐体检验安全规范(GB 19454-2009)

危险货物涂料包装检验安全规范(GB 19457.2-2004)

工业用化学品爆炸危险性的确定(GB/T 21848-2008)

危险化学品有机过氧化物包装规范(GB 27833-2011)

危险化学试剂使用与管理规定(SY/T 6563-2003)

危险化学品从业单位安全标准化通用规范(AQ 3013-2008)

化学品分类和标签规范(GB 30000-2013)

危险化学品自反应物质包装规范(GB 27834-2011)

危险化学品单位应急救援物资配备要求(GB 30077-2013)

危险化学品重大危险源辨识(GB 18218-2009)

危险货物品名表(GB 12268-2012)

化学品分类和危险性公示通则(GB 13690-2009)

生产过程危险和有害因素分类与代码(GB/T 13861-2009)

(36)矿山安全常用标准

金属非金属露天矿山安全规程(GB 16423-2006)

选矿安全规程(GB 18152-2000)

金属非金属矿山排土场安全生产规则(AQ 2005-2005)

矿山安全标志(GB 14161-2008)

矿山救护规程(AQ 1008-2007)

矿山提升系统安全技术检验规范(LD 87-1996)

非铀矿山开采中氡的放射防护要求(GBZ/T 256-2014)

煤矿井巷工程质量验收规范(GB 50213-2010)

矿山电力设计规范(GB 50070-2009)

金属非金属矿山安全标准化规范小型露天采石场实施指南 (AQ 2007.5-2006)

金属非金属地下矿山通风技术规范(AQ 2013-2008)

金属非金属矿山安全生产管理人员安全生产培训大纲(AQ 2010-2006)

金属非金属地下矿山监测监控系统建设规范(AQ 2031-2011)

（37）建筑施工单位常用标准

施工现场临时用电安全技术规范（JGJ 46-2005）

漏电保护器安装和运行（GB 1395-92）

建筑施工高处作业安全技术规范（JGJ 80-91）

塔式起重机安全规程（GB 5144-2006）

钢管手脚架扣件（GB 15831-2006）

建筑机械使用安全技术规程（JGJ 33-2012）

起重机械安全规程（GB 6067-2010）

建筑卷扬机安全规程（GB 13329-91）

安全帽（GB 2811-2007）

安全带（GB 6095-2009）

安全网（GB 5725-2009）

安全标志（GB 2894-1996）

建筑工程施工过程结构分析与监测技术规范（JGJ/T 302-2013）

建设工程施工现场环境与卫生标准（JGJ 146-2013）

建筑施工企业信息化评价标准（JGJ/T 272-2012）

建筑边坡工程技术规范（GB 50330-2013）

建设工程监理规范（GB/T 50319-2013）

建设工程文件归档规范（GB/T 50328-2014）

古建筑防雷工程技术规范（GB 51017-2014）

建设工程分类标准（GB 50841-2013）

屋面工程技术规范（GB 50345-2012）

智能建筑工程质量验收规范（GB 50339-2013）

建筑设计防火规范（GB 50016-2014）

建筑工程施工质量验收统一标准（GB/T 50300-2013）

建筑防腐蚀工程施工规范（GB 50212-2014）

建筑施工安全技术统一规范（GB 50870-2013）

建筑工程绿色施工规范（GB/T 50905-2014）

建筑施工场界噪声测量方法（GB 12524-1990）

建筑拆除工程安全技术规范（JGJ 147-2004）

建筑深基坑工程施工安全技术规范(JGJ 311-2013)

钢-混凝土组合结构施工规范(GB 50901-2013)

施工企业工程建设技术标准化管理规范(JGJ/T 198-2010)

建筑施工扣件式钢管手脚架安全技术规范(JGJ 130-2011)

(38)液化石油气常用标准

液化石油气钢瓶(GB 5842-2006)

小容积液化石油气钢瓶(GB 15380-2001)

家用燃气燃烧器具安全管理规程(GB 17905-2008)

液化石油气瓶阀(GB 7512-2006)

液化石油气钢瓶定期检验与评定(GB 8334-2011)

液化石油气(GB 11174-2011)

液化石油气储运(SY/T 6356-2010)

车用液化石油气(GB 19159-2012)

石油和天然气工业管线输送系统用全焊接球阀(GB/T 30818-2014)

液化气体船舶安全作业要求(GB 18180-2010)

液化石油气危险货物危险特性检验安全规范(GB 21176-2007)

液化石油气钢瓶热处理工艺评定(CJ/T 33-2004)

液化石油气(LPG)用橡胶软管和软管组合件散装输送用(GB/T 10546-2003)

液化石油气汽车维护技术规范(GB/T 27877-2011)

液化石油气钢瓶质量保证控制要点(CJ/T 37-1999)

餐饮业使用瓶装液化石油气安全管理要求(DB11/T 450-2007)

液化石油气安全管理规程(SY 5985-2007)

液化石油气加气机检定规程(JJG 997-2005)

天然气汽车和液化石油气汽车标志(GB/T 17676-1999)

车间空气中液化石油气卫生标准(GB 11518-1989,部分被 GBZ/T 160.40-2004 代替)

增效液化石油气(HG/T 4098-2009)

气瓶充装站安全技术条件(GB 27550-2011)

2.广东省相关标准

（1）广东省船舶修造企业安全生产标准化评定标准（试行）

（2）广东省中小机械制造企业安全生产标准化达标标准

（3）广东省家具制造企业安全生产标准化达标标准

（4）广东省钢铁生产企业安全生产规范化管理标准

（5）广东省安全生产监督管理局关于工贸行业小微企业安全生产标准化三级企业的评定办法

（6）广东省"安全文化建设示范企业"创建标准（修订版）

3.各地市相关标准

如广州市相关标准：

（1）广州市家具制造企业安全生产标准达标标准（试行）

（2）广州市工业企业安全生产标准化评定办法

（3）广州市商贸企业安全生产标准化管理规范

（4）广州市"安全文化建设示范企业"评价标准

二、启动前的准备工作

1.制作启动仪式背景板（体现辖内人文、地理、安全等特色）。

2.编印《安全社区建设倡议书》。

3.通知拟发言人准备讲稿，如街镇书记、街镇主任、村居主任、村居民代表、辖内单位代表、专家及志愿者代表等。

4.给有关参会人员发出邀请函，如上级安监部门领导、全国安全社区支持中心代表等。

5.以街镇红头文件的形式下发《关于成立某街镇建设全国安全社区促进委员会的通知》，成立一个跨界的安全促进机构。

6.编印《安全社区建设指南》等参考资料，这是对安全社区建设骨干人员的第一次宣传发动。参会人员人手一份。

7.制订《街镇建设全国安全社区工作推进表》——明确工作任务要点及时间安排的整体部署、《街镇建设全国安全社区工作实施方案》，参会人员人手一份。

第二节　如何启动安全社区建设

一、举办启动仪式

(一)启动仪式的形式

全国安全社区建设启动仪式并无统一要求,可结合街镇特点、日常工作等举办。

启动仪式大致可采纳以下几种形式:

一是以会议方式宣布启动。召开由街镇辖内各部门、单位代表参加的会议,宣布开展安全社区建设,公布安全社区建设方案,对各部门、单位、村居等提出要求。

二是以文件形式宣布启动。起草开展安全社区建设的文件,内容包括安全社区建设方案、安全社区建设领导机构和安全促进项目组的构成及职责等,发至或抄送各有关部门、单位、村居。

三是公开举行启动仪式,邀请各级有关领导和各方面代表参加,参加人数根据辖内情况确定。可安排多项内容,在有关媒体上报道,广而告之,扩大社区居民群众的知晓率。可依托某个大型集会或者专题活动公开举行启动仪式,如安全生产月咨询日、消防安全月咨询日、法律宣传日、科普宣传日等(具体可参阅本书第六章第二节)。

地点:室内外均可。

内容:如会议形式,可设计具有安全社区元素与区域特色结合的背景板,安排主席台、发言席,悬挂横幅,布置系列安全宣教展板,发放有关宣传资料等。

(二)参加人员的确定

其一,市层面:市安全监管局及有关部门领导、当地支持中心代表等。

其二,区(县)层面:区(县)有关职能部门代表,如安全监管局、教育局、质监局、卫生局、民政局、农业园林局、食药局、工商局、应急办、司法局、公安分局交防大队、交警大队、团委、妇联、残联等单位分管领导1名(参加的职能部门数量可根据拟设定项目的需要确定)。

其三,街镇层面:

(1)街镇领导班子成员、科室负责人;

(2)各村居委负责人;

(3)学校代表;

(4)医疗单位代表;

(5)志愿者代表;

(6)企业代表;

(7)专家代表;

(8)人大代表、政协代表、党代表;

(9)驻军代表等。

(三)议程内容

时间:60分钟左右

主持人:街镇分管领导

(1)街镇书记对街镇启动全国安全社区建设致辞;

(2)街镇主任发言;

(3)村居主任代表发言;

(4)企业代表发言;

(5)志愿者代表发言;

(6)街镇书记向辖内居民代表赠送安全应急资料等;

(7)区(县)分管领导讲话;

(8)市安全监管局领导讲话。

二、启动仪式之后的工作

(一)启动仪式后,按照要求填写《全国安全社区备案表》报上级安监部门和全国安全社区广东支持中心审核盖章,报全国安全社区办公室备案(传真及快件邮寄),同时登录全国安全社区网安全社区管理平台(http://www.safecommunity.org.cn/scm/)备案。

(二)按照全国安全社区建设要素要求及步骤有序展开建设工作,成立组织机构(安全社区建设促进委员会、促委会办公室、项目组)并正式运作,制订相关制度、工作方案、工作计划。

一是尽快展开辖内各大类安全风险情况的全面摸查、分析,提炼出系列线索、特点,确定工作场所、交通安全、消防安全、学校安全、居家安全、老年人安全、残疾人安全、社会治安等项目组,明确人员分工。

二是建立街镇安全社区工作推进督查制度,及时检查、督查、评估各项目组工作推进情况,加强协调、沟通、联系。

三是制定有关制度,如各组织机构职责制度、安全社区建设相关制度等。

四是制订有关方案、目标及计划,如安全社区建设总体实施方案,2~3年、年度工作目标和工作计划以及其他相关目标和计划(如事故与伤害预防与控制目标和计划)。

(三)在区(县)安委办的统一协调下,在区(县)安监部门的具体指导下,主动与区(县)有关职能部门联系、沟通,取得支持、配合。

(四)展开各类人员的培训工作,培养一批明白人,使一批能干事、能干成事的人尽快成为明白人。具体内容请阅读本书第五章。

1.培训人员类别

(1)一次集中的大范围培训。可结合启动仪式一并进行,邀请安全社区专家进行安全社区理念、建设方法的普及性培训;

(2)街镇领导班子成员的培训;

(3)街镇各科室负责人及骨干人员的培训;

(4)街镇辖内所有村居负责人及骨干成员的培训;

(5)辖内有关部门、单位骨干人员的培训。

2.培训方式

灵活多样,如采用上课、播放教学片、老师带徒弟、现场探讨交流等方式。

(1)参加国家、省、市、区(县)组织的专题培训;

(2)邀请国家、省、市、区(县)有关专家开展培训;

（3）到成功建设的街镇进行现场学习、交流、探讨、培训；

（4）以先培养骨干、再以骨干带动的方式，全面展开培训。

培训人数从街镇、村居到驻区单位层层增加成金字塔形状，一直到居民区的楼长，到车间的班组长、学校的老师、医院的工作人员等，使这些人都明白安全社区的基本理念和运作流程，能够承担起组织发动居民群众参与安全社区建设的工作。

（五）广泛开展系列宣传工作。具体内容请阅读本书第五章。

（六）自启动仪式之后，即开始档案建设工作（关于档案的具体要求见"要素10. 安全社区创建档案"）。对安全社区建设的各类工作、信息、措施等都应做好记录和保存，形成书面材料或电子音像资料归档，安排专人管理。

第三节 安全社区建设工作整体部署推进参考表

全国安全社区建设工作整体部署推进参考表

（表格详见 P78 页）

注：

1. 安全社区建设工作计划应细化到以周为时间单位（采用周、月、季度、年度的阶段工作法），有关工作任务应细化到各部门、单位中的个人。

2. 项目组各成员应当对照建设标准要素规定，明确建设的时间节点、具体要求。

3. 安全社区建设工作计划应当根据工作进展及实际情况随时修订。

4. 根据建设标准要素规定，对前期工作开展情况定期实施评估。

突发事件隐患排查和整改情况一览表

（表格详见 P88 页）

表3-1 全国安全社区建设工作整体部署推进参考表

一级指标	二级指标	细化要求	工作要求	牵头部门	参与部门	完成期限
0.社区基本情况	区域概况	摸清辖区地理位置及面积、人口构成及分布特征、社会单位构成（服务设施、资源等）、工业与商贸网点分布等情况		创安办		启动后及时整理
	区域安全特点	摸清区域安全特征或辖区安全重点工作	对辖区内所有场所、设施、人员、环境的风险与隐患进行辨识与分析，综合梳理	创安办	各项目组	启动前后展开
1.安全社区创建与机构职责		1.有安全社区建设领导机构，成员包括合作部门的要求，涵盖了辖区内主要相关部门，负责组织、协调安全社区建设和绩效评审工作	成立创建委会、创安办，项目组等机构，起草相关文件，将有关工作人员、相关单位工作人员、专业技术人员、志愿者及社区居民代表纳入工作组	创安办		启动当月
		2.有符合社区实际情况的若干个安全促进项目和社会单位管理人员、专业技术人员、社会组织代表、志愿者及社区居民等，负责组织实施安全促进项目	各项目组等机构，明确组织架构图；各机构的跨部门人员构成体现广泛的跨部门特点		各项目组、街镇有关部门	启动当月
		3.建立健全了安全社区建设领导机构和执行机构的工作制度并规定其职责	(1)制定领导机构和执行机构工作制度；(2)明确创建领导机构职责	明确委会人员及项目组成员单位及人员的职责，建立各项规章制度，如宣传培训制度、伤害监测制度、信息交流与反馈制度、事故报告制度、伤亡事故记录及管理制度、中期评估制度、公共设施管理制度、档案管理制度、会议制度等	创安办	各项目组	启动2个月内

续表

一级指标	二级指标	细化要求	工作要求	牵头部门	参与部门	完成期限
1.安全社区创建机构与职责	4.制定了长期和年度的安全社区工作目标和工作计划	(1)制定2~3年工作目标和计划;(2)目标和计划的制定合理、可执行;(3)总体目标设置可测量的参数。围绕总目标,在工作场所、消防、交通、社会治安、居家等领域提出具体目标(定量或定性)	制定建设安全社区工作实施方案	创安办	各项目组	启动2个月内并持续跟进
	5.有必要的资金投入,保障安全社区建设顺利进行	(1)有资金保障机制,如资金投入的渠道、方式等;(2)资金投入到位、及时;(3)有资金使用的监督机制	通过各种途径,积极申请各项专项资金的支持	创安办	各项目组	2年内持续跟进
	6.积极组织和广泛参与辖区内、外的安全社区各类交流活动	组织和参与各类交流活动,明确组织方、时间、地点、活动主题等	广泛开展各行业、领域、部门、单位各层次人员的培训与交流	创安办	各项目组	2年内持续跟进
2.信息交流和全员参与	7.建立了相关安全信息收集、交流、沟通、传递和反馈渠道,保持社区内纵向各层级和横向各部门以及国内安全社区网络的沟通渠道顺畅	建立相关信息沟通渠道,如街镇内部之间、街镇与辖区社会单位、居民等沟通渠道	从大安全工作的角度出发,做到安全社区建设各类信息的多向顺畅的流向与处理,确保有关安全问题均有对应的协商议事机制;建立公众的意见处理及时反馈,能够得到妥善处理及时反馈	创安办	各项目组、村居	启动2个月内并持续跟进
	8.有持续参与社区安全促进工作的志愿者和社会组织,充分发挥其作用且活动有效果	利用、建立或参与安全促进工作相关的志愿者队伍,制订的志愿服务计划与安排	建立、培养一批志愿者队伍,制订工作计划,开展各类活动,扩大全员参与面	创安办	各项目组	启动1个月内并持续跟进

续表

一级指标	二级指标	细化要求	工作要求	牵头部门	参与部门	完成期限
2.信息交流和安全参与	9.组织社区成员以不同形式广泛参与各类安全参与促进活动	建立、完善辖内各部门、单位、村居等居民群众参与安全促进活动方式或渠道	各项目组结合安全促进活动,广泛宣传发动辖内居民群众共同参与安全社区建设工作(要求参与度不少于50%)	创安办	各项目组、村居	启动1个月内并持续跟进
	10.选择并运用适用的方法(如隐患排查、安全检查、伤害调查、专家测评、事故与伤害等)对社区各类安全与伤害风险进行辨识与分析	(1)采用3种以上社区诊断方法,如安全检查表法、问卷调查、专家经验法等;(2)明确诊断方法实施部门,对象、内容和过程等;(3)诊断的覆盖范围全面	建立危险源辨识与隐患排查工作制度,通过不同方式开展危险源辨识与隐患排查分析(如调查、专家会论等),并确定需重点控制的风险与隐患,特别是对高风险隐患、高危人群和脆弱群体进行辨识与促进	创安办	各项目组、村居	启动3个月内并持续跟进
3.事故与伤害风险辨识及其评价	11.辨识的风险与伤害符合社区实际情况。事故与伤害资料数据真实,能够反映其发生的频次和原因	(1)得出全面、准确的社区诊断结论;(2)明确辖内的主要风险		创安办	各项目组	启动3个月内
	12.分析容易发生或受到伤害的高危人群、高风险环境和弱势群众并确定其重点场所、重点人群、重点问题	(1)确定辖内各类伤害场所、重点人群及各项目领域的"两高一脆弱";(2)有辨识并确定辖区主要危险、"三高一脆弱"的依据	建立事故与伤害监测机制,资料来源可靠,数据真实,能真实反映事故与伤害发生的原因,后果及分布	创安办	各项目组	启动3个月内并持续跟进
	13.建立了各类生产经营商贸、服务性单位的安全专项台账,及时掌握其安全动态	建立、完善辖内各类生产经营单位(包括商贸、服务性单位)安全监管机制,分级分类管理,如建立安全监管体制机制,分级分类管理,中小企业安全诚信等级评估等	与辖内相关单位、个人签订安全责任书,辖内各企业底数清晰,企业一档全,各企业分级分类监管,日常安全管理规范有序	创安办	各项目组、村居	启动3个月内并持续跟进

续表

一级指标	二级指标	细化要求	工作要求	牵头部门	参与部门	完成期限
4. 事故与伤害预防目标及计划	14. 根据评价的结果，社区实际情况和社区成员的安全需求，制定了事故与伤害预防控制的针对的重点，重点人群、重点场所，制定的针对重点问题的安全促进目标	(1)根据风险识别，以往事故与伤害调查等方法分析确定主要干预的安全问题，制定干预计划；(2)根据实际，各目标有可衡量的目标、标准；(3)根据实际，合理制定促进计划内容	制订明确的事故与伤害预防目标和控制目标，制定覆盖不同人群、设施和环境的安全计划和能够体现安全促进的重点工作与重要内容	创安办、各项目组	各项目组、村居	启动3个月内并持续跟进
	15. 制定了覆盖不同人群、环境和设施的并能够长期、持续、有效进行的事故与伤害预防和风险控制计划，尤其是重点针对重点人群、重点场所的安全促进计划		制订事故与伤害预防和风险控制计划	创安办、各项目组	各项目组	启动3个月内并持续跟进
5. 安全促进项目	16. 依据事故与伤害预防、控制目标和安全促进计划，策划并确定安全促进项目	(1)策划的项目能体现街镇特点和重点工作；(2)采用优思路描述街镇的重点、亮点、特色工作	针对社区存在或居民关心的事故与伤害问题尤其是高风险环境、高危人群和脆弱群体，组织实施形式多样的安全促进项目	创安办、各项目组	各项目组、村居	启动3个月内并持续运作
	17. 安全促进项目的策划要针对社区存在的特定问题，有实施方案和具体措施，项目结构完整	对安全促进项目的要求：(1)项目能采取多种措施与行动，包括加强安全管理，提供安全服务，提供安全产品，加强宣传教育，改进设施及环境等；	各安全促进项目应制订改善的实施方案，方案应体现持续改进，全员参与	创安办、各项目组	各项目组	
	18. 安全促进项目覆盖了工作场所、消防、交通、社会治安、居家等主要方面。安全促进场所应关注从业人员的职业与安全健康		有针对街镇的各类高风险环境、高危人群和脆弱群体的具体干预措施，实施效果良好	创安办、各项目组	各项目组	启动3个月内并持续运作

续表

一级指标	二级指标	细化要求	工作要求	牵头部门	参与部门	完成期限
5.安全促进项目	19.安全促进项目覆盖了目标人群或场所,覆盖面不少于50%	(2)采取的促进措施针对性较强。有促进过程的描述,如实施时间、方式、覆盖范围等；	注意项目运作涉及人群或场所覆盖面达到50%；注意项目前后数据的针对对性；注意项目前后数据的真实性、准确性与整改善效果。各类数据的整体趋势是下降的,对于有些数据应反弹应做分析说明并采取相应措施	创安办、各项目组	各项目组	启动3个月内并持续运作
	20.安全促进项目组能够履行职责,发挥作用,组织或实施各项安全促进项目	(3)分析项目的实施效果。能用事故与伤害数据、知晓率、满意度前后变化及环境改善情况等客观证据证实项目的实施效果；		创安办、各项目组	各项目组	启动3个月内并持续运作
	21.能够体现社区社会组织、志愿者和社区单位的参与情况,证明已多渠道整合了各类资源	(4)项目评估中能够考虑项目目标及计划的实现情况		创安办、各项目组	各项目组	启动3个月内并持续运作
	22.安全促进项目实施效果良好并能够提供相应客观证据或客观评估数据,并用于持续改进			创安办、各项目组	各项目组	启动3个月内并持续运作
	23.吸纳和整合能够满足社区需要的安全宣传与培训的设施和资源,包括社区内部资源和外部资源	梳理街镇内外宣传资源。如设备设施、师资力量等	有固定的安全宣传栏、橱窗、安全提示牌等,每季度更新宣传内容	创安办、各项目组	各项目组	启动2个月内并持续运作
6.宣传教育与培训	24.有符合社区制定的事故与伤害预防计划的宣传教育与培训计划以及相关管理要求	(1)制定宣传、培训、教育管理制度或要求；(2)制定针对不同类型人群如流动人口和外来务工人员、特殊人群的安全培训计划	制作安全法规及安全知识宣传单《居民安全手册》(小册子)、安全社区知识系列折页宣传展板、宣传资料架等	创安办、各项目组	各项目组	启动2个月内并持续运作

续表

一级指标	二级指标	细化要求	工作要求	牵头部门	参与部门	完成期限
	25.采取多种形式组织实施对社区成员适用的安全知识和技能的宣传教育与培训工作。实施教育培训能够满足不同需求与要求，达到预期效果	(1)根据安全培训计划实施有关工作。如宣教和培训方式、形式、频次、内容、时间等；(2)各类培训达到良好的效果	结合事故与伤害预防目标和计划，项目组的工作领域等组织相关培训。结合社区实际情况，对辖内居民、群众开展每季度不少于1次的安全法规与知识培训。安全工作要做到"五进"（进社区、进单位，进校园、进农村、进家庭）	创安办、各项目组	各项目组、村居	启动1个月起并持续运作
	26.安全社区建设促进项目组和各级领导和骨干参加了安全社区建设方法的培训	组织有关领导和骨干人员参加各级安全社区建设标准和相关方法的培训。明确组织方、参加人员、培训时间、地点，参加人员、培训主题和内容	可采取外聘专家开展培训或传帮带的方式展开	创安办	各项目组	启动1个月起并持续运作
6.宣传教育与培训	27.重视安全文化建设，建立并充分运用传播安全知识的渠道和载体	建立、完善安全法规、科普知识的传播渠道和载体并充分利用	善于挖掘身边企事业单位关于安全文化的好做法与亮点，相互学习、交流。结合街镇实际广泛开展各类宣传活动，如举办安全知识竞赛、大型文艺演出、播放安全教育电影片等	创安办、各项目组	各项目组	启动1个月起并持续运作
	28.依据相关要求组织或监督从业人员的安全培训和职业健康教育	全面开展从业人员尤其是企业负责人、安全管理人员、工作岗位人员等安全教育、特种作业人员的安全培训，如三级安全教育、安全资格考核及再培训等	全面开展、指导、监督各类从业人员的安全培训教育	创安办、各项目组	各项目组、村居	启动1个月起并持续运作

续表

一级指标	二级指标	细化要求	工作要求	牵头部门	参与部门	完成期限
	29.针对社区自然灾害、事故灾难、公共卫生事件和社会安全事件等突发事件制定不同层次、具有可操作性应急预案或应急响应措施	(1)摸清潜在的重大突发事件类型及可能后果，合理确定体现街镇特点的重大突发事件类型； (2)分层次（街镇、村居、楼内）要求单位编制应急预案	各项目组针对社区潜在的自然灾难、事故灾难、公共卫生事件和社会安全事件等制定不同层次、具有可操作性应急响应预案	创安办、各项目组		启动2个月并起续运作
7.应急预案和响应	30.按标准、要求或预案规定配备了应急设施和器材并保持完好	(3)应急预案或预案培训情况。如培训、演练的方式、时间、效果等，尤其是重视预案的情况。如应急设备及	各类突发事件预防机构的技术、管理措施到位	创安办	各项目组、村居	启动2个月并起续运作
	31.建立了专职或兼职的应急队伍，有组织、调动和训练的制度体系，能够保证应急快速和救援进行处置	(4)建立社区应急设备的配备及设置。 (5)建立、完善各层级（街镇、村居、楼内主要单位）应急组织机构，应急救援队伍协建立及工作情况。如应急队伍人数、调动和训练相关制度等	配备符合要求的应急设施和器材并保持完好，建立应急队伍或兼职队伍有素的专职或有效地实施应急响应；建立公共安全设施完好并备有保证设施齐全完好并正常运转正常	创安办		启动2个月并起续运作
	32.有针对性地组织应急知识宣传、应急技能培训及应处置的应急演练，社区成员有基本的自救互救知识和应急避险能力	(6)建立、完善应急指挥与协调，联络和信息沟通方式，如应急平台、指挥中心等	各项目组织针对对应内容、不同形式、不同内容的应急培训与演练（1年至少组织1次），并将其列入全年培训计划，使居民群众自救互救知识及具备自救互救应急能力	创安办、各项目组	各项目组、村居	启动2个月并起续运作
8.监测与监督	33.有社区专职或兼职安全监督机构、认真履行职责，制定并有效实施各类安全工作的监测与监督方法	(1)完善街镇安全监督监测的组织机构，如监测监督实施对象和范围、频次、内容； (2)完善社区内场所、设施及环境尤其是工矿商贸企业的	建立安全事故与伤害的监督机制，如行政监督、公众监督和社会监督；完善各类安全监管机构，如安全生产、质监、消防、交通、城管、食药等	创安办、各项目组	各项目组、村居	启动之日起并持续运作

续表

一级指标	二级指标	细化要求	工作要求	牵头部门	参与部门	完成期限
8.监测与监督	34. 有不同形式和内容的定期、不定期、专项及综合安全检查并严格执行。检查范围覆盖社区内所有场所、设施和环境尤其是工矿商贸企业的关键岗位。全面、综合性安全检查每年不少于4次	安全检查制度及实施；(3)日常安全检查场所、设施及环境全面，包括居民区、地下空间等，人口密集场所等	制定相关安全检查制度及安全检查计划，如年度检查计划、专项检查计划、节前检查计划；严格执行安全检查计划，生产安全、交通安全、消防安全、社会治安综合治理项目组每年至少开展4次安全检查，其他项目组每年至少开展1次综合性安全检查；监督或检查范围覆盖社区内各类场所或设施和设施，尤其是工矿商贸企业关键岗位、要害部位	创安办		启动之日起并持续运作
	35. 事故与伤害数据的监测结果能够按要求如实及时报告相关主管部门并反馈给社区安全促进领导机构和安全促进项目组			创安办		启动1个月起并持续运作
9.事故与伤害记录	36. 建立了事故与伤害记录制度，能够将社区各类事故尤其是工作场所、消防、交通、社会治安等方面的事故与伤害进行记录	(1)建立、完善事故记录制度或事故与伤害信息收集渠道；(2)明确事故与伤害数据的收集、汇总统计分析流程、责任部门及负责人；(3)明确记录的种类、内容；(4)明确工作场所、消防、交通、社会治安4个方面事故与	生产安全、交通安全、消防安全和社会治安方面的事故与伤害能按要求报告相关主管部门	创安办、各项目组	各项目组、村居	启动1个月起并持续运作
	37. 按照相关部门的要求、规范、格式、内容和填写要求，记录内容真实、完整，信息全面	了记录的种类、内容；和填写要求，记录内容真实、完整，信息全面		创安办、各工作组	各项目组、村居	启动1个月起并持续运作

续表

一级指标	二级指标	细化要求	工作要求	牵头部门	参与部门	完成期限
9.事故与伤害记录	38.有事故与伤害记录的管理制度，五年内的事故与伤害记录保存完好，具有可追溯性且便于查阅	伤害记录管理要求： (5)制定、完善事故与伤害记录管理要求或规定，事故与伤害记录管理要求或规定，协属地相关部门、村居，街镇有关相关部门，学校，燃气公司，物业公司，大型企业等； (6)采用医疗伤害监测机构述实施过程	建立半年1次公布社区事故与伤害信息及联系方式的制度，接受公众监督	创安办、各项目组	各项目组、村居	启动1个月起并持续运作
	39.指定专门工作组或专人负责各类伤害记录的收集、整理分析并将结果反馈给安全社区建设领导促进项目组和相关工作组			创安办、各项目组	各项目组、村居	启动1个月起并持续运作
	40.伤害记录（包括人群伤害调查）与分析结果应用于绩效分析，预测与纠正措施及策划安全促进项目等方面		各项目组建立生产、交通、消防、治安、居家等方面的事故记录及记录管理制度	创安办、各项目组	各项目组	启动1个月起并持续运作
10.安全社区创建档案	41.建立了适用的、符合社区工作惯例的、不同形式的，包含了安全社区建设的工作和信息的档案	(1)创建档案保存信息内容全面、真实； (2)建立档案分类方式合理； (3)制定安全社区创建档案的管理办法。如档案材料的保管、保密、利用、移交、鉴定、销毁等管理要求	各项目组根据指标要素建立安全社区建设档案，无实档案内容；社区建设档案要完整、规范，易于查找	创安办	各项目组	启动2个月起并持续运作
	42.制定了安全社区档案的管理办法，明确档案的使用、发放、保存和处置要求		事故与伤害档案标识清楚，具有可追溯性和可见证性，便于查询	创安办	各项目组	启动1个月起并持续运作
	43.安全社区档案的保存、管理符合社区实际情况，满足各单位和部门工作需要		档案能反映安全社区的建设过程，社区安全管理、安全促进过程和风险控制等情况	创安办		启动1个月起并持续运作

续表

一级指标	二级指标	细化要求	工作要求	牵头部门	参与部门	完成期限
11.预防与纠正措施	44.对社区各类事故与伤害风险识别、信息交流，各类安全监测与监督以及评估工作中发现或反映的问题，采取或整改措施并对整改措施的有效结果有效验证	(1)制定、完善预防与纠正措施管理制度或要求，如安全检查发现的问题纠正要求； (2)针对所发现的问题情况，描述各类事故与伤害的纠正措施，取得纠正措施实施，列举若干典型案例，案例要有准确的时间、地点及前因后果的描述；	对各类安全检查发现的问题及隐患，及时采取整改措施并对整改结果有验证	创安办	各项目组	启动6个月起并持续运作
	45.认真调查分析事故发生的各类事故与伤害，有针对性地制定了纠正措施并予以实施		认真分析事故发生原因，有针对性地制定措施并予以实施	创安办		启动1个月起并持续运作
	46.针对已发现的问题，能够采取预防措施，防止同类问题重复出现	(3)预防与纠正措施有效果	针对已发生的同时，在纠正的同时举一反三，采取预防措施，防止同类问题再次发生	创安办		启动1个月起并持续运作
12.评审与持续改进	47.有安全促进计划、目标、项目与评审的制度与方法	(1)明确社区采用的安全社区建设效果和项目评估方法	组织社区安全绩效评审，反映安全促进效果，提出解决办法。整体评审一年1次，局部评审半年1次	创安办、各项目组	各项目组	启动3个月起并持续运作
	48.每年组织不少于1次的安全社区建设整体工作的安全促进项目进审，对重点工作、过程和效果审行了评估	(2)评估实施情况，如审审的实施部门，形式，频次及评审结论包括待发现的问题等；	制订切合实际的持续改进计划和目标，持续开展安全促进工作	创安办	各项目组	启动6个月起并持续运作
	49.评审结果能够反映安全促进工作的实际效果并用于指导持续改进的开展	(3)重点项目评估中包括计划、过程和效果的评估。效果评估中考虑了目标和计划的实现情况；		创安办	各项目组	启动6个月起并持续运作
	50.根据随机抽查结果，大多数社区成员对社区总体安全的状况表示满意，对实施的重点安全促进项目表示满意	(4)制定持续改进计划，如下一步促进工作重点、目标等	通过座谈会、问卷调查等方法，了解辖区内居民群众对安全社区的知晓率、满意度（要求大于80%）	创安办、各项目组	各项目组	启动12个月起并持续运作

表 3-2　突发事件隐患排查和整改情况一览表

序号	类别	隐患源	隐患级别	可能造成的影响和引发突发事件的级别	应急处置资源和能力	应急预案（有/无）	可控程度（可控/较难控制）	已采取的工作措施	整改措施制定和落实情况

第四章
项目运作流程

临深履薄

面临深渊，脚踏薄冰，处境艰险，须十分谨慎。告诫人们从事危险作业应时时戒备，处处警觉，绝来不得丝毫懈息。

本图片由广州苍龙动漫发展有限公司设计制作

本章关键词:项目,子项目,定位,数据,事故,伤害,风险,诊断, 策划,运作,流程

本章内容导读:

1.如何确定项目大类;

2.如何确定项目组成员;

3.如何进行风险诊断;

4.如何策划子项目;

5.如何制订项目目标与计划;

6.项目运作中的注意事项。

人需要体检,预防疾病。社区也一样。一个好的安全促进项目就是对社区安全风险做一次彻底的大体检。

一个人身体不舒服,到医院看病,首先需要请医生诊断、找出病因,以便对症下药。安全社区建设类似看病,通过系列步骤,对各场所、人群存在的各类隐患、风险进行深入而全面的摸查,展开有效的干预。

预防事故与伤害必须搞清原因,分清轻重缓急,大病、急病先治,小病、慢性病后治,对辖内各类问题、隐患一定要调查到位、分析到位,选准方向和突破口,根据社区的能力确定需要优先解决的问题,确定相应的安全促进项目。

安全社区建设的核心是项目化运作。安全管理需要将常态管理与非常态管理有机结合,而项目运作实际上就是非常态管理。项目干预是社区管理创新的平台和窗口。项目的选取应注意结合区域特点,多吸取成功经验,避免走弯路,将精细化管理贯穿于项目运作中。

安全社区是一个体系建设,其建设流程的各个环节相辅相成。只有驻街镇部门、单位及居民群众大家一起来,齐心协力,共同出谋划策,善于发现安全问题、解决安全难题,才能做出有特色、有亮点、有成效的安全促进项目。

第一节 项目大类的确定

通过对街镇整体安全做一个全面定位,确定需要干预的安全类别。

安全类别通常可从如下 12 个方面考虑:

(1)工作场所安全;

(2)交通安全;

(3)消防安全;

(4)居家安全;

(5)社会治安;

(6)学校安全

(7)老年人安全;

(8)儿童安全;

(9)公共场所安全;

(10)体育运动安全;

(11)涉水安全;

(12)防灾减灾与环境安全。

上述 12 个安全类别基本涵盖了街镇辖内的高风险环境、高危人群和弱势群体。

一、安全定位的角度

以启动建设的上一年度数据信息为分析依据,从如下角度进行定位:

(1)人口社会学特点(如出生率、死亡率、老龄化、文化程度等);

(2)自然特点、地域地理特点(如港口码头、山林、水域、农田等)及经济情况;

(3)辖区建筑物特征特点(如高层、小高层、平房、老旧小区、棚户区、危

房、地下空间等);

(4)辖区生产经营单位分布及特点(如各类企业、三小场所等);

(5)辖区社会单位分布及特征(如人员密集场所、学校、集市、商场、影剧院等);

(6)村居的数量及类型;

(7)安全管理队伍及制度制定和执行情况;

(8)危险源现状及管理;

(9)重点基础公共设施安全状况,如交通环境(道路的分布、状况及交通安全设备设施等)、消防、治安、水、电、气、热等;

(10)社区环境安全状况;

(11)街镇内与大安全领域有关的数据及信息。

二、安全定位的方法

通常采用实用方便的调查—访谈方法。

(1)调查、了解地理、区域、历史、人口及分布、社区构成、社会单位分布等;

(2)调查、了解辖区各类资源、历史安全状况、安全管理机构设置、安全现状、安全管理措施及实施情况等;

(3)调查、了解交通、地域、建筑、企事业单位分布等;

(4)调查、了解各类事故与伤害数据;

(5)查阅相关文件、记录、总结等材料,汇总有关问题;

(6)走访各村居,了解居住环境、居家环境,社区工作、管理、资源等;

(7)走访辖内企事业单位,包括高风险单位、交管、消防、派出所、医院、液化气站、农机、学校、市场等,随机抽取各类场所,获取管理信息与风险信息;

(8)发动居民群众找安全问题、风险与隐患等(实际上也是发动辖内居民群众参与即全员参与的好方式),听取有关意见、建议与需求。

街镇创安办对上述各类数据、问题等分门别类地梳理、总结、提炼,形成需要干预的安全项目大类。

三、各类事故与伤害数据获取渠道

1.总数据获取渠道

(1)区(县)疾病控制中心;

(2)辖内医院、卫生服务中心(来自门诊日志/伤害监测)。

2.分类数据获取渠道

(1)区(县)交警部门提供交通事故起数及伤害人数数据及分析材料;

(2)区(县)公安消防部门提供火情、火警、火灾,人员伤害及财产损失数据及分析材料;

(3)街镇派出所提供刑事案件立案数、治安案件数、伤害案件数、意外伤害死亡数据及分析材料;

(4)区(县)安监部门提供重伤及死亡数据、建设部门提供建筑工地事故与伤害数据、质监部门提供特种设备事故及伤害数据、人社部门提供工伤保险数据;

(5)区(县)教育部门(包括辖内中小学及幼儿园校医室)、燃气公司、电力部门、农业部门等提供各自行业、领域的事故与伤害数据;

(6)结合区域情况,拓展途径,如利用网格员,居委会、物业公司、家庭综合服务中心等工作人员提供有关事故与伤害数据;

(7)妇联、残联、工会等提供有关事故与伤害数据。

注意:以上途径收集的各类事故与伤害数据可能存在重叠,应当进行甄别分析后汇总。

3.对各类数据的要求

事故与伤害数据信息应当尽量细化、全面,至少应包括事故起数、伤亡程度、直接经济损失、伤亡率、受伤部位、事故原因、发生地点、时间、各类数据的历年比较与变化,不同年龄段、不同职业、不同学历、不同性别的差异等内容。

第二节　项目组成员的构成及要求

一、项目组成员构成的考虑因素

1.确定项目组名称与数量

（1）对街镇辖区各类风险做初步分析，以确定应当成立哪几个项目组；

（2）对项目组的数量并无具体要求，至少为6个以上（如工作场所安全、交通安全、消防安全、居家安全、社会治安、学校安全等）；

（3）建设期间，项目组的数量可根据实际情况的变化而增减。

2.确定项目组成员

应当涵括有关的行业领域、部门、单位、村居人员，有关专家、志愿者代表，要体现跨界跨部门合作的原则。比如燃气安全促进项目组，可考虑如下部门、单位人员：区城管、质监部门，街镇有关科室、家庭综合服务中心，村居，燃气公司、有关企业，志愿者队伍，物业公司，村居居民代表等。

注意：

（1）人数多少无硬性规定，根据项目情况确定，但应当将项目中的任务落到实处、专人负责；

（2）所有成员均应明确承担相应工作，切忌仅停留在纸面上。

3.确定项目组负责人

组长、副组长可以考虑由辖区有业务专长的部门或单位或街镇科室负责人担任，负责联络、协调和服务工作。同时指定项目组联络人，负责与街镇创安办的日常联系、沟通。

一个优秀的团队，不见得其中每个成员都是一流的人才，但必有一个出色的领头羊。

因此，项目组运作的成效如何，取决于项目组负责人的态度与素质。

4.明确项目组成员分工

项目组成员应充分发挥各自的聪明才智，团结协作，定期或不定期会诊有关情况及问题,时间、地点可灵活确定,比如上班时、中午午餐时大家聚在一起交流。头脑风暴法是很有效的方法,比如 QQ、微信、电子邮箱、电话、传真等。关键是有关信息能得到充分、有效的汇聚、流通与处理。

项目组内分工合作要具体、细致,制订《项目组人员分工情况一览表》。

项目组负责人是项目实施的领头人,项目组的每一位成员都应当是安全社区建设的骨干和明白人。

5.组建专家队伍

各项目组在整个运作过程中应紧密依靠各类专家的力量,如依靠如下行业、领域的专家:

(1)请安全社区建设专家进行整体策划、定位、把关;

(2)请各行业、领域以及第三方机构(比如安全评价机构,比如各区、市专家库)的专家对各项目进行有针对性的指导、检查;

(3)请区(县)层面行业主管部门业务科室的人员对相关安全促进项目进行有针对性的指导、检查;

(4)紧紧依靠辖内各部门、单位的专业技术骨干开展安全项目促进工作,如企业的安全主任、注册安全工程师,学校分管安全工作的教师,各安全监管队伍的业务骨干(如安监、消防、交通、质监、卫生、城管、食药等)。

二、对项目组成员的要求

项目组成员应当身兼数职,如宣传员、检查员、服务员、信息员,要在提高工作成效上多下工夫。

一是当宣传员——坚持把提高从业人员及居民群众对安全生产和相关法规、安全社区理念等认识作为自己的重要职责,利用各种媒介进行重点宣传,利用安全生产月等活动进行系列宣传,利用每次到企业的机会进行专题宣传,举办的各类活动进行随机宣传等。

二是当检查员——在日常巡查中,以落实法规、标准、制度规范为抓手,督促企业落实主体责任,现场查看重点部位、岗位,复查隐患整改,排除各类隐患,将事故隐患消除在萌芽状态之中。

三是当服务员——为企业提供各类指导帮助和相关信息服务。比如对现场检查发现的隐患提出整改建议,或介绍相关企业的经验教训,或向企业提供有关安全器材信息,指导、帮助企业修改制度、制定应急预案等。

四是当信息员——及时传递安全信息。履行好街镇告知责任,将安全监管科室检查、复查和接报核查发现的重大隐患或重大疑似隐患等信息,及时告知区(县)相关职能部门,并协助现场处理。

三、对项目组的工作要求

1.各项目组策划立项必须制定一个完整计划,涵盖如下内容:起止时间、项目名称、单位或场所、促进内容、策划步骤、人员分工、数据分析、费用投入及干预监督等内容,使项目策划运作职责分明,有定期的信息反馈及问题的分析、解决。

2.各项目组要按要求尽职尽责,针对在日常安全检查、信息交流、专家指导、绩效评估中指出的问题,及时落实整改。

3.对所负责行业、领域受检单位提出的整改意见要有理有据,依法规、标准、规范指导纠正,要求限时完成整改,逾期未整改的则按照法规实施处罚。

4.安全检查记录等必须采用政府职能部门统一下发的规范执法文书。

具体内容如:

(1)时间、地点;

(2)受检单位名称及位置(如重点检查的设施设备或场所);

(3)检查单位名称及检查人员签名;

(4)检查记录必须清楚说明检查内容及检查结果(凡仅记录"正常""合格"等简单字样的视为无具体检查记录,不合格);

(5)对存在的隐患要下发责令限期整改指令书,说明整改内容要求及完成时限,并指定复检时间(受检单位完成整改后要书面盖章回复检查部门,落实复检验收时间);

(6)检查组负责人签名和受检单位负责人签名,检查组和受检单位保存。

5.注意保存完整的工作痕迹。如日常安全检查要注意拍摄现场相关照片,尤其是有隐患的现场和部位,整改复查时要在同一位置不同角度拍摄整改后的现场与部位影像资料,集中保存。

6.注意把握时间安排、进展节奏。1年有52周,除去国家法定节日11天,只有50周工作时间。在创建的2年时间里,应当按照100周的时间来铺排工作计划。如遇突发事件、其他紧急工作影响进展,应当尽快赶上进度安排。

7.注意项目收尾的完善及转化。安全促进项目完成了,并不是说有关的安全工作就结束了,而是应当作为一个成果,转化并纳入日常安全管理工作之中。

第三节 如何做风险诊断

项目大类确定后,当务之急就是确定子项目。子项目的确定必须结合辖内情况,新设计一些项目、解决一些旧难题与新问题。原有的工作及项目可以沿用,但需要分门别类地总结、梳理、提炼、深化及延伸。

一、风险诊断步骤

风险诊断由街镇创安办统筹组织,在有关部门和专家的指导下开展。步骤如下:

(1)明确各类诊断人员及职责(创安办、各项目组成员等)。

(2)请有关专家培训讲授诊断方法。

(3)讨论确定诊断方法,分组分类教授诊断的操作流程及内容。

(4)组织实施各类诊断。

(5)汇总结果,形成书面材料。

风险诊断报告要求:数据来源要有正规渠道,真实可靠;分析出的问题要符合街镇实际;列出应关注的重点行业、重点场所、重点人群,为策划各子项目提供充分依据。

社区诊断结果主要有：

街镇辖内事故与伤害发生情况；

事故与伤害分布情况及原因；

各类安全问题存在的人群、场所。

由此确定辖区各类风险，明确需要进行安全促进工作的重点问题、重点场所(包括环境和设施)、重点人群以及群众的安全需求。

(6)确定子项目。

二、风险诊断工作原则

做到 6 个全覆盖：

(1)安全类别全覆盖；

(2)单位全覆盖；

(3)场所全覆盖；

(4)人群全覆盖；

(5)活动全覆盖；

(6)设施设备全覆盖。

三、常用诊断方法

风险诊断常用的有 8 种方法，可根据街镇特点、实际情况选择其中的 3 种方法。

1.信息共享(建立伤害信息渠道)

与疾控中心、医院、交通、安监、消防、社会治安、学校、幼儿园、燃气公司、残联、妇联、村居等单位、部门建立长期的数据共享渠道，获取年度的事故与伤害数据信息。

风险诊断应当以安全社区建设启动的前一年度事故与伤害数据作为诊断依据。

表 4-1　2012 年某街道交通事故数据统计表

类型	伤害及事故	伤亡人数(人)			
		轻伤	重伤	死亡	合计
机动车	两轮摩托车	10	4	2	16
	汽、货车	2	2	0	4
自行车		2	0	0	2
其他车辆		0	0	0	0
总计		14	6	2	22

表 4-2　2012 年某街道消防安全事故数据统计表

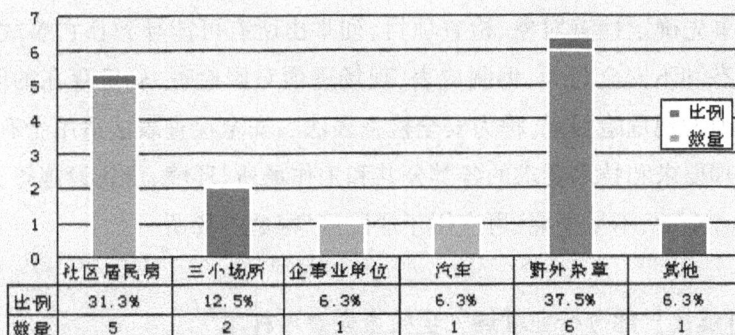

	社区居民房	三小场所	企事业单位	汽车	野外杂草	其他
比例	31.3%	12.5%	6.3%	6.3%	37.5%	6.3%
数量	5	2	1	1	6	1

■数据分析法案例

根据辖区学校提供的诊治记录进行分析,2012 年校园内共发生各类伤害 181 起。

表 4-3　2012 年某街道校园事故与伤害记录情况一

事故发生地点	事故数量	事故平均数(每年每所学校)
中学(2 所)	30	15
小学(3 所)	47	16
幼儿园(4 所)	104	26

在发生的伤害类型中,跌倒/摔伤情况最多,共85起,占47%;其次为扭伤/拉伤,共43起,占24%。

表4-4　2012年某街道校园事故与伤害记录情况二

事故与伤害类型							
跌倒、摔伤	扭伤、拉伤	磕碰伤	钝器伤、刺割伤	打斗、抓伤	窒息、吞食异物	其他	伤害总人数
85	43	26	12	11	3	1	181

综合分析事故记录数据,得出结论:幼儿园儿童由于年龄较小,缺少必要的自我保护知识,伤害发生较多;校园内伤害应当以预防跌倒/摔伤、扭伤/拉伤为重点。

2.安全检查表

事先确定检查对象、检查项目,列举出所有可能导致伤亡事故的不安全状态和不安全行为,编制成表,现场逐项对照检查,确定存在的问题,以系统地发现危险因素,称为安全检查表法。安全检查表法适用于有明确安全管理要求和技术要求的各类公共和工作场所、环境、设备设施等,其优点是检查全面、不易遗漏,可应用于居民区、家庭等场所。

【链接】部分行业领域安全检查表参考样本

配电室、计算机房、电话总机室消防安全检查表

序号	安全检查要点
1	电源线、插销、插座、电源开关、灯具是否存在破损、老化、有异味或温度过高现象
2	是否存在过量物品、易燃易爆物品和可燃物品现象
3	灭火器是否摆放在明显位置,是否被覆盖、遮挡

库房消防安全检查表

序号	安全检查要点
1	插销、插座、电源线、电源开关、灯具是否存在破损、老化、有异味或温度过高现象
2	是否未经批准擅自安装、使用电器

续表

序号	安全检查要点
3	是否严格按照防火要求，物品码放是否做到"五距"
4	易燃易爆化学物品是否单独存放
5	消防通道、楼梯是否堆放物品
6	灭火器是否摆放在明显位置，是否被覆盖、遮挡、挪作他用

餐厅及厨房消防安全检查表

序号	安全检查要点
1	点火后炉灶是否有人看守
2	油炸食品时锅内的油是否超过三分之二
3	通道是否有物品码放、是否被封堵
4	灭火器是否摆放在明显位置，是否被覆盖、遮挡、挪作他用
5	防火疏散门是否灵敏有效
6	燃气阀门是否被遮挡、封堵，是否能正常开启、关闭
7	烟道内的油垢是否过多
8	是否配备灭火毯等简易灭火器材
9	插销、插座、电源线、电源开关、灯具是否存在破损、老化、有异味或温度过高现象
10	电器使用是否有超载现象

洗衣房消防安全检查表

序号	安全检查要点
1	插销、插座、电源线、电源开关、灯具是否存在破损、老化、有异味或温度过高现象
2	洗衣机是否定期检修
3	排风管道粉尘是否过多、是否定期清洗
4	是否随意增加电器设备
5	灭火器是否摆放在明显位置，是否被覆盖、遮挡、挪作他用

锅炉房消防安全检查表

序号	安全检查要点
1	插销、插座、电源线、电源开关、灯具是否存在破损、老化、有异味或温度过高现象
2	可燃气体探测器是否定期保养、测试、灵敏有效,是否被杂物遮挡
3	燃气阀门是否正常开启、关闭,是否被封堵、遮挡,是否定期保养
4	灭火器是否摆放在明显位置,是否被覆盖、遮挡、挪作他用

员工宿舍(旅店客房)消防安全检查表

序号	安全检查要点
1	插销、插座、电源线、电源开关、灯具是否存在破损、老化、有异味或温度过高现象
2	通向室外的疏散楼梯、防火门是否符合要求
3	疏散指示标志、应急照明灯具是否灵敏可用
4	禁止卧床吸烟标志、疏散图是否按照要求配置
5	宿舍是否存在使用酒精炉、电热锅、煤气灶等自制食品现象
6	是否违章使用热水器、电热杯、电热毯等电热设备
7	宿舍或楼道内是否存在焚烧书信、文件、垃圾等现象
8	宿舍或楼道内是否存在燃放烟花爆竹现象
9	疏散通道、安全出口是否被堵塞或上锁

办公室消防安全检查表

序号	安全检查要点
1	插销、插座、电源线、电源开关、灯具是否存在破损、老化、有异味或温度过高现象
2	插排、插座是否超负荷使用
3	人员下班后是否关闭电源
4	是否私自增加电器设备和接拉临时电源线
5	是否存放易燃易爆化学危险品和大量可燃物
6	垃圾是否及时清理、是否遗留火种

施工现场消防安全检查表

序号	安全检查要点
1	施工现场使用的安全网、围网、保温材料是否易燃可燃
2	是否按照仓库防火安全管理规定存放、保管施工材料
3	是否在建设工程内设置宿舍
4	是否在临时消防车道上堆物、堆料或挤占临时消防车道
5	建设工程是否存放易燃易爆化学危险品和易燃可燃材料
6	是否在作业场所分装、调料易燃易爆化学危险物品
7	是否在建设工程内使用液化石油气
8	施工作业用火时是否领取用火证
9	施工现场内是否有吸烟现象
10	是否在宿舍内使用电炉子、热得快、电褥子等电热设备,是否乱拉临时电线

建筑工地安全检查表

被检查工地		安全检查要点
序号	检查模块	
1	开展大检查情况	是否按照政府相关部门要求下发安全生产管理文件
		是否组织工程项目部进行专题安全培训、学习
		是否对工程项目部落实公司文件要求开展相应检查
2	安全生产责任制落实情况	工程项目部是否建立以项目经理为第一责任人的各级管理人员安全生产责任制
		安全生产责任制是否签订责任状,责任人是否签字确认
		安全生产责任目标是否分解落实
		是否建立对安全生产责任制和责任目标的考核制度
3	安全管理机构	配备安全生产管理人员
4	规章制度	安全检查制度
		安全教育培训制度
		岗位安全责任制度
		施工企业领导带班制度

续表

被检查工地		安全检查要点
序号	检查模块	
5	安全教育	项目负责人、安全管理人员接受安全生产教育和培训,并经省住房和城乡建设厅考核合格持有安全资格证书
		特种作业上岗资格证
		从业人员接受安全培训与教育并经考核合格,且有记录
6	现场安全防护措施和安全标志设置情况	"三宝、四口"及临边防护是否检查巡视
		在建工程脚手架外侧是否使用密目式安全网进行封闭
		施工现场入口处及主要施工区域、危险部位是否设置相应的安全警示标志牌
7	消防安全	对民工宿舍、厨房、电焊作业区域、可燃易燃材料堆放区是否加强防范措施
		是否在尚未竣工的建筑物内设置员工集体宿舍
		临时消防设施是否齐备有效
		消防车道是否通畅
		彩钢板和安全网防火性能是否符合要求
8	应急救援工作	是否制定专项应急救援预案
		施工现场是否建立应急救援组织,培训、配备应急救援人员,定期组织员工开展应急救援演练
		应急演练后是否有总结分析,通过演练提升应急能力
		是否按应急救援预案要求配备应急救援器材和设备
9	脚手架工程	超过一定规模的脚手架(含卸料平台、水平防护棚)是否编制专项施工方案
		是否对专项施工方案完善专家论证及相关单位审批手续
		投入使用之前施工单位、监理单位是否组织有关人员进行验收

续表

被检查工地		安全检查要点
序号	检查模块	
10	深基坑工程	深基坑支护、开挖工程是否编制专项施工方案,是否在支护设计中注明基坑支护的有效使用时限,是否对专项施工方案完善专家论证及相关单位审批手续
		对超过支护有效使用时限的深基坑是否采取有效防止坍塌处理措施
		是否委托第三方对深基坑进行变形监测
		对深基坑支护、开挖工程实行专业分包的,分包单位是否具有相应资质,施工总承包单位是否与分包单位签订安全管理协议
11	高支模工程	高支模工程是否编制专项施工方案,是否对专项施工方案完善专家论证及相关单位审批手续
		在浇注混凝土之前,高支模是否由施工单位、监理单位组织有关人员及论证专家进行验收,是否经施工单位技术负责人签字验收,是否经安全监督部门检查确认
12	建筑起重机械	建筑起重机械安装拆卸(含塔式起重机顶升)有无签订相应合同,合同是否内容清晰、责任明确,负责作业的队伍是否有起重机械安装的专业承包资质
		是否编制专项施工方案,是否对专项施工方案完善相关审批手续,是否向特种作业人员进行安全技术交底,是否由专业技术人员进行现场指导,是否配备足够的持证特种作业人员
		塔式起重机使用过程中是否配备足够的持证特种作业人员,现场指挥是否到位,有无按照使用说明书要求进行日常和定期检查维护保养
		施工升降机是否执行"8(乘客)+1(司机)"的载人作业要求
13	有限空间	是否有通风检测措施、现场监护、安全技术交底
		作业人员呼吸防护是否落实
		应急预案是否具有针对性
14	整改落实情况	对排查出的隐患、问题是否建立台账
		整改要求是否落实(整改报告中应将整改前后的照片作为报告的附件)

特种设备使用单位现场安全检查表

项目	序号	检查模块	安全检查要点
一、使用管理	1	上次检查整改情况	1.针对检查中提出的存在问题,在规定的时限内完成整改; 2.管理人员应对整改情况进行验收并确认
	2	管理机构	电梯、客运索道、大型游乐设施等为公众服务的特种设备运营使用单位必须设立特种设备安全管理机构
	3	管理人员	1.按照规定配备管理人员,并书面任命; 2.管理人员的证件必须由质监部门考核发证; 3.管理人员应有工作见证
	4	管理制度	1.制定有关安全管理的规章制度和操作规程; 2.对重点监控设备制订监控措施、事故预防措施和事故救援预案
	5	使用登记	1.在用特种设备必须办理使用登记; 2.核对特种设备管理系统设备数量是否与用户设备数量一致; 3.按要求将特种设备的使用登记标志置于设备的显著位置上
	6	人员资格	1.作业人员的证件必须由质监部门考核发证; 2.操作证件必须办理聘用手续,外地证件必须在监察部门备案; 3.持证人数和项目与所操作的设备相对应
	7	定期检验	1.按期对特种设备及安全附件进行检验; 2.定期检验中发现的问题是否及时整改
	8	设备档案	1.建立特种设备技术档案; 2.档案内容符合要求,各项记录齐全
二、使用状况	9	警示标志	1.电梯、游乐设施、客运索道等特种设备按照规定将安全注意事项和警示标志、检验标志、电梯维保标志、电梯应急救援电话96333等标志置于易为乘客注意的显著位置; 2.重点监控设备应落实责任人,挂牌督办
	10	设备运行	1.是否存在超参数运行、存在异常现象; 2.及时记录运行、检查的内容,记录内容与实际情况一致
	11	电梯维保	1.电梯使用单位应与维保单位签订合同,维保单位应有相应资格; 2.每15天最少进行1次日常维护保养,并做好记录
三、救援措施	12	应急救援	游乐设施、客运索道现场配备相应数量的营救装备和急救物资;制定应急方案和抢险措施,定期演练
	13	电梯应急报警	电梯应设置应急报警装置,电梯运行期间应有人监控

化工企业职业安全与健康检查表

序号	安全检查要点
1	设置或者指定职业健康(卫生)管理机构 或者组织,配备专职或者兼职的专业人员,负责本单位的职业危害防治工作;并指定专人负责职业危害因素日常检测
2	建立、健全职业安全健康防治责任制、职业安全健康管理制度和操作规程;制定职业安全健康防治计划和实施方案
3	建立、健全接触职业危害人数、种类的职业安全健康档案
4	定期对作业场所职业危害因素进行检测、评价,并将检测、评价结果存入职业安全健康档案,建立检测及评价制度
5	产生职业危害的作业场所必须配备职业危害防护设施,检查防护设施使用情况,不得擅自拆除、停止使用职业危害防护设施设备
6	为劳动者配备符合国家职业卫生标准的防护用品,指导劳动者正确使用防护设备和个人防护用品;劳动者按照规定正确佩戴使用个人防护用品
7	生产布局合理,作业场所与生活场所必须分开,有害作业与无害作业必须分开;并有配套的清洗设施
8	在醒目位置设置职业危害告知卡、警示标识和中文警示说明,公布有关职业危害防治的规章制度、操作规程、职业危害事故应急救援措施和作业场所职业危害因素检测结果等
9	危险化学品作业场所必须使用防爆电气设备
10	消防器材配备充足,并保持完好有效
11	危险化学品必须储存在专用仓库内,有专人管理
12	产生职业危害的作业场所必须配备完好有效的通风设施,并定期维护

汽车 4S 店职业安全与健康检查表

序号	安全检查要点
1	设置或者指定职业健康(卫生)管理机构 或者组织,配备专职或者兼职的专业人员,负责本单位的职业危害防治工作;并指定专人负责职业危害因素日常检测
2	建立、健全职业安全健康防治责任制、职业安全健康管理制度和操作规程;制定职业安全健康防治计划和实施方案
3	建立、健全接触职业危害人数、种类的职业安全健康档案
4	定期对作业场所职业危害因素进行检测、评价,并将检测、评价结果存入职业安全健康档案,建立检测及评价制度
5	产生职业危害的作业场所必须配备职业危害防护设施,检查防护设施使用情况,不得擅自拆除、停止使用职业危害防护设施设备

续表

序号	安全检查要点
6	为劳动者配备符合国家职业卫生标准的防护用品,指导劳动者正确使用防护设备和个人防护用品;劳动者按照规定正确佩戴使用个人防护用品
7	生产布局合理,作业场所与生活场所必须分开,有害作业与无害作业必须分开;并有配套的清洗设施
8	在醒目位置设置职业危害告知卡、警示标识和中文警示说明,公布有关职业危害防治的规章制度、操作规程、职业危害事故应急救援措施和作业场所职业危害因素检测结果等
9	危险化学品作业场所必须使用防爆电气设备
10	消防器材配备充足,并保持完好有效
11	危险化学品必须储存在专用仓库内,有专人管理
12	产生职业危害的作业场所必须配备完好有效的通风设施,并定期维护

危险化学品企业日常安全检查表

序号	安全检查内容	落实情况	主要问题
一、企业安全生产保障情况			
1.建立、健全安全生产责任制(是否建立、健全以下安全生产责任制并正式发布)			
(1)	主要负责人安全生产责任制	是□ 否□	
(2)	分管负责人安全生产责任制	是□ 否□	
(3)	安全管理人员安全责任制	是□ 否□	
(4)	岗位安全生产责任制	是□ 否□	
(5)	职能部门安全生产责任制	是□ 否□	
(6)	安全作业管理制度	是□ 否□	
(7)	危险化学品及仓库、储罐安全管理制度(含剧毒化学品"五双"管理制度)	是□ 否□	
2.组织制定安全生产规章制度和操作规程(是否制定以下安全生产规章制度并正式发布)			
(1)	安全教育培训制度	是□ 否□	
(2)	安全生产奖惩制度	是□ 否□	
(3)	安全检查和隐患整改制度	是□ 否□	
(4)	安全设施、设备管理制度	是□ 否□	

序号	安全检查内容	落实情况	主要问题
(5)	作业场所防火、防爆、防毒管理制度	是☐　否☐	
(6)	作业场所职业卫生管理制度	是☐　否☐	
(7)	劳动防护用品(具)管理制度	是☐　否☐	
(8)	事故管理制度	是☐　否☐	
(9)	是否制定岗位操作安全规程(安全操作法)并正式发布	是☐　否☐	
3.安全生产投入			
(1)	是否按规定标准提取安全生产费用	是☐　否☐	
(2)	是否缴纳安全风险抵押金或安全生产责任保险、从业人员工伤保险等	是☐　否☐	
4.监督、检查安全生产工作			
(1)	主要负责人是否定期组织召开安全会议和参加安全检查活动	是☐　否☐	
(2)	是否正常开展定期安全检查活动	是☐　否☐	
(3)	是否及时整改检查中发现的生产安全事故隐患	是☐　否☐	
5.组织制定并实施生产安全事故应急救援预案			
(1)	是否制定应急救援预案并定期开展演练	是☐　否☐	
(2)	是否建立应急救援组织或指定专(兼)职应急救援人员	是☐　否☐	
6.生产安全事故			
(1)	是否发生因工伤亡事故	是☐　否☐	
(2)	是否如实、及时报告生产安全事故	是☐　否☐	
二、企业安全管理机构或人员履行管理职责情况			
1.设置安全管理机构及配备人员			
(1)	是否设置专门安全生产管理机构	是☐　否☐	
(2)	危险化学品生产企业专职安全生产管理人员应当具备化工化学类(或安全工程)中等职业教育以上学历或者化工化学类中级以上技术职称,或者具备危险物品安全类注册安全工程师资格	是☐　否☐	
2.落实企业安全生产规章制度			
(1)	安全教育培训台账	是☐　否☐	
(2)	安全检查及隐患整改台账	是☐　否☐	

续表

序号	安全检查内容	落实情况	主要问题
(3)	安全设施登记、维护保养及检测台账	是□ 否□	
(4)	特种设备登记及检测、检验台账	是□ 否□	
(5)	职业卫生检测台账	是□ 否□	
(6)	动火、进入受限空间等危险作业票证记录	是□ 否□	
3.安全教育培训情况			
(1)	主要负责人和安全管理人员是否经有关主管部门考核合格,并取得安全资格证书	是□ 否□	
(2)	特种作业人员是否经专门安全作业培训,并取得特种作业操作资格证书	是□ 否□	
(3)	其他从业人员是否经相关知识的教育和培训并考核合格	是□ 否□	
(4)	采用新工艺、新技术、新材料或使用新设备,是否对从业人员进行专门的安全教育和培训	是□ 否□	
(5)	新员工入厂是否经三级安全教育培训	是□ 否□	
处理意见			
签名		年 月 日	

道路交通安全检查表

序号	安全检查要点
1	是否存在行人攀爬隔离带行为
2	是否缺少交通信号灯、交通标志牌
3	是否在过街路口以及其他必要地方设置人行斑马线等交通标线
4	交通信号灯、交通标志、标线等设施是否损毁或不清晰
5	重点路段是否需设置减速带
6	是否存在大货车违规闯禁区现象
7	是否存在沿街摆摊、倚门出摊、路边违建(占道经营)影响交通现象
8	是否存在行人闯红灯、横穿马路现象
9	是否存在机动车闯红灯、超速现象
10	是否存在行人、机动车、非机动车逆向行驶现象

铁路沿线及道口安全检查

序号	安全检查要点
1	铁路两侧是否设置隔离网或隔离网完整无损
2	在铁路两侧近距离(安全保护区内)是否有居住民房
3	在铁路两侧近距离(安全保护区内)是否有种菜现象
4	是否存在在铁路线路上行走、坐卧或者在未设平交道口、人行过道的铁路线上通过的现象
5	是否存在向电气化铁路接触网抛掷物品以及在铁路电力线路导线附近放风筝、气球等现象
6	道口是否有专人值守
7	道口是否设置横杆、护桩、警示标志等
8	道口两侧是否设置防护栅栏
9	道口2米之外是否设置减速障碍
10	铁路沿线及道口安全设施是否定期检修、维护

三小场所安全检查表

序号	安全检查要点
1	用电规范,无私拉乱接现象。接线采用穿管绝缘胶布处理,无线头裸露
2	配电箱实行锁闭管理,总电源设有漏电保护开关
3	按照消防部门的要求配备足够的灭火器,且定期检查、有效
4	按要求设立了2个以上安全通道和紧急出口,且不被堵塞、保持畅通
5	配备了应急照明设施,并保持状态良好,能够正常使用
6	配备了足够数量的自发光应急疏散标志,且有疏散引导路线图
7	业主不在店内居住、做饭等
8	网吧设立了禁止吸烟标示,并派工作人员定时巡视,劝阻吸烟行为
9	使用液化气罐时选用合格燃气瓶,并在检验合格期内
10	液化气罐与炉灶之间保持安全距离,管线与气罐和炉具的接头均用管线夹固定
11	操作间的油烟机、排风扇等定期清洁,清除油垢

居家安全检查表

序号	分类	安全检查要点
1	居家环境	厨房、洗浴间铺设防滑地砖或铺设防滑垫
2		老年人家中有紧急呼救设施或紧急求救联系方式
3		家中的家具、物品摆放是否牢固
4		小区进出门、楼道有照明且无损坏
5	用电情况	室内用电规范,采用穿管走线或用管线夹固定,无私拉乱接现象
6		接线采用绝缘胶布进行处理,无线头裸露
7		大功率电器采用足够功率的线材和插头、插座,所用产品经检验合格,且无破损、无金属零件外露
8		总电开关带有漏电保护装置
9	液化气罐	选用合格燃气设备,并在检验合格期内
10		液化气罐与炉灶之间保持1.5米以上安全距离,且周边无热源
11		液化气罐与炉具间的软管需在2年安全使用期内,管线不拖地,且管线与气罐和炉具的接头均用管线夹固定
12	管道燃气	不存在私自改装管道或私接出气口等行为
13		各出气口均连接有炉具并配备阀门,无随意开放的安全隐患
14		具有熄火保护装置

居民小区安全检查表

序号	安全检查要点
1	小区门禁系统管理是否完善(如登记、安检制度等)
2	小区监控系统是否完善
3	小区车棚、停车场管理制度是否完善(如值班人员、登记制度等)
4	小区相应的管理工作台账是否完善(如人员名单、考勤制度、巡逻工作记录等)
5	小区是否有安全宣传栏、安全提示及治安警示等
6	小区楼道是否畅通、无杂物堆放
7	小区内、各楼道照明设施是否齐全有效
8	小区楼栋一楼有无安装防盗窗,安装是否合理
9	小区住宅楼外露的水管、气管是否安装防爬刺等
10	小区围墙是否有防盗设施(如电网、防爬刺等)
11	小区内道路各类井盖是否完整,无破损
12	小区内健身器材、设施等是否良好
13	消防设施等是否配备齐全、有效

中小学幼儿园安全检查表

序号		安全检查要点
1	校舍及设施	教室内用电线路、插座要铺设在幼儿不易接触的位置
2		应急疏散示意图完整
3		校园建筑设施完好无损
4		校园内地面防滑、教室桌椅棱角磨平或包裹
5		校园监控是否齐全有效
6	运动场地及设施	体育器材及大型玩具实行软包
7		运动场、操场路面平整
8		体育器材完好无损坏
9	食堂及饮食安全	食堂是否制度建立健全并上墙
10		食堂有食品卫生许可证,工作人员持有健康证
11		食品的购买、运输、储存、加工及留样等是否符合卫生标准和有关要求
12		食堂使用液化气罐的,选用合格的燃气设备,并在检验合格期内
13		清洗消毒设施完善,并且消毒记录完整
14		学校、幼儿园食品是否定点采购及完善的索证索票记录台账
15		中小学、幼儿园是否有食物中毒事故和食品安全事件应急预案,报告体系及制度健全
16	其他	教室、楼梯、运动场有安全提示
17		安全出口、疏散通道、消防通道畅通
18		校园及走廊是否有安全知识宣传专栏

3.隐患排查

通过日常检查或专项检查获取隐患情况。

考虑如下因素:

(1)可能有哪些伤害;

(2)人的不安全行为;

(3)设施设备的不安全状态;

(4)环境的不安全因素;

(5)管理上的缺陷等。

该方法适用于各类场所、领域,工作人员应当掌握有关法规、标准及规范要求。

■隐患排查法案例

(1)建筑工地隐患排查。例如,2012 年 1 月 5 日,某街道安监部门对辖区 3 家建筑工地进行了安全检查排查,查出隐患 39 处。

表4-5　2012 年某街道建筑工地安全隐患排查情况一览表

工地名称	主要隐患情况	隐患数
A 工地	脚手架拉结点不足。剪刀撑搭设方式不对,密目网未全封闭	8
	塔式起重机吊钩无保险,各限位器不灵敏	1
B 工地	模板支撑系统无扫地杆、剪刀撑、立杆间距不够	4
	安全绳佩戴不到位	6
	机械设备操作未持证上岗	1
C 工地	脚手架拉结点不足。剪刀撑搭设方式不对,密目网未全封闭	4
	安全绳佩戴不到位	2
	模板支撑系统无扫地杆、剪刀撑、立杆间距不够	2
D 工地	脚手架拉结点不足。剪刀撑搭设方式不对,密目网未全封闭	6
	模板支撑系统无扫地杆、剪刀撑、立杆间距不够	2
	施工机具防护罩、电焊机一二次线防护罩、用其他金属代替搭铁线,一二次线距离过长	1
	安全绳佩戴不到位	2

根据检查结果综合分析:在建筑工地领域存在一定的安全隐患,主要集中在高空坠落方面,共 31 处,占 79%。结合 2011 年日常检查台账,建筑工地安全隐患数量较多,尤其是部分建筑工地未按标准落实"四口五临边""三宝"要求,易造成高坠事故,2012 年共发生高坠事故 4 起,因此建筑工地防高坠风险应当重点关注。

【链接】建筑工程的"三宝""四口""五临边"

三宝是指:安全帽、安全网、安全带。

四口是指:在建工程的楼梯口、电梯井口、预留洞口、安全通道口。

五临边是指:在建工程的基坑临边、楼层临边、屋面临边、阳台临边、升降口临边。

(2)工作场所隐患排查。例如,2012 年 1 月 21 日,某街道安监部门对辖区 3 家涉及使用有毒有害物质的企业实施安全检查,共查出隐患 44 条。

表4-6 2012 年某街道工作场所安全隐患排查情况一览表

企业名称	主要隐患情况	隐患数
A 汽修厂	操作人员未按规定配备防护设备	5
	缺少危险标识	1
	缺少应急处理设施设备	1
	无降噪设施设备	1
	有毒有害物品储存不规范	3
	缺少有毒有害物品管理制度	1
	其他隐患	3
B 汽修厂	操作人员未按规定配备防护设备	10
	缺少应急处理设施设备	1
	有毒有害物品储存不规范	3
	无降噪设施设备	1
	缺少有毒有害物品管理制度	1
	其他隐患	2
某水厂	操作人员未按规定配备防护设备	14
	有毒有害物品储存不规范	2

根据检查结果综合分析:在特殊工作场所普遍存在忽视职业健康情况,其中未按规定配备防护设备、有毒有害物品储存不规范问题最为突出,应当重点关注涉及有毒有害物品行业的职业健康问题。

通过对工作场所领域采取数据分析、隐患排查和作业条件危险评价法进行综合分析:该领域应重点关注建筑工地防高坠、特殊工作场所职业健康、辖区防雷击等风险。

(3)燃气安全隐患排查。例如,某街道 2012 年对 4329 户居民进行了燃气安全隐患排查,共发现安全隐患 214 起。在发现的安全隐患中,软管老化情况最多,共 126 处,占 59%;其次为烟道式热水器无烟道,共 45 处,占 21%;第三是擅自改变房屋结构导致安全隐患,共 31 处,占 14%。

表4-7　2012年某街道燃气安全隐患情况一览表

隐患情况	隐患数(处)	比例(%)
软管老化	126	59
烟道式热水器无烟道	45	21
擅自改变房屋结果导致安全隐患	31	14
用气房间住人	3	1
用气环境密闭	3	1
热水器安装在封闭卫生间	3	1
计量表严重锈蚀	1	1
其　他	2	1
合　计	214	100

根据检查情况综合分析:辖区燃气隐患比较普遍,问题主要集中在软管老化、烟道式热水器缺少烟道和擅自改变房屋结构三个方面。在排查的家庭中,共有独居老人41户,发现燃气隐患13起,比例达到32%。独居老人住处存在燃气安全隐患较多,应当予以重点关注。

注意:不能认为辖内以前未发生过燃气事故,就认为燃气安全方面不存在隐患,燃气高风险的存在是客观的,如果发生燃气爆炸事故,可能危害一家人甚至一群人的性命。

(4)居住环境安全隐患排查。例如,2012年1月份,某街城建城管科组织各社区对辖区居住环境安全隐患进行摸底排查,共发现各类隐患196处。

表4-8　2012年某街道居住环境安全隐患排查情况一览表

隐患情况	隐患数
堡坎缺少护栏	12
梯坎、道路不平	11
高层楼栋悬吊物、外墙砖脱落	23
楼栋无防盗门	56
楼道内无照明灯、路灯损坏	76
部分道路边沿水沟无盖行人易摔伤	18

从隐患地点来看,各社区均存在隐患。

根据检查情况得出结论:某街道老旧住宅小区数量庞大,又因地形原因,梯坎、堡坎数量较多,在各社区内均存在环境方面的安全隐患,需要进行全面整治。

通过对居家安全领域采取数据分析法、隐患排查法进行综合分析,结合社区日常工作收集到居民群众对居家环境改善的诉求,得出结论:该领域应重点关注燃气安全工作、老旧电梯综合改造工作、居家环境安全综合整治工作。

(5)消防安全隐患排查。其一,某街道居民住宅使用年限超过20年的居民楼共有407间。其中,25间老旧居民楼存在较为严重的电线随意拉接、用电线路老化、用电设施陈旧、未安装漏电保护开关用电等消防安全隐患,住户群体主要为孤寡老人、低保户等经济困难家庭。其二,辖区143个户外消防栓缺乏维修保养,部分存在严重的部件残缺、积锈等问题,影响消防栓正常使用。其三,"三小"场所"三合一"现象、灭火器配置不足、电线电路敷设不规范情况占排查隐患总数的90%。

表4-9　2012年某街道部分领域隐患排查记录一览表

类别	隐患情况	整治措施	排查部门	危险程度
水利	某水库未设置"严禁下水"等警示标识	通知限期整改	水利	一般
交通	茶叶交易市场占滨海大道阻碍交通	清理乱占交通道路现象	交警中队	一般
	某路段大货车超载超速现象较严重	进行大货车违法行为专项整治	交警中队	严重
水产	部分渔民未配备海上作业救生衣	通知立即整改并进行安全教育	水产	一般
校园	某小学校车超速	通知立即整改	交警中队	严重
治安	部分社区监控系统未正常运行	社区维修运行	街道综治办	一般

4.经验法

经验法是风险辨识中常用的方法。组织专家或有经验的工作人员,借助经验和判断能力,利用掌握的安全标准、技术、规范,了解同类行业、专业、设施设备和场所等发生的事故与伤害,直观地评价工作场所、设施可能存在的危险源,该危险源可能导致的事故与伤害的方式、途径、范围及严重程度,现有措施的有效性等方面。

表4-10　2012年某街道维修车间危险源辨识与风险评价表

序号	活动	危险源	可能导致事故	事故后果	现有措施	措施有效性	计划措施
1	车机械零件	铁屑飞出	伤人	眼伤害	发放冲击镜	差(护目眼镜质量差工人不愿戴)	

■专家经验法案例

2012年1月21日,由街道安监部门牵头,邀请区安全监管局、派出所、区交通局、区公安分局交防大队、交警大队等专家对辖区交通领域进行综合分析,认为:某北区路至某桥头车流量大、道路复杂,易发生交通事故,属于重点危险路段。

综合分析得出结论:一是某北区路路段是交通枢纽,交通环境复杂,又紧邻数所中小学,车流量大,某某路至某隧道路段车流量大、车速快,应当是交通整治的重点区域;二是强化驾驶人员安全驾驶的教育和降低道路因环境诱发的交通事故非常重要;三是事故多发生夜间,存在视野较差导致交通标示看不清,车辆少而车速快等问题,应当重点预防夜间交通事故的发生。

5.座谈法

有目的地组织有关人员进行座谈,了解安全问题、需求、意见、建议等。

座谈会分析法案例1

某街道居家安全项目组通过座谈得知:辖区存在销售、使用高毒荔枝农药的现象。因喷洒农药造成的中毒伤害2起,果农喷洒高毒农药时未自觉佩戴防护口罩的习惯。摔伤事故3起,摔伤3人,大多数果农在摘取荔枝时未使用安全缆绳和安全带。另有3人被"臭屁虫"喷射酸液造成损伤,其中2人眼睛受伤。

座谈会分析法案例2

2012年3月,由街道安监部门牵头,组织中学、小学、幼儿园家长10人、老师5人、校医5人,社区工作人员2人,街道办工作人员3人,共计25人,召开学校安全工作座谈会。

表4-11 校园安全座谈会意见一览表

1.幼儿园学生缺乏自我保护意识,幼儿园设施设备存在安全隐患,儿童之间相互打闹易造成伤害;
2.中小学学习障碍、人际交往障碍、情绪障碍、网瘾等心理障碍较多,但目前社会、学校、家长普遍不重视,干预措施较少;
3.某街小学周边交通混乱,送接学生上学车辆乱停放,存在安全隐患;
4.中小学生打闹追逐较多,易造成摔伤、扭伤等轻微伤;
5.部分学校存在校园暴力

综合分析结论:在学校安全领域,幼儿园应重点关注学生跌倒/摔伤、扭伤/拉伤为重点的意外伤害;中小学生处于青春叛逆期,由于家庭和社会环境等诸多复杂因素,造成学习障碍、人际交往障碍、情绪障碍、网瘾等心理异常情况较多,应当重点关注。

6.伤害调查

伤害调查是伤害流行病学研究的重要方法之一。通过调查研究可获得第一手资料,问卷调查是获取第一手资料的常用方法。通过收集和分析统计报表、医院病案、报刊杂志等资料(二手资料),可获得大量信息。做社区伤害调查前,要编制伤害调查计划,明确调查目的、调查对象、调查区域、调查时间地点、调查内容,选择调查方法、确定调查样本量及抽样方法,培训调查员。

调查方法有如下几种:

普查、抽样检查、查阅医疗机构的伤害监测报告卡或伤害诊疗记录、特定人群伤害调查、特定场所伤害调查、伤害类型调查等。

(1)特定人群调查。对社区内生产场所、建筑工地等易发生伤害事件的危险行业,可以开展职业人群伤害调查;也可对社区内易发生伤害的特殊弱势人群开展专项伤害调查,如儿童、妇女、老人、贫困者等。对特定人群的调查可为预防与控制被调查人群伤害的发生提供基础资料与科学依据。

(2)社区卫生机构的伤害诊疗记录或伤害监测报告卡。通过分析社区内卫生机构伤害诊疗记录或建立伤害监测点的方法,登记到社区医院就诊的伤害患者情况,通过收集各卫生机构的伤害监测报告卡获得该社区伤害的有关资料。该方法既可提供应用价值较大的资料,又可提供伤害发生情况的动态资料,以便掌握该社区的伤害发生规律,需要由专业水平较高的医护人员承担此项工作。

(3)发问卷调查表。由社区管理人员将调查表发给各住户进行调查。若能保证调查表的应答率及有效性,该种方法所获得的资料比较完整可靠。

(4)社区入户调查(户访)。由调查员逐户访问,该方法可获得准确的伤害发生及其流行病学资料,是较为理想的调查方法,也是目前世界卫生组织推荐的方法。但需要投入较大的人力、物力,且耗时较长。

■社会调查法案例

2012年1月,某街社区科对0~3岁居家儿童入户走访3次,共对20位儿童监护人展开调查,结合妇联儿童关爱活动与有关监护人的交流,普遍认为:0~3岁幼儿活动能力较弱,实施计划生育政策以来,多数是独子家庭,监护人都重视儿童安全,实施24小时全方位监护,0~3岁幼儿发生意外伤害可能性低。

在对辖区4所幼儿园的走访中,园方普遍认为:3~6岁儿童缺少安全常识,身体协调性差,运动机能正在发育中,大多数儿童好动,易产生碰伤、扭伤、跌伤、钝器伤等意外伤害。

分析结论:在儿童安全领域,应重点关注幼儿园适龄儿童意外伤害,以防范儿童跌倒、摔伤、磕碰伤、扭伤、拉伤为重点。

7.伤害监测

长期不间断地收集不同人群伤害的发生、死亡、伤残和经济损失等资料,阐明伤害类型、人群、时间分布的特点与趋势。监视某种特定类型伤害发展的变化与趋势,对伤害控制进行系统评估。

医疗监测、医疗日志、特定人群监测、特定场所的伤害监测、单一伤害类型的监测等。例如:医院监测数据显示,被犬只抓伤、咬伤人数为281人,以家犬咬伤为主,宠物犬造成的伤害仅占5.5%;其它如溺水死亡、交通伤害、工作场所伤害等。

8.状况与需求调查

安全知识知晓情况;安全态度情况;安全行为能力情况;满意度情况:社区环境、安全管理、安全服务等;安全需求情况。

■问卷调查法案例

街道伤害监测组分别选取 6 个社区的居民,1 所专科学校、1 所技校、1 所中学、2 所小学共 5 所学校的学生,4 家船厂及部分机械制造、加工企业的员工作为调查对象,调查伤害发生人群的性别、年龄、文化程度、职业、伤害情况及原因,将调查表的信息数据作为第一手数据进行统计与分析。社区居民采取问卷调查员入户的方式,进行随机入户问卷调查,企业及学校采取统一填写的方式进行。共发放调查问卷 6000 份,回收有效问卷 5519 份。

(1)学校方面

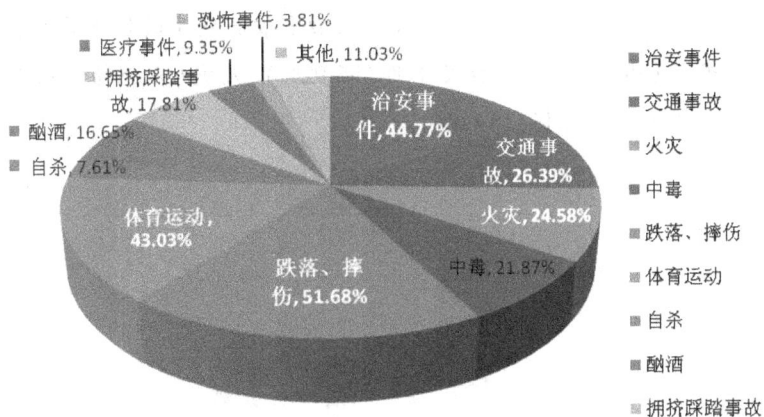

图 4-1 学校最易发生的伤害事故

从 5 所学校共回收问卷 1550 份, 其中男性 929 份,占 59.94%;女性 621 份,占 40.06%。根据学生反映,学校最易发生的伤害事故前 5 位是:跌落/摔伤(占 51.68%)、治安事件(占 44.77%)、体育运动(占 43.03%)、交通事故(占 26.39%)、火灾(占 24.58%)。

分析:从调查结果来看, 跌落/摔伤以及体育运动伤位于伤害事故第一、三位的主要原因为以下两个方面:一是学生的自我保护意识不强,上下楼梯不注意,常在楼梯或者阶梯旁边追逐打闹、运动时不做好准备运动、不听从教师的指导等,致使摔跤跌落以及运动伤害等事故的发生;二是学校、公共活动及体育场所设施、楼梯间照明系统不完善等。

由于学校周边道路纵横交错,行人、车辆川流不息,在上下课期间,人车争道是造成交通事故时常发生的重要原因,也是影响学校安全的重大隐患。同时,辖内流动人口多,社区治安情况复杂,加之中小学生自我保护意识较差、自我保护能力较低,属于高危群体,以致治安问题和失窃事件也是学校较常发生伤害事故的因素。

结论:伤害类型主要以跌落摔伤、运动伤害、治安事件和交通事故为主,中小学生为高危人群,运动场所和校园周边道路为多发区域,主要预防措施是加强安全教育和改善公共环境安全。

(2)社区方面

从6个社区和出租屋一共回收问卷3098份,其中男性1734份,占55.97%;女性1364份,占44.03%。据统计,居民生活中最易发生的伤害事故前5位是:交通事故(占72.47%)、治安事件(55.92%)、火灾(37.59%)、跌落摔伤(35.94%)以及烧伤/烫伤(18.66%)。

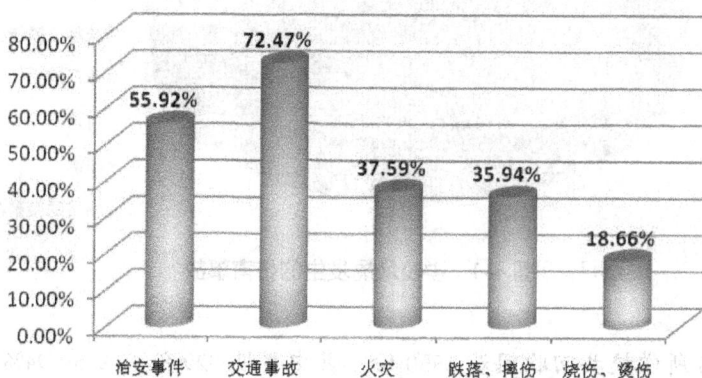

图4-2 生活中最易发生伤害事故(前5位)

交通事故位居伤害事故之首的主要原因包括:一方面辖区交通便利,道路纵横交错,有主要干道埔东路、中华路、广梅路等,过往车辆车水马龙,车流量较大。同时,设有包括BRT线路在内的多个公交车站和公交车总站、集装箱堆场、船舶修造、商场市场等,商铺林立、行人如鲫,上下班时段人车争道现象严重。另一方面,交通设施设置不合理,存在较大的安全隐患。

社区内人口结构复杂,外来工较多,社会治安管理难度大,加之居民的自我保护意识和防抢防盗知识欠缺,尤其是老年人、家庭妇女和儿童是高危人群,导致社区治安案件高发。

社区内许多出租屋、老居民楼楼龄长,消防设施不完善,电线、燃气管道老旧,居民消防、安全用电用气知识缺乏,均是社区的火灾隐患因素。

结论:社区伤害主要以交通事故、治安问题以及火灾为主,老人、家庭妇女以及儿童为高危人群,社区街道、老旧居民楼和出租屋为重点场所,主要预防措施应是改善公共交通、消防设施,加大社会治安整治力度,加强社区居民安全教育。

(3)工作场所方面

从 4 家船厂共回收问卷 871 份,其中男性 594 份,占 68.20%;女性 277 份,占 31.80%。根据员工反馈,工作场所中最易发生的伤害事故为钝/锐器伤(占 40.41%)、跌落/摔伤(占 39.49%)、交通事故(占 19.98%)、火灾(占 18.37%)以及烧伤/烫伤(占 15.27%)。

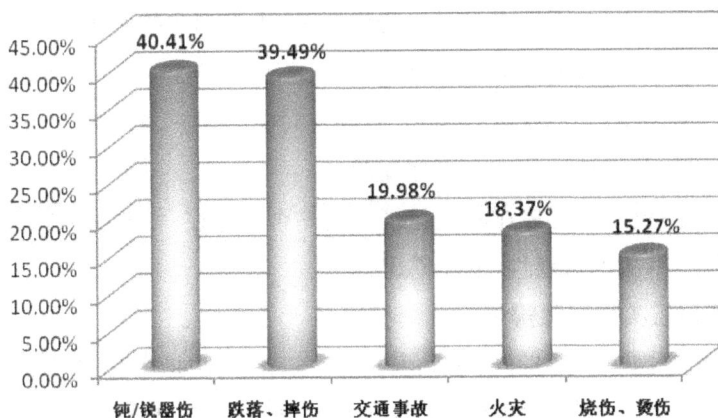

图 4-3 工作场所最易发生伤害事故(前 5 位)

街辖内拥有多家大型企业,尤其是驻街企业多数都是高强度、高体力消耗、高技术的行业,员工在从事特种作业、高空作业时,易受到伤害,这也是钝/锐器伤、跌落/摔伤位于伤害风险前 2 位的主要原因。此外,在上下班途中,埔东路、中华路、广梅路等路段车流和人流较大,存在较大的交通安全隐患。

结论:工作场所伤害以工作中的失误、器具伤害以及工厂附近的交通事故为主,特种作业和高空作业的员工是高危人群,工作场所和工厂附近的交通要道是重点防治区域,应当开展安全隐患排查整治行动、应急演练及宣传教育培训(物体打击、跌落、摔伤、交通安全防范知识)、强化重点路段的监控等。

四、风险诊断案例

下面,列举建筑工地、道路交通、消防三个领域的风险诊断案例。

(一)建筑工地安全

1.安全事故

根据安监部门提供的事故与伤害数据:某年度发生了1起物体打击事故,致使1名农民工死亡。事故分析报告指出其主要原因是如下方面:建筑工地未设置安全防护网,致使高处物体坠落击中死者头部;死者所佩戴安全帽为劣质安全帽,无厂名、厂址、合格标示,未起到防护作用;该工地安全帽无发放记录;该工地培训台账中无死者名字,说明该工地存在农民工未经培训上岗现象;工地安全管理者、监理方对安全防护、农民工的培训无检查记录,说明该工地存在安全管理漏洞。

注意:摸查这些现象在其他建筑工地是否也存在;如普遍存在的话,就有再次发生事故的可能性(安全隐患)。

2.项目组实施风险辨识

(1)检查内容。防护网(板)、安全帽、安全带、防护手套、培训上岗、特种作业人员持证、安全检查台账、事故台账、安全检查记录等。

(2)检查标准。分为有、无、合格、不合格4个等级。调查人员根据检查情况填写√、×即可。

(3)制作《农民工安全"知信行"问卷调查表》。

(4))汇总调查情况,得出结论。

用安全检查表法调查该街道6个建筑工地、11个项目部、3个监理办公室,询问项目部负责人和安全负责人22人,现场检查农民工99人,现场发放问卷调查表99份。

3.汇总存在问题

(1)农民安全帽不合格的 75 人,占 76%;

(2)现场核对未经培训在岗的农民工 35 人,占 35%;

(3)特种作业人员无证上岗的 13 人,占 15%;

(4)现场未戴安全帽的 11 人,占 11%;

(5)违规使用电褥子的 55 人,占 55%;

(6)不知道什么是合格安全帽的 85 人,占 85%;

(7)现场检查防护网(板)44 处,22 处不合格,占 50%;

(8)各施工单位都制定了处罚制度,但无处罚记录,制度不知晓率占 90%。

现场调查结论和安监部门提供的《事故调查报告》分析原因基本一致。

4.项目中应重点关注的方面

(1)农民工安全装备不合格问题;

(2)农民工安全教育培训问题;

(3)安全防护装置不合格问题;

(4)农民工宿舍安全用电、防火问题;

(5)现场安全管理问题;

(6)如何强化执能部门依法监管问题。

辖内其他行业的风险诊断步骤相同,找出其事故与伤害的原因,对症下药。

(二)道路交通安全

某镇交警中队提供的数据表明,交通事故占比最大的是摩托车事故。

1.交通事故数据

某年度该镇共发生交通事故 1987 起(包括各类机动车刮擦事故),其中造成人员伤亡 5 起,摩托车、电动车 457 起,占事故总量的 23%;摩托车、电动车造成死伤的事故 2 起,占 40%。这两起事故对象均为外来务工人员,事故发生地点均是城乡接合部交通拥堵的十字路口。

2.事故原因分析

(1)两起事故都是因为摩托车、电动车驾驶人员违法闯红灯与正常行驶的机动车相撞而造成,摩托车、电动车驾驶员负全责。

(2)经查,摩托车无牌、驾驶人无证,属于违法驾驶,且未戴头盔。电动车无牌无证,驾驶人为年轻女学生。

(3)发生时间都是早上班高峰时间,十字路口交警忙于指挥车辆,4个路口均无辅助执勤人员。

(4)此路口经常发生摩托车、电动车违法闯红灯现象。

(5)统计表明,24小时内睡眠时间少于5小时、凌晨2:00—5:00驾车、出现睡意等情况下较易出现疲劳驾驶而引起交通事故。

3.引申考虑以下问题并制作调查问卷

(1)该镇一共有多少辆无牌无证摩托车、电动车?多少辆上路运输的农用车?多少辆家用轿车与大型运输车?

(2)每天在该镇通过多少辆摩托车、电动车和农用车及其他车辆?

(3)类似十字路口在该镇还有几个?

(4)这些驾驶员为什么违法闯红灯?他们是否明知故犯?

(5)这些十字路口在硬件上是否存在缺陷?

4.展开调查

(1)确定若干调查员并进行培训;

(2)确定调查的样本量(单位样本量、各类人群样本量、各类路口样本量);

(3)开展深入细致的交通安全调查。

5.结论汇总

(1)该镇共有摩托车3715辆。无牌无证2123辆,占57.1%;摩托车驾驶员学历多为高中(中专、技校)毕业,且在20~55岁之间;男性占85%,女性占15%。

(2)电动车3322辆。全部无牌无证,占100%;骑乘人在16~45岁居多,男、女比例各占一半;其中初二至高三学生1767人,占53.2%;外来务工人员890人,占27%;其他人员665人,占20%。

(3)农用运输车551辆,挂牌率35%,无牌车辆占65%,无证驾驶者占65%。无牌无证者均为乡间短途运输。

(4)交通环境情况。该镇共有国道3条,在本镇25公里、12个路口,其中繁忙路口3个,发生事故率占58%;乡村公路55条、153公里,大小路口43个,上一年度发生在国道、乡间公路和十字路口的交通事故分别是:国道 22%、乡村公路 12%、路口 14%。

（5）交通设施情况。主要路口信号灯齐全,标志标线明显、清晰;国道缺乏频闪灯、限速标志等交通设施;十字路口无交通信号灯和执勤人员;乡村道路无任何交通标志、标线等设施,无照明灯,属于黑点路段。

（6）各类人群"知信行"情况。共调查各类人群 1500 人,发放调查问卷 1560 份,实收有效问卷 1400 份。调查摩托车驾驶员 200 人,知晓应该挂牌、取证的占 95%,认为自己的摩托车已很快报废而不挂牌者占 3%,认为摩托车可不挂牌者占 2%;自觉戴头盔的 21 人,占 10.5%,知道应戴头盔的占 80%;知道闯红灯是违法行为的占 89%,所有接受调查者都有闯红灯经历,占 100%;有过酒驾经历的占 22%;各类交通知识获得渠道均为新闻媒体和口口相传;认为管理松散且无牌无证,即使闯了信号灯、酒驾后交通管理部门也无从查找的占 85%。

与此相类似,还可调查电动车、家用轿车、各类运输车驾驶员及其他人群情况。

6.列出应当关注的重点内容

（1）摩托车、电动车是事故的重点车种;

（2）交通繁忙路口是事故多发的重点场所;

（3）摩托车、电动车驾驶员是重点关注的人群,其中学生、外来务工人员是关注的重中之重人群;

（4）提高重点人群的安全意识、增加交通设施是预防交通事故的关键。

（三）消防安全

项目组通过全面、深入的诊断,掌握基本情况,分析原因,得出结论。

1.摸清基本情况

某年度共发生火灾 16 起。

（1）火灾数量情况:三小场所 8 起、家庭火灾 3 起、工矿商贸 3 起、山林 2 起;

（2）火灾造成的伤亡人数情况:三小场所烧死 1 人、山林火灾烧伤 1 人、其他行业无伤亡;

（3）过火面积情况:山林 500 亩、工矿商贸 1500 平方米、三小场所 550 平方米、居家 350 平方米;

（4）影响人数情况：居家小区影响 8 万人、工矿商贸影响 3500 人、三小场所影响 3000 人、林区影响 3 个自然村 998 人。

因此，应重点关注三小场所。

2.三小场所火灾事故原因分析

（1）管理上的缺陷。未与所有三小场所经营业户签订目标责任书，管理责任未实现全覆盖。派出所专业管理与属地管理结合有待加强。

（2）直接原因。火灾发生的 8 家单位的直接原因分别是：电路老化引起火灾的 3 家，燃气瓶超量存放，并且使用三通、软管老化引起液化气泄漏引起燃爆 2 家；违规使用大功率电器 1 家；烟花爆竹燃爆引起火灾 1 家；彩钢板房被燃气明火引燃后引起火灾 1 家。

（3）间接原因。8 家火灾发生单位只有 2 家按规定配备了灭火器，火灾发生后未在初期实施施救；2 家配备灭火器的从业人员不会使用灭火器。死亡人员违规在店内食宿（三合一情况）。

3.问卷调查

制作三小场所消防安全检查表、三小场所从业人员"知信行"问卷调查表，分别进行火灾隐患检查和"知信行"调查。

（1）安全检查表的内容应当考虑法规对三小场所消防安全规定、当地三小场所标准化建设要求等内容。如：目标责任书签订、配备灭火器、电线是否按规定穿管 / 是否老化，燃气瓶是否超量存放、是否使用三通、抽油烟机是否积油垢，是否使用超负荷电器，是否三合一、烟花爆竹是否和其他商品混合销售等，法规、标准及规范等要求。将上述内容制成表格对照检查。

（2）从"知信行"三个层面制作调查问卷，对各类营业户进行调查。如是否应配备灭火器、怎样正确使用灭火器、在火灾初期应当怎样施救等。

4.请消防部门专业人员培训调查员

5.确定调查样本量

如：对辖内 1500 个各类三小场所中的 500 个进行安全检查（分行业，每个类型检查 100 个），对 5500 个从业人员中的 1500 人进行问卷调查。

6.组织若干个调查小组开展问卷调查

7.汇总调查数据

例如,检查 100 个小餐馆,对各类小饭店检查情况汇总分析。

(1)检查表情况汇总。未签订目标责任书的 56 家,占检查户数的56%。电线私拉乱接没有穿管的 47 户,占检查户数的 47%。未配备灭火器的 55 户,占检查户数的 55%。厨房内燃气罐超量存放、使用三通的、燃气软管超过规定长度且软管老化的 15 户,占 15%。抽排油烟机积油垢很厚的 23 户,占 23%。违反三合一禁止规定的 15 户,占 15%。

(2)分析各类隐患数据,得出如下结果:三小场所中的小餐馆未签订目标责任书的比例达到 56%,说明行业管理和消防专业管理部门、街镇(村居)属地管理对小餐馆的消防安全管理存在较大漏洞;各类安全隐患多,三合一现象严重,引发火灾的几率大。因此应重点关注三小场所中的小餐馆。

(3)"知信行"调查问卷数据情况。现场发放问卷 1500 份,收回有效问卷 1300 份。分析得出如下结论:

一是小餐馆从业人员素质普遍较低,消防安全知识缺乏、消防安全意识低;

二是缺乏火灾逃生技能,消防"四个能力"(检查消除火灾隐患能力、扑救初级火灾能力、组织疏散逃生能力、消防宣传教育能力)建设未落实到位;

三是缺乏获得消防安全知识的渠道;

四是行业管理部门、消防执法部门、属地管理单位(街镇、村居)未实现全覆盖、无缝隙安全管理。

8.汇总各类场所安全检查表数据、各类人群问卷调查数据,分析得出结论

对上述风险进行评估对比,得出多个范围内的重点问题,提出干预计划。

(1)三小场所中的小餐馆是发生火灾和燃气燃爆的重点场所;

(2)居民家中燃气使用是引发火灾的重点因素;

(3)山林在冬、春两个季节,尤其在清明节期间是山火发生的重点时段;

(4)大型市场是火灾发生的重点场所;

(5)重点人群:三小场所从业人员尤其是小餐馆从业人员、市场从业人员;农村社区居民、城市老年人等。

注意:诊断要用数据说话,确保过程与数据的真实性。

【链接】部分行业领域安全调查问卷参考模板

问卷编号：＿＿＿＿＿＿＿＿　　　　审核情况：1.有效；2.无效

＿＿＿＿＿＿年街镇"三小"场所火灾预防调查问卷

您好！我们是＿＿＿＿＿＿街镇创安办工作人员，为更好地开展创安工作，特此设计问卷，以了解街镇"三小"场所火灾安全的情况和需求。我们将对本次调查的资料保密，有关数据只作为统计之用，请您如实填写。

填写说明：除特别说明可多选的题目之外，其他问题只选一个选项，并在选中的选项左侧相应序号上打"√"；划横线的部分可直接在横线上作答。

个人基本信息
性　　别：1.男；2.女 文化程度：1.文盲/半文盲；2.小学；3.初中；4.高中/大专；5.本科或以上 职业状况：1.企业管理人员或工人；2.商业服务业工作者；3.个体工商户经 　　　　　营者或企业老板；4.其他(请注明)＿＿＿＿＿＿＿＿ 您是否知道我街镇正在建设全国安全社区？1.知道＿＿＿＿；2.不知道＿＿＿＿
"三小"场所火灾预防情况
一、以下哪一项是火警电话号码： 　　1.122　　2.120　　3.168　　4.119　　　5.110　　　6.不知道 二、您经营的商铺面积是多少？ 　　1.10~50平方米　　　　2.51~100平方米 　　3.101~200平方米　　4.201平方米或以上 三、您经营的商铺是否有防火警示？ 　　1.有　　　　2.没有 四、近一年内，您是否接受过消防安全知识培训？ 　　1.是　　　　2.否 五、最近一次检查商铺电线老化情况是什么时候？ 　　1.1年内　　2.2年内　　3.3年内　　4.3年以上 六、您经营的商铺有煮食炉具吗？ 　　1.有　　　　2.没有

七、您经营的商铺有防火设备吗?(如无的话则跳至第十四题)

    1.有   2.没有

八、您经营的商铺防火设备有哪些?

    1.自备的水和沙   2.合格灭火器   3.消防栓

九、您经营的商铺电线是聘请有电工证人员安装的吗?

    1.是   2.不是

十、您是否在商铺内居住?

    1.是   2.不是

十一、您经营的商铺有无发生过火灾事故?(如无的话则跳至第十四题)

    1.有   2.没有

十二、您经营的商铺发生的是过火有关事故还是火灾事故?

    1.过火有关事故   2.火灾事故

十三、您认为火警事故是什么引起的?

    1.用电   2.用火   3.其他(填写)

十四、您会使用灭火器吗?

    1.会   2.不会

十五、您经营的商铺楼上有住人吗?

    1.有   2.没有

建 议

您对街镇"三小"场所火灾预防工作有哪些建议?

非常感谢您的支持!祝您和您的家人身体健康,生活愉快!

问卷编号:＿＿＿＿＿＿＿   审核情况:1.有效;2.无效

＿＿＿＿＿＿年街镇交通安全状况调查问卷

您好!我们是＿＿＿＿＿＿＿街镇创安办工作人员,为更好地开展创安工作,特此设计问卷,以了解街镇交通安全的情况和需求,我们将对本次调查的资料保密,有关数据只作为统计之用,请您如实填写。

填写说明:除特别说明可多选的题目之外,其他问题只选一个选项,并在选中的选项左侧相应序号上打"√";划横线的部分可直接在横线上作答。

个人基本信息

性　　别:1.男;2.女　　　　年龄:_____
居住住址:_____村(居委会)
文化程度:1.文盲/半文盲;2.小学;3.初中;4.高中/中专;5.大专/本科
你是否知道我街镇正在建设全国安全社区? 1.知道_____;2.不知道_____

交通安全情况

一、交通事故的救援电话号码是多少?
　　1.122　2.120　3.168　4.119　5.135　6.110　7.不知道

二、在道路上驾驶摩托车必须满几周岁?
　　1.16　　　　2.18　　　3.20　　　　4.不清楚

三、您的交通安全常识来源哪里?
　　1.通过广播电视报纸　　　　2.单位组织学习
　　3.交巡警部门组织的宣传活动　　4.交通安全宣传橱窗
　　5.路面宣传标语　　　　　　6.其他

四、您出行的交通工具是哪种?
　　1.乘坐大、小型客车　　　2.小轿车　　　3.出租车
　　4.电动车　　　　　　5.自行车　　　6.摩托车

五、您认为社区内交通安全状况如何?
　　1.很好　　　　2.较好　　　3.一般　　　4.不好

六、您认为在辖内不文明交通行为最多的是哪些? (可多选)
　　1.酒后驾驶　2.机动车闯红灯　3.机动车超速驾驶
　　4.违法停车　5.辖区内鸣喇叭　6.机动车不礼让斑马线上通行的人
　　7.违法掉头　8.出租车、公交车不按规定行驶停靠
　　9.机动车司机开车打电话　　　　10.行人、非机动车闯红灯
　　11.行人不走人行道

七、您认为本街镇有交通黑点吗?
　　1.有(请注明地点以便于我们整治)_____ 2.没有

八、您认为本街镇交通黑点的警示、指示标识能发挥作用吗?
　　1.能　　　2.不能　　　3.能,但作用不大

九、您认为本街镇交通事故主要原因是什么?
　　1.路道光线不够　　2.机动车闯红灯　　3.超速行驶
　　4.无牌无证驾驶　　5.疲劳驾驶　　　6.超载
　　7.酒后驾驶　　　　8.违章占道行驶

十、您认为过马路时是否应该遵循红灯停黄灯站绿灯行?
　　1.安全第一,必须遵循交通规则　　2.有急事可以闯
　　3.没人管就可以闯

十一、横过马路时,您是如何做的?
　　1.从斑马线上通过　　2.随意乱穿马路
　　3.没车了就过,不分什么斑马线

十二、你认为本街镇发生交通事故最多的车辆是哪一类?
　　1.汽车　2.摩托车　3.电动车　4.自行车　5.其他

十三、您认为"摩的"应该存在吗?
　　1.可以,毕竟大家生活水平不高　　2.存在安全隐患,不应当存在
　　3.可以,但必须管制　　　　　4.不清楚

续表

十四、乘坐两轮摩托车时最安全的乘坐方式是哪种？ 　1.侧向乘坐搂住驾驶员的腰　　　2.小孩应在驾驶员前站立或骑坐 　3.在后座侧坐或反向骑坐　　　　4.在后座正向骑坐 十五、您认为辖内哪个路段存在较大危险性或交通设施设计不合理？

建　议
您对辖区内交通安全教育有哪些建议？

非常感谢您的支持！祝您和您的家人身体健康，生活愉快！

问卷编号：_____　　　　　审核情况：1.有效；2.无效

_____年街镇学校安全调查问卷

您好！我们是_____街镇创安办工作人员，为更好地开展创安工作，特此设计问卷，以了解街镇学校安全的情况和需求，我们将对本次调查的资料保密，有关数据只作为统计之用，请您如实填写。

填写说明：除特别说明可多选的题目之外，其他问题只选一个选项，并在选中的选项左侧相应序号上打"√"；划横线的部分可直接在横线上作答。

个人基本信息
性　　别：1.男；2.女　　　　年龄：_____ 居住住址：_____村(居委会) 您正在读：1.小学；2.初中；3.高中；4.大学 您　　是：1.住宿生；2.走读生 您是否知道街镇正在建设全国安全社区？1.知道_____；2.不知道_____

续表

学校伤害情况

一、您每天上学的方式是哪种?

  1.家人接送   2.托他人接送   3.自己上学

二、您上学(放学)使用什么交通工具?

  1.校车   2.骑自行车   3.坐公共汽车   4.家人开车

三、您的学校有否开设专门的校园安全宣传教育课?

  1. 经常   2.定期   3.很少

四、您觉得自己在哪些方面的安全意识比较薄弱?

  1.防火   2.防病   3.防触电   4.防食物中毒   5.防碰伤

五、您觉得最容易在哪些场所发生事故? 在您认为的选项前按危险程度从
  轻到重用 1、2、3、4 等数字标出。

  ( )1.上学或回家途中 ( )2.校门口 ( )3.上下楼梯时

  ( )4.操场上   ( )5.社区食堂 ( )6.独自在家

  ( )7.公共场所

六、您认为最容易发生哪些伤害? 在您认为的选项前按危险程度从轻到重
  用 1、2、3、4 等数字标出。

  ( )1.交通安全   ( )2.遇到坏人   ( )3.课间或体育活动

  ( )4.因楼梯拥挤造成伤害   ( )5.独自在家

  ( )6.食物中毒   ( )7.因与他人打闹造成的伤害

  ( )8.社区课间活动、体育课

七、如果您碰到大型火灾,您首先如何做?

  1.打 119 报警   2.逃离现场   3.协助救火

八、您走楼梯或乘电梯是否知道要靠右侧?

  1.知道,并且遵守规则   2.知道,但不遵守   3.不知道

九、您在校园有否受过伤害?

  1.没有   2.有

十、您所在学校的消防栓、宣传栏有包边包角吗?

  1.有   2.没有

十一、校园的楼梯台阶有损坏吗?

  1.有   2.没有

十二、您的学校篮球架、水泥柱和墙体边角有防护设施吗?

  1.有   2.没有

十三、当您的合法权益被他人侵犯时,您选择向谁报告?

  1.公安部门   2.学校保卫部门   3.班主任

  4.家长   5.自行处理   6.从未遇到这种情况

建 议

您认为学校在公共安全教育方面还有哪些方面需要改进?

非常感谢您的支持! 祝您和您的家人身体健康,生活愉快!

问卷编号：_____ 　　　审核情况：1.有效；2.无效

_____年街镇工作场所安全调查问卷

您好！我们是_____街镇创安办工作人员，为更好地开展创安工作，特此设计问卷，以了解街镇工作场所安全的情况和需求，我们将对本次调查所得的资料保密，有关数据只作为统计之用，请您如实填写。

填写说明：除特别说明可多选的题目之外，其他问题只选一个选项，并在选中的选项中的选项左侧相应序号上打"√"；划横线的部分可直接在横线上作答。

个人基本信息
性　　别：1.男；2.女　　工作单位名称：_____
职业状况：1.技术人员及有关工作者　2.企业管理人员　3.文员
4.生产和有关工作者，运输设备操作者和劳动者
5.其他_____
文化程度：1.文盲/半文盲；2.小学；3.初中；4.高中；
5.大专/本科或本科以上
工作地点：1.办公室；2.生产车间；3.其他
您是否知道我街镇正在建设全国安全社区？1.知道_____；2.不知道_____
工作场所生产安全事故与伤害情况
请问您从事以下哪种行业：
1.机械　2.食品　3.木材纸品　4.电子　5.制罐、五金
6.危险化学品　　　7.其他
请问您在2014年间在哪一方面发生过安全生产事故伤害？
1.机械　2.食品　3.木材纸品　4.电子　5.制衣　6.其他
发生伤害类型：
1.机械伤害　2.物体打击　3.高处坠落　4.灼烫
5.触电　　　6.火灾烧伤　7.其他
伤害发生原因：
1.企业安全管理落实不到位　2.企业安全制度不完善、操作规程不健全
3.自身缺乏安全意识　　　　4.不佩戴劳动防护用品
5.缺乏防护设施　　　　　　6.安全管理人员安全管理水平不高

续表

企业员工对事故与伤害防范的需求
您希望通过什么方式增强对伤害的防范:(可多选) 　　1.落实企业安全主体责任制　　2.参加安全教育培训　　3.加强安全检查 　　4.完善制度岗位安全操作规程　5.开展安全经验交流　　6.加强应急演练 　　7.增加安全标识等警示牌

非常感谢您的支持! 祝您和您的家人身体健康,生活愉快!

第四节　子项目的确定及运作

一、子项目的确定

(一)思路与步骤

一是项目的依据。来自社区诊断的结论以及事故与伤害分析、社会调查结论、群众需求、上级部门要求等。

二是项目重点。即已导致或可能导致事故与伤害的重点问题(如火灾、交通事故、溺水事故等)。

三是项目指向。即两高一脆弱(高风险环境、高风险人群、脆弱群体)。

四是项目达到的目标:①事故与伤害起数下降;②事故伤害人数下降;③人均事故量下降;④确保不发生重大以上事故;⑤居民安全知识知晓率上升;⑥居民安全满意度上升;⑦辖区安全隐患减少等。

五是计划如何做。可从如下方面考虑:①加强安全管理(加强队伍建设、完善制度建设等);②提供安全服务;③改善安全环境;④加强安全法规、科普知识宣传教育;⑤完善安全工程(设施设备);⑥提供安全产品。

(二)应注意的问题

1.要有依据(证据)

为什么要实施此项目,要交待清楚该项目的背景,反映该项目与街镇实际情况之间的关系,要以数据为依据。这一点很重要,2013年国际安全社区促进中心修改了原有的六条准则,增加了一条准则:"以证据为基础"的安全促进项目。"以证据为基础"是医学术语,强调策划项目要依靠当前已有证据,证据可来自如文献、调研结果、案例分析等。

要全面摸查辨识该领域的风险与隐患。风险与隐患辨识的方式、方法、形式应多样、全面,至少采用3种方法(如问卷调查法、专家经验法、数据分析法、座谈会分析法、隐患排查法等)分析。如某街道某小区是一个老居民区,居民住宅多是老旧房屋。在介绍本街道总体情况时重点描述了这一特点;通过危险源辨识把老旧住宅的用电安全、防火问题列为重点;在做问卷调查时,居民群众对此关注度也很高。但在策划促进项目时却未针对该类问题设定相应项目。

2.要有针对性

针对社区重点问题、重点人群、重点场所和居民安全需求确立项目。

重点场所,如:①工业企业—机械加工企业—冲压车间;②建筑施工工地—深基坑;③三小场所—餐饮行业等。

重点问题,如:①居家安全中燃气安全问题;②建筑施工单位的特种设备不合格问题等。

重点人群,要关注两高一脆弱群体。如特种作业人员、残疾人、有心理疾病人群、老年人尤其独居老人、外来务工人员、妇女、儿童等。

如某大型商场针对消防方面存在的隐患和问题设定了一个项目,名称为"消防安全项目"。由于策划该项目时未针对某个部位或某方面因素等具体情况,因此在干预措施上就会导致只是简单罗列日常消防工作而缺乏针对性。

3.要可行

根据街镇客观条件、实际,量力而行。项目资源有限,要根据现有资源和条件策划项目,将各类资源用在最迫切、最能产生成效之处,有关内容参考本书第六章。

要有可操作性。前期的整体策划、调研要周密、全面、细致。

4.要可持续

项目的策划须考虑可持续性。这一点是安全社区促进项目与常规工作的差别,要避免把一些一次性的动作、某一个活动作为项目来运作的现象。

5.要关注热点与难点

根据社区诊断报告,要特别关注已发生及经常发生的事故与伤害,在条件许可的情况下策划项目——诊断报告中反映出的问题,风险辨识、调查了解中反映出的问题,我们都要关注,特别要关注日常无人管以及空白点、难点的安全问题。

6.要有 50%以上的覆盖面

项目要涵盖工作场所、消防、交通、社会治安、居家等主要内容。

项目一定要有覆盖面、受益面,要求不能少于覆盖 50%的区域、领域、场所、人员数量等。项目运作要考虑覆盖尽可能多的人群。例如:①组织居民和学生到消防体验中心进行安全体验,每周 1 次;②为所有犬只接种狂犬疫苗;③改造辖内所有易发生地质灾害的隐患点;④为有残疾人居住的小区楼道进行坡道改造。

国际安全社区建设特别关注从"人"的角度、公共卫生角度,在交通安全、老年人安全、儿童安全、暴力预防、自杀预防等领域实施干预,体现对重点人群的关注。

7.要有特色与亮点

特色与亮点能反映街镇建设工作的精华,能吸引人们的眼球。

如社区的特点。由于社区地理位置、历史年代、发展过程等不同,各社区具有不同的特点。社区辖内如有火车站,就有流动人口多、车辆交通管理问题等特点;社区在市中心,在繁华的商业街区,就有人员密度大、交通拥堵严重等特点,尤其是年节假日这个特点更突出;社区年代悠久,存在建筑年久、老旧住宅隐患多等特点;此外,有些社区高层楼宇多,有些社区水域面积大,有些社区三小场所分布广,有些社区建筑工地多等。在策划项目时就要考虑这些特点,策划相应的项目。

如社区的实际情况。所谓实际情况就是本社区的事故与伤害风险辨识与评价的结果,社区居民群众最关注的问题,"两高一脆弱"情况,安全目标与计划的要求以及能力与资源情况等。在策划项目时一定要考虑本社区的特点和实际情况。

(三)确定时机

(1)建设初期,通过风险诊断、居民群众需求、上级部门要求等确定一批项目;

(2)建设过程中,根据情况变化,不断发现问题、分析问题,调整或增加新的项目;

(3)现场评定之后,根据专家意见,在持续改进中完善或扩充新的项目。

(四)制定目标与计划应注意的问题

(1)目标要有明确的方向,计划要有相应的依据;

(2)目标、计划、措施之间有明确的逻辑关系;

(3)目标与计划的内容应具体、明确;

(4)计划与措施不能混淆。

(五)常见问题

(1)立项依据不充分,工作报告与实际情况不符,未反映出重点问题、重点人群、重点场所;

(2)项目可操作性、针对性不强;项目名称定位不准确,面太广、题目太大;

(3)项目和社区风险诊断相互脱节,项目针对预防事故与伤害主体不突出;

(4)项目只关注点,未覆盖50%的面;

(5)项目运作未体现资源整合效果,缺少社会组织、志愿者和有关单位的参与;

(6)项目缺少主动策划的干预措施,多为日常工作的堆积、总结;干预措施较单一,基本上以管理措施为主;

(7)项目对本质安全关注不够或者缺乏关注,只重视整体、面上的工作而对人的行为的干预不够;

(8)项目只关注硬件投入,软件方面的改善做得不够。

二、子项目的运作

(一)整体实施思路

实施过程是安全促进项目最核心的部分。其要点如下：按照项目目标、计划，制订有针对性的系列干预措施；逐一落实各项干预措施。

(二)项目组的干预措施

下面提供13大类安全领域项目组干预措施的参考思路框架，街镇可结合辖区特点实施有针对性的干预。

1.交通安全促进项目

可考虑的子项目，如机动车驾驶人安全、行人安全、乘车人安全、安全乘坐交通工具、交通路(道)口安全、安全警示标志等。

业务指导部门：交警、公安、交通部门等。

(1)制定、完善和落实社区交通安全管理制度及相关部门职责；

(2)开展辖区道路风险辨识，调查分析交通事故原因，做好事故与伤害事件监测分析记录，制定预防整改措施，消除安全隐患；

(3)开展交通安全法规及科普知识全员宣传教育，开展"五进"活动，提高辖区居民群众消防安全意识和安全技能；

(4)围绕驾驶、行人、乘车、车辆及路(道)口安全等环节，持续做好辖区交通安全基础设施建设，在主要路段、路口设置交通安全标识和警示标志；

(5)组织交通安全志愿者队伍，对不安全交通行为和状态进行干预劝导；

(6)做好辖区学生交通安全常识宣传教育和校车安全驾驶管理工作；

(7)组织学生、居民、企业员工等不同类别人群，开展交通安全规范行为识别有奖竞赛活动；

(8)制定并有效实施安全监测与监督方法，严查督办，禁止"五类车"等车辆违规运营；

(9)针对辖区交通风险诊断情况制定不同类别、具有可操作性的应急预案并实施演练；

（10）时时、处处、事事提醒各类人员，防范可能发生的各类交通风险。

【链接】关于"五类车"

"五类车"是指电动车、摩托车、三轮车、残疾人机动轮椅车、改装(拼装、报废)车。

"五类车"基本上无牌无证、未购买保险，一旦发生事故，事故损害赔偿难以得到保障，给居民群众生命财产安全造成极大危害。

"五类车"驾驶人在经济利益的驱使下漠视交通安全，超速、超载、逆行、乱穿插变线等交通违法行为屡见不鲜，造成极大的安全隐患。

2.消防安全促进项目

可考虑的子项目，如家庭火灾、高楼火灾、居民区火灾、人员密集场所火灾、汽车火灾、易燃易爆危险物品生产储存等重大火灾危险源、森林火灾和消防安全警示标志等。

业务指导部门：公安消防、武警消防部门等。

（1）严格执法，落实生产经营单位安全生产主体责任，在预防上下功夫。提高员工安全意识和避险逃生技能；

（2）广泛开展全民预防火灾教育，开展"五进"活动。在村居和居民小区广泛进行消防宣传，张贴小告示、布置宣传栏、派发小册子和消防环保袋，教会居民群众掌握各种预防火情常识和逃生自救技巧，指导社区组织各类人群开展消防演练，提高全民预防意识和逃生避险技能；

（3）围绕社区内小区、家庭、高楼、汽车、活动场所、厂房仓库、森林火灾等场所持续做好消防安全基础设施建设，设置消防安全标识和警示标志；

（4）督促各类企业、单位及村居等制定、完善和落实消防安全管理制度及各部门工作职责。指导社区公共地域、居民小区依规配置各种消防设备设施；

（5）督促生产经营单位自觉遵守消防有关法规，严格按有关规定配置消防设备和设施，保障生产经营安全运作；依规建立义务消防队伍，组织应急演练，具备一定的火情应急抢险自救能力；

（6）加强辖内生产储存危化品、易燃易爆场所日常检查，严格执行国

家、省、市有关危化品生产储存安全管理规定,制定专项应急救援预案并实施演练;

（7）规范三小场所消防监管,取缔三合一现象,严禁店铺住人与煮食,严禁非法置换家用液化气,规范使用居家生活电器。组织基层消防中队及居民义务巡查队,定期对辖区内三小场所进行安全检查及督办整改。

3.工作场所安全促进项目

可考虑的子项目,如机械安全、火灾、爆炸、特种设备安全、职业健康、办公室安全、建筑安全、危险化学品安全、从业人员安全、特种作业安全、有限空间作业安全等。

业务指导部门:安监、质监、建设、经贸、食药等行业主管部门。

（1）摸清工作场所安全方面的有关底数情况;

（2）按照生产经营单位类型和数量,对各类企业开展有针对性的干预。如特种设备中某设备改造安全促进项目、小型家庭作坊中消防配置安全促进项目、个体商铺内防止三合一现状安全促进项目等;

（3）针对三小场所固有的特点,对明火煮食、设置床铺住人、灭火器配置失效不足和电线电路敷设不规范等安全隐患进行干预,严格限时督办整改;

（4）展开建筑施工以及村民自建房的安全促进干预。强化施工现场安全管理,定期组织作业人员安全施工检查,施工管理方应制定应急救援预案并实施演练;

（5）展开企业安全培训教育干预。企业负责人、安全主任、特种作业人员要依法依规参加培训及再培训,经考核合格持证上岗。建立健全企业安全规章制度和操作规程,从业人员依法依规参加三级安全教育,严禁违章指挥、违章操作、违反劳动纪律行为;

（6）充分发挥村居安全巡查机构作用,对辖内生产经营单位加强安全巡查,督促企业健全安全管理规章制度;

（7）其他部门工作场所可开展一些围绕健康为主题的健身活动,如上班中段时间做广播操、工间操等体育活动,防止腰椎、颈椎、视力等疾病。

如开展"3月3日爱耳日"系列主题宣传教育活动:一是联合辖内医疗机构耳鼻喉科专家开展以"爱耳护耳,健康听力"为主题的疾病预防知识宣传、义诊等活动,为社区居民群众免费提供咨询解答、五官检查等服务,发放宣传资料。二是制作"预防从初级耳科保健做起"科普知识宣传栏,宣传初级耳科保健知识,树立爱耳护耳意识。三是为有康复需求的社区居民、听力残疾人士免费进行听力检测和助听器适配筛查,指导听力残疾人士正确使用助听器、验配助听器。

【链接】3月3日中国爱耳日与耳朵的保护

中国有听力语言残疾人占残疾人总数的首位。针对中国耳聋发生率高、数量多、危害大以及预防工作薄弱的现实,卫生部、教育部、民政部等10部委局共同确定每年的3月3日为中国爱耳日(2000年为首届)。

听力障碍严重影响该类人群的社会交往和个人生活质量。导致耳聋的因素有耳毒性药物、遗传、感染和疾病,因环境噪声污染、意外事故导致耳聋的人数逐渐增多。全国部分城市已经成立了防聋指导小组,开展耳病的流行病学调查,并积极拓宽与世界卫生组织及其他国际组织的合作领域,广泛开展学术交流。卫生部颁发的《耳毒性药物临床使用规范》,对加强耳毒性药物的使用管理、减少听力语言残疾的发生发挥了重要作用。

据世界卫生组织统计,目前全球约有3.6亿人无法听清应该听到的声音,其中16%的听力损害是工作场所的噪声造成的。专家指出,长期反复暴露在噪声环境中,将导致听力损害。2014年,我国公布了职业性噪声聋诊断标准,各行业加强了对职业性噪声危害的治理和防护。

外出一定要给耳朵"穿上"保暖外衣,如戴上耳包或用宽大的帽子、围巾遮住耳朵。

耳朵是我们聆听世界的窗口,平时请注意保护好自己的耳朵。

4.居家安全促进项目

可考虑的子项目,如家庭火灾预防、家庭触电预防、食物中毒预防、燃气中毒预防、室内污染预防、烧伤和烫伤预防、预防中暑、家庭防盗、家庭暴力预防、急救和逃生、宠物咬伤、家庭用品安全和用药安全等。

业务指导部门:消防、燃气、卫生、疾控中心、医疗机构、计生、妇联、残联、建设、供电等部门。

宠物咬伤项目的业务指导部门:公安部门、卫生防疫部门、驻区医院等。

(1)摸清居家安全方面的有关底数情况;

(2)针对存在的风险源,采取多种做法提高居民群众的安全意识和安全技能,如办培训班,发放小册子、明白纸、门贴提示、社区安全报,上门指导、邻里守望、楼栋长检查等;

(3)对用气、用电、防火,切伤、碰伤、跌伤、烫伤、扭伤及装修等带来的各类伤害展开干预;

(4)围绕居住环境的安全采取干预措施。如农村老旧房屋在台风、暴雨到来前,组织人力排查房屋危险隐患,及时加固整修;对无法及时修缮的则要马上组织人员迁移;

(5)利用有关部门建立的信息平台,扩大安全社区理念的宣传内容;

(6)完善村居小区社会治安自治管理,加强辖内民居防盗设施建设,提高居民防盗意识和互助精神,合力保障社区居民安全。

5.老年人安全促进项目

可考虑的子项目,如老人居家安全、老人跌倒预防、老人交通安全、老人自杀预防、老人病患者关注等。

业务指导部门:老龄委、退管办、老干部局、民政局等。

(1)摸清老年人安全方面的有关底数情况;

(2)培训一批志愿者和义工作为家政服务员,在为老年人服务的同时,对老年人的不安全因素进行干预指导;

(3)采用各种方法,提高老年人的自我防范能力。采用疏导的方法解决老年人心理健康问题;

(4)分期分批购置一些康复训练器材,指导老年人开展康复训练,增强抵御疾病的能力;

(5)在力所能及情况下,为老年人安装、添置一些安全设施,如防滑垫、厕所拉手、走廊扶手、爱心铃、爱心电话等;

(6)重点看护辖内的孤寡老人,建立由志愿者或社工团体组成的关爱队伍,定期上门走访慰问,解决孤寡老人生活起居和疾病痛苦等难题。

6.残疾人安全促进项目

残疾人是一个特殊困难群体,应当格外关心与关注,尤其在日常安全方面。

可考虑的子项目,如家庭无障碍设施改造促进项目、残疾人放飞梦想促进项目等。

业务指导部门:残联、民政等部门。

(1)摸清残疾人安全方面的有关底数情况;

(2)利用残联、民政部门建立的信息平台,融入安全社区的宣传内容;

(3)指导残疾人进行康复安全训练;

(4)更多地设置方便残疾人出行、工作需要的安全设施;

(5)为残疾人排查解决生活中可能出现的伤害源问题,提高其自强自立信心;

(6)请一些有专长、名望的残疾人做心理辅导工作,如某某访谈室、某某工作室等。

7.儿童安全促进项目

可考虑的子项目,如儿童居家安全、儿童交通安全、儿童户外安全、儿童游泳安全、儿童玩具安全、烟花爆竹安全、家庭暴力和动物咬伤等。

业务指导部门:教育、消防、交警、公安、妇联等部门。

(1)摸清儿童安全方面的有关底数情况;

(2)开展预防儿童意外伤害的教育及儿童各种伤害预防项目,加强儿童的看护,规范居住小区窗台高度的标准、家用电器和电动玩具安全标准、汽车儿童安全带规范使用等;

(3)提高父母对儿童安全的看护意识,教育家长和儿童的看护者注重家庭伤害事故预防;

(4)重视家中留守儿童的跌落、碰伤、割伤和烧烫伤等意外伤害预防;

(5)改善交通基础设施建设,对影响安全步行的因素,如步行区和车道的照明、行人安全穿过马路的标志以及人行道的设置等进行改造,使儿童更安全、更方便地步行;

(6)提高家庭对儿童安全保护意识,严防儿童走失或被拐卖等意外事件。

8.学校安全促进项目

可考虑的子项目,如学校宿舍安全、食品卫生安全、学生交通安全、教室安全、实验室安全、体育活动安全、校内外集体活动安全、预防校园吸毒、预防校园暴力和心理健康等。

业务指导部门:教育、公安、消防、交警、妇联等有关部门。

(1)摸清学校安全方面的有关底数情况;

(2)根据辖内学校情况,可细分为大学类、中学类、小学类和幼儿园类等实施有针对性的干预。制定校园各类安全规章管理制度,规范校园师生安全自律自救行为;

(3)小学1—6年级和初中一年级开设校园安全课,列入课本教程,有教师、有教案、有考试,考试成绩记入学分。聘请交警、消防、公安、安监、质监、食药、卫生等部门的专家为特色教师,开设特色安全课程;

(4)建立校园防暴治安队伍,加强校园安全保卫措施,预防校园暴力伤害。对学生教室、实验师、宿舍、食堂及其他学习生活设施上舍得投入,消除事故与伤害隐患;

(5)教会学生使用灭火器材,掌握自救知识。组织学生开展各种模拟演练,规划逃生最佳路线,提高学生的避险应急能力;

(6)注意校园食品卫生监管,规范各类食品购进、储存、烹饪和售卖的安全卫生监管环节,严防食物中毒,建立突发性食品中毒的急救预案和响应体系;

(7)加强校园交通安全常识教育,加强对校车安全状况和驾驶员资格等方面安全检查,规范校车安全接送及驾驶。组建小交警队伍,体验交通安全规则;

(8)校园内危险区域设立安全警示标识,提醒学生注意安全,严防楼梯间拥挤踩踏等安全事故的发生。组织学生集体外出活动时应有安全保卫方案,教师分班负责落实安全管理责任,制订、完善突发事件应急预案并实施演练;

(9)组织各种体育课程或体育活动,配备专职体育教师,活动前要对学生进行热身及安全常识指导,做好安全保护措施并做好应急措施;

(10)加强学生心理知识教育和心理机能训练,提高其心理容纳性和承受力,关注学生早恋、学习压力、单亲失助、留守学生等心理障碍引发的各种意外事故前兆；

(11)加强学生思想教育,预防校园发生的盗窃、偷窥、吸毒及欺辱、伤人等违规违法事件；

(12)干预中,既要注意显性(硬性)的安全期隐患问题,也要注意隐性(软性)健康问题,如小学生的坐姿、用眼卫生等,初中生的心理创伤、生理期卫生等。

9.公共场所安全促进项目

可考虑的子项目,如火灾、食物中毒、拥挤踩踏、传染病、中暑、自然灾害等。

业务指导部门:公安、综治办、派出所等有关部门。

(1)摸清公共场所方面有关底数情况；

(2)加强食品安全卫生监管,加大惩治力度,提高违法者成本；

(3)加强舆论监督,将食品安全纳入宣传工作重点,及时曝光食品制假售假案件；

(4)教育、引导公众正确评估周围环境的危险性,提高对危险的警惕性,为公众提供正确处置各类突发事件的基础知识和技能；

(5)完善人员密集场所安全硬件设施设备,加强应急救援演练；

(6)对各公共场所,确立消防安全责任人和消防安全管理人员,落实消防安全责任制；

(7)加强对建筑安全工程技术规范审核,把好源头关。

【链接】公众聚集场所的界定及危险因素

从安全角度,公众聚集场所通常是指:人员高度集中,发生突发事件时容易造成群死群伤事故的场所,如宾馆饭店、餐饮企业、商场、集贸市场、体育场馆、会堂、网吧、客运车站、码头、民用机场候机楼(厅)、公共图书馆阅览室、公共展览馆展览厅、劳动密集企业的生产加工车间、员工集体宿舍、对外营业的地下空间等。

公众聚集场所的危险因素主要有:(1)火灾;(2)发生突发事件时因慌乱或疏散不利导致的踩踏、挤伤、拥堵等事故。

10.体育运动安全促进项目

可考虑的子项目,如体育用品安全、体育器械安全、运动场地安全、运动安全等。

业务指导部门:体育、教育、医疗等部门。

(1)摸清体育运动方面有关底数情况;

(2)加强对居民群众在体育运动安全方面的教育培训,教会居民群众正确锻炼、正确使用体育器械及发生伤害时必要的急救知识;

(3)完善体育活动安全管理制度,从场地、器材、准备活动、教学手段、保护帮助和组织管理等全方位考虑安全问题,安排专人负责社区内体育运动器械的维护和保养,确保居民群众用上安全可靠的运动器械;

(4)检查社区内体育设施设备的设置是否符合规范要求,严禁劣质体育器械进入社区。定期检查运动场地的安全情况,发现问题及时解决;

(5)建立、完善各类人群体育运动伤害事故的应急预案和相关制度,尤其注意辖内学校学生体育活动安全问题。

11.涉水安全促进项目

可考虑的子项目,如游泳安全、天然水域安全、人工湖安全、饮用水安全等。

业务指导部门:体育、教育、农林水、卫生、海事、公安派出所,水上公安、边防、海上救护等部门。

(1)摸清涉水安全方面有关底数情况;

(2)学校加强对中小学生游泳管理和安全监护。积极创造条件开设游泳基础课程,培训青少年学生熟练掌握游泳的技巧和涉水自救方法;

(3)在水塘、鱼塘、河涌等天然水域、人工湖边和小区游泳池,应设立安全警示牌或围栏设施,在事故多发水域设立游泳安全救生员或义务水塘安全管理员,定时值班巡查;

(4)加强对辖区公众的涉水安全教育,提高游泳者的自我保护意识,落实游泳场所的救生救护措施,定期对游泳场所的救生设施进行检查和维护,确保其完好无损;

(5)与属地水务部门加强沟通,加强社区饮用水水源安全保护,防止饮用水污染。

12.社会治安促进项目

可考虑的子项目,如农村治安、城市社区治安、爆炸事故、诈骗、恐怖袭击事件、偷盗、吸毒、涉外突发事件、暴力事件等。

业务指导部门:公安、综治、派出所等部门。

(1)摸清社会治安方面有关底数情况;

(2)制定相关社区维稳综合治理监管制度,实施社区警务联动机制。强化警力配置、规范警务运作,建立完善与新型社区管理体制相适应的社区警务工作机制;

(3)强化外来人员登记和信息采集录入工作,全面、准确地掌握辖区实有人口基本情况,重点加强对流动人口、不良行为青少年、刑满释放等人员的管理教育工作, 及时发现违法犯罪线索, 努力预防和减少违法犯罪活动;

(4)构筑社区治安防控网络,每个居民小区建立保安队伍,定时进行安全巡逻。构建专群结合、警民联防的社区治安防控网络,提高社区安全防范能力;

(5)切实加强对出租屋、特种行业、公共娱乐场所等复杂公共场所的治安管理,及时预防、发现、打击各类违法犯罪活动;

(6)在居民家中安装报警装置,遇险时能及时得到保护;

(7)制作各种宣传品,张贴、悬挂在各类场所,加大宣传教育力度,提高各类人群防范各种暴力行为的能力。

13.防灾减灾与环境安全促进项目

可考虑的子项目,如洪涝干旱、地震、环境污染、坍塌、泥石流、滑坡、台风雷电气象灾害、城市地质灾害等。

业务指导部门:农林水、城管、环保、安委办等。

(1)摸清防灾、减灾与环境安全方面有关底数情况;

(2)坚持政府主导,组织动员辖区各行业、各部门和居民群众共同参与,把防灾、减灾与环境安全纳入安全社区建设范畴,建立统一指挥、分工协调和社会联动的工作机制;

(3)依靠科技和现代通信手段组织防灾减灾,做好日常安全监测和检查,完善各类三防工程设施;

（4）提前做好各类防灾工作准备，加强社区内困难弱势群体应对灾害的社会救助，保障困难弱势群体在灾情期的生命安全，确保社会稳定和谐；

（5）做好灾害防御知识的宣传普及，提高居民的防灾减灾安全意识。通过宣传教育，让社区的每个家庭和居民都能认识到灾害发生的客观性，自觉养成防灾自救意识；

（6）加强社区三防应急管理工作，各村居要设立应急避难所和救护站，依规建立应急志愿者队伍，配备应急生活和抢险物质，为应对各类突发灾害事故伤害做好充分准备。

此外，还可考虑延伸型的项目，如旅游场所安全项目、特种设备安全管理项目、突发事故应急救援管理项目等。

> **【链接】 关于我国的自然灾害**
>
> 我国是世界上自然灾害频发且损失较为严重的国家之一。据民政部、国家减灾委及工信部等部门统计，仅2014年10月，我国各类自然灾害共造成全国325万人次受灾、7万人次需紧急生活救助。增强公众应急意识，发展应急产业，已成为提高公众安全基础水平的迫切需要。

三、子项目的管理及注意事项

（一）子项目的管理

（1）各项目组拟定子项目后应当组织讨论，征求有关各方意见；

（2）创安办应将各项目组拟定的子项目汇总后列表，报安全社区促进委员会领导小组确定后通报所有成员；

（3）项目进度表内容包括：名称、来源、目标计划、措施、实施单位、责任人、资金、渠道、实施时间等。项目进度表在建设过程中应当定期更新。

项目的管理运作涉及如下8个方面：

What——必须做什么（工作范围）；

Who——谁来做（人员）；

When——什么时候开始及结束（时间节点）；

Where——在哪里做（地点）；

Why——这样做的理由、目的（依据）；

How——工作如何开展（方法）；

How much——要花多少钱（财力）；

How many——工作量有多大（投入量）。

（4）创安办应编制项目进度跟踪表，实施精细化管理；

（5）创安办人员要了解所有项目进度情况，深入现场掌握项目干预情况，及时协调解决有关问题。

（二）子项目实施应注意的问题

（1）明确子项目要解决的某方面问题。这就要求所采取的措施与实施此项目的目的相对应。通常采用的措施包括：安全管理、安全服务、安全环境、安全宣传教育、安全工程设施设备、安全产品等；

（2）制定子项目的实施方案。根据《安全社区建设基本要求》，明确如下事项：①立项依据。为什么要实施此项目，即立项的目的和对象。②采取措施。实施该项目的形式及方法。③落实责任。此项目涉及的相关部门和人员所承担的职责。④资源配置。项目所需人员、经费、设备物资等数量和来源。⑤实施时间。实施的时间进度表。⑥效果评估。项目实施预期效果的验证方法和实际效果，尽量采用数据对比的方式描述。

四、子项目参考案例

案例1：居家安全项目组有关风险与隐患分析

1.种类多。 城市居家安全是是一个全方位、立体、多层次的安全概念，不仅有用火、用电、用气等大的安全因素，还有烫伤、跌倒、划伤、切伤等大量细小、偶然、意外等安全因素。

2.时间长。 调查表明，大部分人每天平均有80%时间生活和工作在室内，65%的时间在家里，尤其是儿童、老年人在家的时间更长。大多数意外伤害事故也都是发生在家中,易受伤害的群体以儿童、老年人、妇女及残疾人居多。

3.问题多。居家安全方面的情况,可从事故与数据、居民反映、座谈会、安全检查结果等做汇总分析。

确定问题优先度,如:燃气安全、宠物咬伤、家庭暴力等(注意:各街镇的情况是不同的)。

针对每个问题展开调研,从人、机、环境等方面全方面掌握基本情况,全面分析危险因素和存在状况。制定目标、计划、措施。如通过社区诊断发现存在如下问题:液化气钢瓶过期及使用隐患、煤炉和燃气瓶共处一室、电线老化、非安全插座、药品过期、柴草放在家里、狗伤人、家用电器电磁辐射、烧烫伤、门窗防盗性能差、老年人跌伤、楼道无照明灯等。

对各类伤害进行排序,如烧烫伤最多,老年人跌伤次之。

风险排序,如液化气钢瓶过期及使用隐患风险最高,涉及住户多尤其是出租屋;其次为电线老化且严重超负荷。

案例2:居家燃气安全促进项目

(1)确定项目的依据

某街道2700用气户中有77户使用液化气罐,2013—2014年发生燃气中毒事故35起,住院47人,造成人员死亡12人,有后遗症者15人。通过调查问卷、入户摸查等普查发现存在如下问题(注意:应当摸清各有关底数):

①燃气管道年久失修、老化;存在过期未检测瓶多、报废瓶情况;使用过期瓶、翻新瓶非法充装的"黑气点"一直禁而不绝;

②忘记关闭燃气阀;

③胶管老化或为劣质产品;

④胶管松动;

⑤私自改装不合规范;

⑥管卡松动或无管卡;

⑦燃气灶超期服役存在隐患;

⑧无燃气泄漏自动切断装置;

⑨居民安全用气知识缺乏。

(2)确定项目的目标

①杜绝燃气安全事故;

②燃气安全设施完好率达到 90%以上;

③居民安全使用燃气知晓率由 45%提高到 90%。

(3)制订项目的计划

①在安全管理上,制定完善燃气安全管理制度;加强对燃气器具、管线及液化气罐使用的巡检;

②改造更换陈旧设施;规范液化气罐管理,保障安全性能;

③加强燃气安全的宣传教育,提升居民安全意识。

(4)制订项目的干预措施

①将燃气公司安检员整合到街镇的安全管理中,组织燃气安全志愿者队伍,如组织社区在职和退休的技术工人组成服务队,共同开展隐患排查和安全用气宣传;

②摸清有关底数,如社区所有居民家庭、餐饮业和工业用罐的燃气设施及使用情况,软管使用情况,热水器年限、安装位置等;

③城管部门牵头,有关部门及单位配合,加强管理,实行一瓶一码,运用信息化手段提高气瓶安全管理水平。所有液化气钢瓶上均有一枚印有一组 10 位条形数字的条码,将气瓶的基本技术信息,如制造厂、出厂日期、出厂编号、定期检验情况等,通过网络数据平台,实现气瓶使用登记、定期报检、检验数据、充装控制、气瓶安全数据分析与统计工作的电子网络化。如果充气采用的是过期瓶、报废瓶或非自有产权瓶,装置将无法打开进行充装;

④在有关场所、部位张贴安全警示标识、温馨提示,如在油烟机上、大门口贴温馨提示:"您家的燃气阀门关了吗?""您家的燃气胶管定期更换了吗?"

⑤帮助高危人群、场所安装燃气泄漏报警器;

⑥推广使用合格安全炉具、燃气胶管等;

⑦每年由专业人员对辖区居民进行燃气安全使用、检查培训;更换超过 10 年的燃气表 840 块,更换 PE 管 1160 米,发放宣传资料 3500 余份,举办志愿者宣传活动 3 场等。

(5)效果评估

经年度联合检查未发现燃气安全事故隐患;经问卷调查居民安全用气知晓率达 87%;全年未发生燃气安全事故。

(6)持续改进

分批分期全面更换智能燃气表、燃气胶管等。

案例3：消防安全促进项目

(1)根据隐患排查得出结论

①某街居民住宅使用年限超过 20 年的居民楼共有 407 间。其中，25 间老旧居民楼存在较为严重的电线随意拉接、用电线路老化、用电设施陈旧、未安装漏电保护开关等消防安全隐患，住户群体主要为孤寡老人、低保户等经济困难家庭；

②辖区 143 个户外消防栓缺乏维修保养，部分存在严重的部件残缺、积锈等问题；

③三小场所存在三合一现象、灭火器配置不足、电线电路敷设不规范情况占排查隐患总数的 90%。

从职能部门提供的数据得知：社区居民楼和三小场所为全街发生火灾的主要场所。由此得出重点场所和重点问题：老旧居民楼和三小场所的用电安全问题、社区消防设备设施老化问题。

(2)策划子项目

①老旧居民楼用电设施改造安全促进项目；

②社区消防建设安全促进项目；

③"三小"场所安全促进项目。

案例4：中小学生防溺水安全促进项目

由于有野外游泳及河道池塘管理设施等问题，导致儿童溺水事故高发，因此确定对中小学生溺水伤害进行干预。

溺水伤害问题评估：收集中小学生溺水相关信息（死亡监测系统、医院记录和学生因病缺课记录等），了解中小学生溺水流行特征和相关危险因素及分布状况。

制定目标、计划以及干预措施。采取如下措施：

（1）加强看护。对特殊群体，如外来务工人员子女开展教育，暑期加强学生课外活动安排，教育孩子们自救知识，不要盲目施救；

（2）环境改善。在池塘、小溪、沟渠等自然水域周围安装围栏；在江、河、水库、鱼塘周围设立明显警示标识牌，进行围护处理等；

（3）工程设施。水井加高管理、铺设地下排水管道；

（4）健康教育与技能发展。家庭溺水安全教育；学校溺水安全教育；社区溺水安全教育；组织开展游泳技能训练，提高会游的比例。加大管理力度，通过家长会开展教育、社区学校办教育，特别是夏季前后及期间的专题教育等；

（5）建立"防溺水急救绿色通道"。

案例 5：交通安全项目

子项目 1：交通道口安全干预项目

数据表明，辖内某道路某个辅区有一个道口交通事故高发。

原因：车辆掉头转弯占道，自行车、摩托车抢道。

研究对策：周边有一个菜场、一所中学，人流较多。因此协同多个部门，采取如下措施：

（1）研究道口设计，将掉头车道后移 10 米，在十字路口前掉头；

（2）调整红绿灯，安装行车安全岛，学校上下学时加强校门口疏导，分时放学；

（3）附近市场加强三轮车的管理，解决占道问题，畅通交通。

子项目 2：学校周边黑校车整治项目

学校周边存在黑校车现象以及学生上下学乘电动车、摩托车等问题，开展学生上下学交通安全干预项目。

采取如下措施：

①整治黑车，规范校车；

②对接送孩子的家长进行教育；

③加强对学生交通安全意识、技能的培训教育，提倡戴安全帽；

④关注骑自行车上下学学生的安全；

⑤关注学生走路上下学的安全；

⑥规范教师车辆的安全停放问题；

⑦规范开车来校人员的安全管理。

案例 6：机械伤害安全促进项目

机械伤害安全促进项目应当在本质安全方面多加考虑。机械设备无论如何先进仍需人的操纵、监控和维护，故机械设备的运转是处于人机环境之中的，从生产安全的角度讲，要保证人、机、环境的安全，必须协调人机关系，保证人、机的本质安全，遵循人机之间的安全规律，保证系统安全。

总结伤亡事故的惨痛教训，人为失误是伤亡事故的元凶。事故中 60%~70%是由于人的"三违"（违章操作、违章指挥、违反劳动纪律）而造成的。机械的危害因素主要是机械加工设备（静、动）直接造成人体碰撞、夹击、剪切、卷入等机械伤害事故；员工疲劳过度也是机械伤害的重要原因。

1.机械危险的类别

（1）机械危险的形式：挤、剪、割或切断、缠绕、引入或卷、冲、刺或扎、擦或磨、流体喷射等。

（2）非机械危险的形式：①电气危险；②热危险；③噪声危险；④振动危险；⑤辐射危险；⑥材料和物质产生的危险；⑦忽略安全人机学原理产生的危险。

2.机械设备的危险部位及机械伤害类型

咬合、转轴、凸块、孔、接近、通过、单向滑动等。

机械伤害主要类型：①物体打击；②车辆伤害；③机械伤害；④起重伤害；⑤触电；⑥灼烫；⑦火灾伤害；⑧高处坠落；⑨坍塌；⑩火药爆炸；⑪化学性爆炸；⑫物理性爆炸；⑬中毒和窒息；⑭其他伤害。

3.机械安全措施

机械安全措施分为直接、间接和指导性安全措施。

直接安全措施:指在设计机器时,消除机器本身的不安全因素。

间接安全措施:指采用各种安全有效的防护装置。

指导性安全措施:指制定机器安装、使用、维修保养的安全规程及设置安全标志。

4.机械设备安全设计要求

(1)以操作人员的操作位置所在平面为基准,凡高度在 2m 之内的所有运动零部件及危险部位,都必须设置防护装置;

(2)防护装置的设置要具备方便性(操作/维修);

(3)限位装置(极限位置);

(4)制动装置;

(5)超压/防漏(气/液传动);

(6)防松脱网罩(飞出);

(7)操作位置高于 2m 时,应配置围栏、扶手;

(8)紧急停车开关(红色安装于方便操作位置);

(9)尘毒排放要有净化和排放装置;

(10)设计机械设备时,应使用安全色、标志;

(11)机械设备中发生高温、低温、强辐射线的要有屏护措施;

(12)有电气的机械设备要有良好的接地接零。

5.机械设备的安全防护装置

(1)机械加工设备防护装置种类有 11 项(固定、屏障、联锁、自动送料、脱手、双手、紧急停车、行程、防误操作、警示、其他);

(2)机械设备安全一般要求:结构简单、布局合理、不得有锐利的边缘、可靠性(强、刚、稳、耐腐蚀、抗疲劳)。

6.机械设备安装使用安全

按照安全卫生"三同时"原则,在安装机器设备时设置必要的安全防护装置,如防护栅栏,安全操作台等。要与主体工程同时设计、同时施工、同时投产和使用。

机器设备的安全保养:①日常维护保养;②一级保养;③二级保养。

注意设备运转时出现的异常现象：①异常温升；②转速异常；③振动和噪声；④撞击声；⑤参数异常；⑥内部缺陷运动。

机械中易损件故障检测重点：①转轴；②轴承；③齿轮；④叶轮。

7.机械设备的安全检查

金属切削机床、起重、冲剪、木工机械、砂轮机、压力容器、锅炉与辅机、锻造机械、铸造机械、工业炉窑、电焊机、厂内机动车辆、建筑机械及其他机械的安全检查可采用原机械工业部检查表进行。

因此，机械伤害干预措施应当从人、机的本质安全角度出发。

一是从机的角度出发制订干预措施。认真分析危险工位；认真分析职业病危害因素；制作各工位的安全操作规程，员工人手一份；在打造本质安全机械、在科技兴安上下功夫、做改善。

二是从人的角度出发。各工作岗位操作规程、制度上墙，实行一目了然可视化管理；加强员工培训及再培训；全面推进安全文化建设，营造良好的安全生产氛围等。

五、安全大类与子项目名称案例

表4-12　安全大类与子项目名称案例

项目类别(安全大类)	子项目参考名称
工作场所安全促进项目	安全生产"六规范"促进项目
	企业标准化建设安全促进项目
	"一月一题"员工安全素质提升促进项目
	大馒头生产安全促进项目
	建筑施工安全促进项目
	建筑工地防高处坠落安全促进项目
	建筑工地外来务工人员安全管理促进项目
	危化品生产企业安全促进项目
	危化企业生产车间预防静电安全促进项目
	修造船厂安全促进项目
	(1)修造船厂突发极端天气预防促进项目

续表

项目类别(安全大类)	子项目参考名称
工作场所安全促进项目	(2)修造船厂建设"安全体感训练平台"促进项目 (3)修造船厂防物体打击和高处坠落促进项目 (4)修造船厂用气安全促进项目
	机械伤害防范安全促进项目
	提升机械设备安全性能促进项目
	商务楼宇综合安全促进项目
	汽修厂职业健康安全促进项目
	烟花爆竹销售安全促进项目
交通安全促进项目	交通安全"五进"宣传教育安全促进项目
	建设"五千米生命线"安全促进项目
	交通事故"三调联动"安全促进项目
	某大道交通安全促进项目
	摩托车安全促进项目
	摩托车伤害防控安全促进项目
	重点路口(路段)综合整治促进项目
	"村村通"公交安全促进项目
	海上交通安全促进项目(出海渔船安全促进项目)
	面的营运安全促进项目
	轨道换乘中心公共安全促进项目
社会治安促进项目	创建"网上警务室"安全促进项目
	构建流动人口综合服务平台安全促进项目
	打"两抢"防"两盗"安全促进项目
	禁毒康复及安置帮教促进项目
	信访和矛盾纠纷调处促进项目
	"非接触性"诈骗安全防范促进项目
	重点村居片区入室盗窃防范安全促进项目
	广场综合管理安全促进项目
消防安全促进项目	"无烟网吧"安全促进项目
	餐饮业燃气安全促进项目

续表

项目类别(安全大类)	子项目参考名称
消防安全促进项目	餐饮一条街综合治理安全促进项目
	山林防火安全促进项目
	开拓山林防火通道安全促进项目
	"消防安全进万家"促进项目
	危化企业防火安全促进项目
	老旧居民楼消防安全促进项目
	三小场所消防安全促进项目
	住宅小区消防安全促进项目
	多层老旧楼房消防安全促进项目
	棚户区消防安全促进项目
居家安全促进项目	推广"楼宇管家"服务安全促进项目
	居家燃气安全促进项目
	居民楼液化气安全促进项目
	回迁居民楼电梯使用安全促进项目
	居民楼老旧电梯安全促进项目
	居民楼防高空坠物意外伤害安全促进项目
	外来工居住安全促进项目
	"工友部落"安全促进项目
	危房改造安全促进项目
	农村饮用水安全促进项目
	出租屋安全促进项目
	撤迁移民居住环境安全促进项目
	预防犬咬伤安全促进项目
学校安全促进项目	预防粉笔粉尘污染促进项目
	学生心理健康安全促进项目
	中小学心理干预安全促进项目
	学校智能控电安全促进项目

续表

项目类别(安全大类)	子项目参考名称
学校安全促进项目	防止大、中学生体育运动损伤安全促进项目
	幼儿园防意外伤害安全促进项目
	防止小学生意外伤害安全促进项目
	中小学校园(幼儿园)安全环境促进项目
	防止中小学生摔倒、磕碰安全促进项目
	校车管理安全促进项目
	初中生预防校园欺侮行为安全促进项目
防灾减灾与环境安全促进项目	某河道综合治理安全促进项目
	某市场水浸街改造促进项目
	地质灾害防范安全促进项目
	"美丽乡村"安全促进项目
	雨季防灾减灾安全促进项目
	预防危岩滑坡安全促进项目
	防地质滑坡安全促进项目
	沿江居民汛期安全促进项目
涉水安全促进项目	防溺水安全促进项目
	水库除险加固安全促进项目
	水域安全防护促进项目
	渡船安全营运促进项目
残疾人安全促进项目	家庭无障碍设施改造促进项目
	残疾人放飞梦想安全促进项目
老年人安全促进项目	"耆乐驿站"安全促进项目
	老年人"居家小助手"安全促进项目
	老年人防跌倒安全促进项目
	老年人身心健康安全促进项目
驻军部队安全促进项目	官兵人身伤害防范安全促进项目
	驻军营区用电安全促进项目
	驻军营区用气安全促进项目
	驻军官兵心理健康安全促进项目

注意:以上各安全促进项目类别及子项目仅供参考,街镇应结合自己辖内特点,确定并实施安全促进项目。

表4-13　安全促进项目覆盖范围及实施情况一览表

安全大类	覆盖范围	牵头单位及实施情况
工作场所安全	生产性企业及其员工	安监中队牵头在辖区生产性企业实施
消防安全	辖区各场所、人群	派出所牵头在居民小区、"三小"场所、企事业单位及森林实施
交通安全	辖区道路及辖区所有人员	交警中队牵头在辖区所有道路实施
社会治安安全	伤害案件重点区域和人群	综治办、派出所牵头在居民小区、企事业单位及重点人群中实施
外来人口安全	出租屋及非户籍人员	出租屋管理服务中心牵头在辖区出租屋实施
学校安全	辖区在校中小学生、幼儿园儿童	社区管理科牵头在辖区所有中小学校、幼儿园内实施
老年人安全	辖区60岁以上老人	社区管理科牵头在辖区所有60岁以上老人中实施
残疾人安全	辖区残障人士	残联牵头在辖区所有残障人士中实施
居家安全	辖区公共环境、所有楼宇及居民	城市管理科牵头在社区公共环境、楼宇和居民家庭实施
燃气安全	辖区所有燃气用户	安监中队牵头在辖区所有燃气用户中实施

第五章
如何开展宣传培训

物腐虫生，意外出现绝不是孤立事件，必有其孕育条件；欲保无虞，就应从消除危险隐患着手。

本图片由广州苍龙动漫发展有限公司设计制作

本章关键词：宣传，培训，模式，季节，时机，人群

本章内容导读：

1.宣传培训的载体与途径；

2.宣传培训的对象与内容；

3.宣传培训的时机与内容；

4.宣传培训的注意事项。

通常人们在做一件事情之前，都会进行诸如开会部署提高认识、下发文件进行理论学习深化认识，对有关人员进行洗脑，将有关理念植入每个人的脑海，为有效展开工作打下扎实基础。

宣教就是信息的洗脑、感染、传播过程。安全社区是一项全员参与的系统工程，宣教工作应置于首位。如何开展宣传培训工作，怎样才能达到全员参与的效果，这就要看街镇的宣传培训发动工作是否做得到位。

所谓安全氛围的营造，不是说花一些钱，挂几个横幅、刷几幅标语、贴几张广告画那么简单。宣传培训重在效果。如您辛辛苦苦制作了某内容的宣教培训资料，您的目的是要告诉居民朋友，某件事应当这样做、不能(不应当)那样做。那您就要关注，如何把资料分发下去，有多少人看得进去，有多少人看得懂，有多少人能照着做。这些系列的事情不是说把资料编印出来发下去就算完成了这么简单的事。

本章将告诉您关于安全宣教培训的思路、做法及注意事项。

第一节　宣传培训的载体、途径及模式

当前,安全宣教工作面临的环境、工作对象及居民群众的知识结构、接受方式等都发生了很大变化,这对安全宣教工作提出了新的挑战与要求。因此,对安全社区的宣传如何做到从无知—有知—深知—感悟至深的效果,这其中任重而道远,要求工作人员善于问计于辖内单位和居民群众。

安全社区建设要做到全员参与,就应当针对不同年龄、不同职业的个体,运用不同的宣传培训时机、载体与模式,在想法、点子、素材上打开思路,努力解决安全宣教中主动与被动、形式与内容、简单与具体、理论与实际的矛盾,达到点、线、面的有机结合。

一、宣传培训载体

街镇应充分发动辖内部门、单位、村居主动想办法、出主意。

宣教的载体可多种多样、生动活泼。

如温馨提示栏、广告牌、阅报栏、墙报、壁报、黑板报、宣传栏、资料架、漫画、大字标语、横幅、标语等;

如举办安全社区知识竞赛、专题文艺演出、猜谜语、安全项目体育比赛、播放安全类专场电影等;

如社区自办小报或简报、有线电视、广播、远程教育网络、农村大喇叭、户外彩色广告牌、实物警示、安全科普基地等;

如社区业余宣传队、街镇文化活动中心等;

如燃气、供电部门工作人员结合业务的入户宣传等;

如利用现代科技手段网站、微信、易信、QQ、手机短信网络、自媒体等;

如辖区企事业单位、大中专院校、中小学、幼儿园、村居等组织的安全专题讲座、安全宣传长廊、社区安全论坛、应急演练、企业班组碰头会等;

【链接】自媒体又称公民媒体,即公民以现代化、电子化的手段,发布自己亲眼所见、亲耳所闻事件的载体,如博客、微博、微信、论坛/BBS 等网络社区。这是一种私人化、平民化、普泛化、自主化的传播载体,向不特定的大多数或特定的个人传递规范性及非规范性信息的新媒体的总称。

目前自媒体平台有不少,如:百度自媒体平台,腾讯自媒体平台(微信、腾讯微博、QQ 空间),360 自媒体平台(360 自媒体),搜狐自媒体平台(搜狐微博、搜狐博客、新浪自媒体平台、新浪微博、新浪博客),网易自媒体平台(网易微博、网易博客、易信)等。

如安全运动会、安全嘉年华、安全大家讲、安全论坛、安全应急演练等。宣传橱窗定期制作安全社区宣传资料。

给辖内居民群众定期派发安全文化、法规宣传、安全科普知识资料,宣传单张、海报、宣传小册子、明白纸、卡片纸、不干胶温馨提示及一些印制有安全知识的小礼物。

安全宣教工作要做到三个结合——将入户宣传与户外宣传有机结合、将工作时段宣传与 8 小时外的宣传有机结合、将职业安全宣传与居家安全宣传有机结合,持之以恒地提高辖内各类人群的覆盖面、对创安工作的知晓率,达到全员参与、全员受益的效果。

二、宣传培训途径

结合季节、场所、行业、领域、人员类别,有针对性地开展安全法规及安全科普常识的宣教。

街镇辖内各类人群的宣教途径:

(1)企业对各级员工的宣教;

(2)各部门、单位对干部职工的宣教;

(3)各村居对居民群众的宣教;

（4）各小区物业公司对辖内居民群众的宣教；

（5）明白人的口口相传；

（6）志愿者的宣教；

（7）各行业、领域的专家讲座；

（8）辖内公共宣传栏、媒体、网站、手机短信及 QQ、微信、易信等传播安全信息；

（9）编印发放系列安全宣教资料等；

（10）通过应急演练、座谈会、研讨会、沙龙等活动延伸、拓展安全宣教工作。

三、宣传培训运作模式

（一）点上的宣教

1.明确安全社区的宣教"点"

宣教"点"通常是指社区中的个体人、群体或单位。点可大可小，点是线上的组成要素。

如在企业这块，往往化工、建筑、交通运输、金属冶炼、修造船等企业发生安全事故的可能性较大，我们可对社区内的这些重"点"企业进行重点安全宣传；在部门、单位这块，学校、老人院发生伤害的可能性较大，可根据学校、老人院以往发生的事故与伤害类型做重点安全宣传。

2.点上的宣教模式

（1）从实践上看，点上的宣教模式以培训、讲座、座谈交流为主的效果会好些；

（2）布点应及时、准确、全面；

（3）"点"上的宣教应强调做精、做细。

比如对企业员工这个"点"上，首先，企业要把安全宣教工作作为落实安全生产主体责任的重要工作来部署，安全宣教要紧贴企业生产实际和员工需求，做到有计划、有落实、有考核、全覆盖。其次，安监部门要当好"检查员"和"宣传员"，既要把安全宣教工作作为执法检查的主要内容督促企业抓好,也要及时做好安全法规、标准、规范的宣教,走到哪讲到哪,以现场说法、以案说法、现身说法等多种形式,让安全宣教走进居民群众的心里、印在脑海里。

(二)线上的宣教

1.明确安全社区宣教"线"

(1)按照年龄进行分类的线,如老年人、成年人、学生(可再细化为大中小学、技校等)、儿童等;

(2)按照职业进行分类的线,如企业员工(重工业、轻工业、服务业、化工业、机械加工业)、机关事业单位人员、社会人员等;

(3)按照人的身体状态进行分类的线,如正常人、残疾人;男性与女性等;

(4)按照户籍情况进行分类的线,如本地常住及流动人员、外来务工人员、外来旅游人员等。

2.连线合理、有序

形成街镇一盘棋(一个面)、上下一条线、各点在线上的安全宣教格局。

3.线上的宣教模式

"线"上的宣教应强调做实、做足。

安全宣教工作不能仅由安监部门唱"独角戏",应当充分发挥安委办的综合协调功能,有针对性地做好重点行业领域的安全宣教工作,形成安委办牵头抓面、职能部门抓线、村居及企事业单位抓点的安全宣教网络。可对社区居民进行分类,分析每一类居民可能面临的事故与伤害危险源或者有害因素,针对不同类别居民进行"线"上的宣传。比如:

(1)居家方面,针对居民家庭中需要重点照顾的老人和儿童,制作如《共建和谐安全家庭》小册子,提醒家庭中的中年人重视老年人和儿童的安全。在每个小区定期或不定期地进行专题宣传。

(2)职业方面,如企业员工在工作过程中面临着各种机械、电气、化学、物理的危险因素以及职业危害因素,应重点宣传安全操作规范,定期开展安全培训,推进企业安全文化建设。如机关人员大多在办公室工作,应重点宣传办公室内工作可能存在的安全风险与事故,如跌倒、火灾以及长时间坐着和长时间面对电脑给身体造成的不良影响。

（3）外来务工人员和外来旅游人员方面，针对这类群体对当地地理环境和气候环境不适应造成潜在事故伤害的特点，可编印本区域生活指南、安全常识小册子等资料。

（4）全员培训方面，可由街镇创安办统一策划或项目组结合行业、领域组织实施。重点放在建设安全社区的意义、目的，安全社区的基本知识，安全意识的培养及安全技能的掌握等。

（三）面上的宣教

1.明确安全社区的宣教"面"

这个面实际上是指街镇整体，包含了各类居民群众、各类行业与领域、各部门与单位。"面"可形象地描述为像一幅柔软的布，可直可曲，能覆盖辖区的每一个角落。

2.扩面

即扩大宣教覆盖面，既需要在"点"、"线"基础上的扩，也需要自身"面"上的扩。

3.面上的宣教模式

"面"上的宣教应强调做大、做全。街镇创安办要全面统筹安全宣教资源，形成合力，抓好安全宣教工作。一是要制定和落实好安全宣教规划和年度工作计划；二是要加大监管力度，综合监督、检查、指导、协调各部门、单位与企业的安全宣教工作，及时总结、推广安全宣教典型经验，由"点"及"线"再到"面"；三是要加强与各类新闻媒体的联系，充分发挥各类新闻媒体尤其是网络媒体宣传面广、影响范围大等特点，加大安全宣教力度，在全社会形成人人关注安全、人人支持安全的浓厚氛围。

面上的宣传可通过宣传手册（小册子）、宣传横幅、宣传海报、微电影等方式展开。面上的宣传内容可针对辖内居民可能面临的共性安全问题，如道路交通安全（机动车驾驶安全、非机动车驾驶安全、步行安全、乘车安全）、用电安全、用气安全、自然灾害以及极端恶劣天气（如雷电灾害、暴雨天气、高温天气等）可能导致的安全事故展开。

也可以针对季节特点展开面上的宣教工作（具体内容见本章第三节）。

第二节 宣传培训的对象与内容

安全关系到千家万户,与每一个人都紧密相关,因此要加强辖内各类人群的宣传培训。同时要充分认识到不同人群的认知差异,如从年龄上来区分的老人、成年人、学生、儿童,从职业角度来区分的企业员工、机关人员,正常人、残疾人等。鉴于社区部门和单位众多、人员分散、不易召集和管理等情况,要因地因时制宜,采取各种形式广泛、深入地开展宣教培训工作,如利用专栏、媒体、网络、分发宣传品或发布告居民书等方式方法,逐步实现从专家、领导层面的主讲到居民群众层面的主讲,群众讲给群众听,辖内人人都是安全宣传员,努力做到人人皆知、人人支持和人人参与,创造良好的安全氛围和运作环境。

表5-1 安全社区分层次培训对象与内容一览表

培训对象	培训教师	培训内容	
街镇首次动员培训会	安全社区建设专家	1.抓安全应从大安全角度着眼 2.安全社区概述(发展历程,建设安全社区的目的、意义、理念等) 3.如何建设安全社区 4.安全社区建设流程	
街镇领导班子成员的培训	安全社区建设专家	1.掌握有关学习资料 2.抓安全应从大安全角度着眼 3.安全社区概述(发展历程,建设安全社区的目的、意义、理念等) 4.安全社区建设指标解读(简要介绍各条款的含义、要求及实现方法) 5.建设步骤(简要介绍建设安全社区的主要方法和步骤) 6.安全社区建设中的困惑与问题	
创安办工作人员	安全社区建设专家	首次培训 1.掌握有关学习资料 2.抓安全应从大安全角度着眼	后续培训 讨论、交流式培训,明确整个建设

续表

培训对象	培训教师	培训内容	
创安办工作人员	安全社区建设专家	3.安全社区概述(发展历程,建设安全社区的目的、意义、理念等) 4.安全社区建设指标解读(简要介绍各条款的含义、要求及实现方法) 5.创安办角色定位 6.从立项开始到进行现场评定验收期间的工作 7.有关单位参与工作事宜 8.注意事项	过程的要求,标准要求,项目运作流程、思路及注意事项等
项目组成员	安全社区建设专家	首次培训 1.了解有关学习资料 2.抓安全应从大安全角度着眼 3.安全社区概述(发展历程,建设安全社区的目的、意义、理念等) 4.安全社区建设指标解读(安全社区标准每一条款内涵和要求,结合实例探讨如何正确应用) 5.建设步骤(建设安全社区的全过程,每一步的工作及基本要求等) 6.如何开展社区风险辨识 7.如何策划项目 8.项目组如何运作 9.有关单位参与工作事宜 10.注意事项	后续培训 讨论、交流式培训,明确项目的运作流程,项目组的任务、分工及注意事项
村居负责人及有关人员	安全社区专家、项目组负责人	首次培训 1.了解有关学习资料 2.抓安全应从大安全角度着眼 3.安全社区概述(发展历程,建设安全社区的目的、意义、理念等) 4.安全社区建设指标解读(安全社区标准每一条款内涵和要求,结合实例探讨如何正确应用) 5.建设步骤(建设安全社区的全过程,每一步的工作及基本要求等) 6.如何开展社区风险辨识 7.如何实施项目干预 8.注意事项	后续培训 交流、讨论式培训,培训人员对社区情况进行会诊,明确建设流程及各自任务分工

续表

培训对象	培训教师	培训内容	
街镇辖内有关单位人员,如驻街部队、消防中队、相关企业、学校(大中小学、幼儿园)、派出所、工商所、司法所、街镇社区卫生服务中心、街镇社会服务机构负责人,社工、志愿者代表等	各项目组业务骨干	**首次培训** 1.掌握有关学习资料 2.抓安全应从大安全角度着眼 3.安全社区概述(发展历程,建设安全社区的目的、意义、理念等) 4.安全社区建设中的一些困惑与问题 5.从立项开始到现场评定验收期间的工作 6.有关单位参与工作事宜 7.注意事项	**后续培训** 结合各类安全培训班,如企业负责人培训及再培训、安全主任培训及再培训、特种作业人员培训及再培训,企业为主体的班组长、员工培训及再培训,将安全社区建设理念及方法、技巧等传授给他们——由培训机构教师负责培训
辖内居民群众(全员培训)	项目组成员,各行业、领域部门、单位有关人员,社工、志愿者,有关专家等	安全关系到千家万户,与每一个人都紧密相关。因此,应当进行全员培训。鉴于街镇辖内部门和单位众多、人员分散,不易召集和管理等情况,要因地因时制宜,采取各种形式广泛、深入地开展培训工作,争取做到人人皆知、人人支持和参与,创造良好的氛围和运作环境。结合季节、措施、人员类别,开展有针对性的安全法规及安全科普常识培训,提升全员安全素质和技能。全员培训可由街镇创安办统一策划组织或由项目组具体实施。 全员培训的内容: (1)安全社区建设理念; (2)安全法规、安全标准、规范及制度等; (3)安全文化; (4)安全科普知识; (5)特定场所、行业、领域的专业安全知识; (6)自救互救知识和应急避险知识。 根据《安全社区建设基本要求》(AQ/T9001-2006),安全社区的宣教可从社区安全的高风险环境、高危人群和弱势群体方面围绕如下13个领域(也可根据辖区状况拓展)展开: (1)交通安全。主要由交警、交通部门及项目组、村居负责实施; (2)消防安全。主要由公安消防部门及项目组、村居负责实施; (3)工作场所安全。主要由安监及有关行业主管部门、项目组、村居负责实施;	

培训对象	培训教师	培训内容
辖内居民群众(全员培训)	项目组成员，各行业、领域、部门、单位有关人员，社工、志愿者，有关专家等	(4)居家安全。主要由消防、燃气、卫生、疾控中心、驻区医院、计生、建设等部门及项目组、村居负责实施； (5)老年人安全。主要由老龄委、老干局、人社、民政等部门及项目组、村居负责实施； (6)儿童安全。主要由教育、消防、交警、公安、妇联等部门及项目组、村居负责实施； (7)残疾人安全。主要由残联、民政等部门及项目组、村居负责实施； (8)学校安全。主要由教育、消防、交警、公安、体育等部门及项目组、村居负责实施； (9)公共场所安全。公共场所涵括范围较广，如旅游场所安全，可由旅游部门及项目组负责实施；公众密集场所安全，可由公安部门及项目组负责实施等； (10)体育运动安全。主要由体育、教育部门及项目组、村居负责实施； (11)涉水安全。主要由海事、水上警察、边防、海上救护等部门及项目组负责实施； (12)社会治安。主要由公安部门及项目组、村居负责实施； (13)防灾减灾与环境安全。主要由农林水利、国土、环保、城管、防雷等部门及项目组、村居负责实施

第三节　宣传培训的时机与内容

1.对辖内各类人群的宣传培训要拓展思维，在针对性上下功夫；

2.将日常的安全检查、执法检查、专项检查、综合检查、联合执法检查等也视作宣传培训契机，提高安全法规、标准、规范及安全理念、安全科普常识的普及面；

3.针对不同季节的不同特点，实施不同主题及内容的宣传培训。具体可参考如下表格内容。

表5-2 针对不同季节实施不同主题及内容的宣传培训

季节	月份	节假日	根据特定时间节点关注居民身边的安全问题及相关措施	根据季节特点关注居民身边的安全问题及相关措施
春天	3月8日	国际妇女节	一、关注要点 妇女节是商家们关注的日子。手机购物、手机支付存在安全隐患；身份信息泄露、手机被盗、丢失，手机病毒、账号密码、手机钓鱼短信诈骗等都有可能使非法分子窃取居民的私人财产。 二、相关措施 通过海报、网站、电视、短信、微信等告诉居民相关注意事项： 1. 确保在公共场合不泄露自身敏感信息； 2. 网购时不要点不明来历的网址链接，谨防钓鱼网站； 3. 手机支付和购物类APP要通过官方正规途径下载； 4. 智能手机要安装手机安全软件，并经常用手机安全软件扫描病毒等	一、关注要点 进入春季后，天气逐渐转暖，气候多变，潮湿、雾多，存在着诸多不利安全的因素，如雷电雨水较多，土质松软、设备基础松动下沉，易造成倒塌，施工作业易摔倒、坠落等；潮湿的气候易引发食品安全问题，固电器受潮引发线路短路及可燃物品受潮发生自燃等事故；须防春雷；关注动物春季伤人高峰期等。 二、相关措施 1. 指导企业做好专项火灾安全检查，杜绝火灾事故。督促企业进一步落实消防重点部位和易燃物品区域各类动火作业申请许可和现场监护制度。对企业消防设施、器材和物资进行巡查，确保有效、可靠、充足。 2. 提醒企业定期做好高大建构筑物和建筑物导地接零设备的完善，确保高容露天气作业，预防雷电对企业安全生产的影响；气禁止高空露天作业，预防雷电对企业安全生产的影响； 3. 春困容易使企业员工带来安全隐患。应指导与企业加强大风天气，高效作业安全、安全防护装备等方面的管理，消除各类风险隐患；从而给日常作业带来安全隐患。 4. 规范用电管理，预防触电事故。春季昼夜温差较大，电气设备易受潮，地面导电性增加，容易造成触电事故。要求相关企业加强对电气设备的用电规范检查与整改，做好绝缘和屏蔽防护工作，提高员工防触电的安全技能；
	3月12日	植树节	一、关注要点 植树看似简单，但也有不少安全隐患，中小学校需要特别注意。该时间节点要关注交通安全、意外伤害等。 二、相关措施 1. 以学校为单位，对教师、家长、学生进行安全教育，共同做好学生的安全工作；	

续表

季节	月份	节假日	根据特定时间节点关注居民身边的安全问题及相关措施	根据季节特点关注居民身边的安全问题及相关措施
春天	3月12日	植树节	2. 安排教师带队，途中确保学生遵守纪律，避免掉队情况发生，注意交通安全，不打闹，不擅自携带的工具，注意植树区域的安全等； 3. 对学生进行植树、交通安全、饮食安全、劳动安全及突发事件的预防等安全培训教育，如遇到危险路段，应小心谨慎通过； 4. 往返途中遇到危险路段，应小心谨慎通过； 5. 集体整队，统一行动，不骑自行车、摩托车，更不得搭乘农用车辆	5. 春季潮湿易导致食物变质引发食物中毒，应加强对学校、企业食堂以及社会餐馆食品卫生情况检查。加强对居民群众食品卫生安全、春季保健养生常识等宣传； 6. 春季天气回南潮湿，应提醒居民使用热水器时保持室内空气流通，冲浴室时的通风换气等，慎防一氧化碳中毒，适当使用空调除湿功能；家用电器每天开一开，电器产生的热量可驱散潮湿，预防家用电器损坏； 7. 俗语说，春天到，疯狗闹。南方天气逐渐变暖，猫、狗等动物陆续进入发情和换毛期，容易任意攻击而攻击人们，同时人们衣服单薄，容易被动物咬伤。因此，应当注意不招惹宠物，如不慎被宠物咬伤，应立即就诊，接种狂犬疫苗
	4月1日	愚人节	一、关注要点 在愚人节有很多奇异玩具，在丰富居民群众生活的同时也带来了安全隐患，有不少"三无"玩具混入市场，导致儿童的意外伤害，特别是带电、带火等玩具，应特别关注。 二、相关措施 1. 有关职能部门应加大对玩具厂的检查力度，严禁生产不合格产品或"三无"产品； 2. 对检查查出生产不合格产品或"三无"产品的企业加大惩罚力度，消除隐患； 3. 学校应对家长、学生进行有关安全温馨提示； 4. 通过学校、宣传手册、有关载体等提醒家长为孩子选购安全玩具	

续表

季节	月份	节假日	根据特定时间节节点关注居民身边的安全问题及相关措施	根据季节特点关注居民身边的安全问题及相关措施
春天	4月上旬	清明节	一、关注要点 清明节期间，很多身处异乡的居民要回去祭拜祖先，应关注道路交通安全、水上交通安全、森林火灾、食物卫生、雨季引发的安全问题。 二、相关措施 1. 春季气温回升，各种流行性疾病增多，极易发生群体性食物中毒事件。有关部门要加大宣教力度，宣传预防食物中毒知识；加强对食品生产、流通企业的管理，社绝不合格食品进入市场；加强对公共场所卫生监督管理，避免群体性食物中毒事件发生； 2. 加强对事故多发行业、领域和重大危险源的安全检查，落实企业主体责任和各项防范措施，切实防范各类事故与伤害的发生，确保清明节期间安全； 3. 加强消防安全宣传教育，加强森林防火工作，提高居民防火意识，火源得到有效控制，加强森林防火工作； 4. 清明期间雨水较多，应加大对危险场所重点设施设备、重点部位的检查力度，加强建筑施工现场的安全检查，加强用电安全管理； 5. 学校要教育中小学生注意清明祭拜期间个人安全，不得随意玩火、放鞭炮、烧香烛等	

续表

季节	月份	节假日	根据特定时间节点关注居民身边的安全问题及相关措施	根据季节特点关注居民身边的安全问题及相关措施
夏天	农历五月初五	端午节	一、关注要点 端午节时时段应当关注意外伤害、食品安全问题。 二、相关措施 1. 通过各种途径的宣传，提醒居民注意食品生产日期、地址以及合格商标等，掌握挑选粽子的小窍门，杜绝食品安全隐患； 2. 加大食品生产、销售中的检查监管、落实安全生产责任制，加大惩处力度； 3. 端午节期间各地习俗较多，要提醒居民在出行参与各项活动时注意安全，了解各类场所、景区的安全隐患，注意人身安全	一、关注要点 夏天打雷、闪电容易引发火灾，家电插座等应多加注意；注意短时强降水引起大使公路上的车辆难以看清前方路面情况或车辆打滑等存在交通安全隐患；台风、暴雨、冰雹、龙卷风等灾害性天气因素易致食品变质引发的食品安全问题；天气炎热导致食物容易变质引发中暑；高温场所引发的不断动物咬伤问题；在封闭、高温暴晒的车内放置的物品等导致上升，露天停放的车辆被太阳暴晒发生溺水等意外伤害事件等。 二、相关措施 1. 提醒居民哪些物品不宜放置在暴晒的原因及可能引发的安全事故； 2. 在雷雨天气做好相关安全知识的宣传教育，如家用电器在使用完后一定得要拔下插头、关闭电源开关等；打雷闪电时切不可用大型家电，在野外用手机打电话等； 3. 一些易燃物品不可放置在阴台等，避免因为高温天气引发的事故与伤害； 4. 村居、学校做好暑期安全教育工作，做一些小贴士教居民关于防暑技巧，提高学生及家长、教师、员工的安全意识；教育青少年不要到江河、水库、池塘等缺少安全防护措施的水域游泳，临近江边死亡平台打闹道逐；在无人看管的水域避免去亲水平台，避免立围栏、树立警示牌等。一旦发现有人落水，马上拨打110报警求助；
	农历七月初七	七夕节（中国情人节）	一、关注要点 1. 网购的安全隐患； 2. 放孔明灯、蜡烛油纸烟花等引起的森林或城区火灾； 3. 台风、暴雨等自然灾害； 4. 出游中的交通安全隐患等； 5. 酒店宾馆的用电安全； 6. 电影院、商厦等人员密集场所的火灾隐患； 7. 预防溺水等意外事故 二、相关措施 1. 提醒居民网购的注意事项，如使用安全的支付方法以及及检查证书及标志等； 2. 提醒居民，孔明灯燃料不要过多，点放时要选择空旷地域，一定要避开加油站、机场、木材厂、化工厂、高压电线、楼房等；	

续表

季节	月份	节假日	根据特定时间节点关注居民身边的安全问题及相关措施	根据季节特点关注居民身边的安全问题及相关措施
夏天	农历七月初七	七夕节（中国情人节）	3. 做好法规宣传，如因燃放孔明灯而引起火灾事故，燃放者可能会因此触犯《刑法》构成失火罪，并承担相应法律责任； 4. 组织志愿者队伍在人员密集场所维护秩序； 5. 做好应急预案及演练； 6. 在天气不好时，做好相关防护宣传及宣传，让居民尽量避免外出； 7. 做好影院、餐厅、酒店宾馆等人员密集场所消防设施的隐患排查及整改； 8. 加大涉水安全的管理，通过电视、微博、微信、短信、微信等途径告知居民尤其是青少年相应的安全知识	5. 提醒居民下雨天出门小心，尤其是台风天易发生交通事故，注意在积水路段切忌趟水以防电线落在积水中发生触电、掉落下水沟等事故； 6. 企业在高温条件下要关注员工的健康安全，不可强行施工；一些易燃易爆的原料商品要放在阴凉处，注意通风检查； 7. 关注气象发布的预告，提前加固广告牌、幕墙波南等
秋天	农历八月十五	中秋节	一、关注要点 中秋国庆假日时段，要关注天气干燥导致的消防安全、交通安全、社会治安、食品安全、道路安全隐患、意外伤害事件。 二、相关措施 1. 排查治理辖区道路、车辆及驾驶人的安全隐患； 2. 各行业主管部门、运输企业要加强与气象部门的联系，充分利用科技手段，强化雨季等恶劣天气及发生事故后的信息预警； 3. 做好应急预案及演练； 4. 职能部门加大执法检查力度； 5. 在一些大型娱乐场所、旅游景点、饭店等做好消防隐患的排查及整改	一、关注要点 一是秋季气候宜人，适合户外体育运动，要注意防范运动的损伤；二是秋季昼夜温差很大，易引发疾病；三是秋季普遍较为干燥，易引发火灾。 二、相关措施 1. 各类学校应对好学生、老师，家长加强安全教育，提高安全意识，掌握安全技能； 2. 村居组织举办一些公益讲座，让居民群众及老弱病残者掌握秋季常见疾病的预防知识； 3. 呼吁居民关注身边的安全隐患，及时发现、报告、排查；
	10月1日	国庆节		

续表

季节	月份	节假日	根据特定时间节点关注居民身边的安全问题及相关措施	根据季节特点关注居民身边的安全问题及相关措施
秋天	12月25日	圣诞节	一、关注要点 圣诞节时段装饰繁杂，装饰品暗藏安全隐患，易燃且起火后产生毒气。 二、相关措施 1. 利用广告或宣传册广而告之:购买圣诞装饰品时要选择标有生产厂家、厂址和合格证等信息的产品,注意圣诞装饰品的摆放位置以及在附近配备灭火器； 2. 加强管理，做好节日活动的组织安排； 3. 完善各类安全制度，深入开展隐患排查	4. 有关职能部门要加强对电焊等特种作业的消防安全管理，建筑工地要严防因电焊、吸烟不慎等引起的火灾； 5. 秋季干燥风大，易发生火灾，应提醒市民注意户外的用火、用电安全，禁止随意丢弃烟头
冬天	1月1日	元旦	一、关注要点 元旦期间人员聚集，事故易发多发，应当关注交通安全、食品安全等问题。 二、相关措施 1. 人员集聚场所如大中型商场、酒店、网吧等要做好消防、人员疏散及设备、措施的检查； 2. 加强对烟花爆竹及危化品储运销的管理，严打非法经营，责任到人； 3. 加强对液化气罐、天然气使用点的消防安全检查，及时整改隐患； 4. 检查废旧回收点的消防安全，及时整改隐患； 5. 加强对居民小区的消防安全检查； 6. 加强食品安全检查，关注老油、地沟油等问题； 7. 加强交通安全检查； 8. 加强建筑工地安全检查； 9. 加强校园安全检查	一、关注要点 进入冬季，天气寒冷，易发生安全事故。特别是一些干燥寒冷地区，加雨雪天的交通安全问题、用电安全问题、供暖、燃气安全问题、意外伤害等。 二、相关措施 1. 提醒居民日常行走、骑车等的安全以及雨雪天气的注意事项，小心路面湿滑导致的意外伤害等； 2. 提醒居民居家用电、用气安全，如离开时要随手关掉电源、关闭燃气阀门。告诉居民常见燃气常识及现场急救原则；

续表

季节	月份	节假日	根据特定时间节点关注居民身边的安全问题及相关措施	根据季节特点关注居民身边的安全问题及相关措施
冬天	2月14日	情人节	一、关注要点 看电影、吃西餐、喝点红酒、送花及巧克力等方式都是年轻情侣们在这个西方情人节的活动方式，应当关注人员密集公众场所的安全管理。 二、相关措施 1.相关部门做好影院、餐厅、商场等消防设施排查工作，落实安全责任制； 2.对情侣食品厂、餐厅做好质检工作； 3.村居、各单位加强对年轻人防踩踏事故的宣传教育	3.注意电热毯、电暖袋等产品的选用和注意事项； 4.对居民群众宣传外出、家庭预防火灾措施，发生火灾后如何报警、轻微火灾如何应付以及遭遇火灾通过火逃生的脱险方法等； 5.对企业员工进行安全教育，掌握冬季安全防范知识
	农历腊月廿九或三十	除夕	一、关注要点 春节期间应当关注火灾、食品安全、行车安全、意外伤害等问题。 二、相关措施 1.加强宾馆饭店、公共娱乐等大型公众聚集场所及燃放区域检查，重点排查室内燃放烟花爆竹，违章用火用电，锁闭安全出口、堵塞消防通道、停用消防设施等问题； 2.做好春节期间灭火救援准备工作，检查基层安全管理人员在位，防冻保暖、器材装备维护保养等工作落实情况； 3.向居民群众做好冬季用电、燃气、热水器安全使用的宣传； 4.做好各类事故应急预案及演练，落实值班制度，确保事故发生后各项后续处置	
	农历正月期间	春节		
	农历正月十五	元宵节		

【链接】国家法定节假日(11天)

根据《国务院关于修改〈全国年节及纪念日放假办法〉的决定》(国务院令第644号,自2014年1月1日起施行)规定,全体公民放假的节日为:

1.新年,放假1天(1月1日)。

2.春节,放假3天(农历除夕、正月初一、初二)。

3.清明节,放假1天(农历清明当日)。

4.劳动节,放假1天(5月1日)。

5.端午节,放假1天(农历端午当日)。

6.中秋节,放假1天(农历中秋当日)。

7.国庆节,放假3天(10月1—3日)。

部分公民放假的节日及纪念日:

1.妇女节(3月8日),妇女放假半天。

2.青年节(5月4日),14周岁以上的青年放假半天。

3.儿童节(6月1日),不满14周岁的少年儿童放假1天。

4.中国人民解放军建军纪念日(8月1日),现役军人放假半天。

第四节　宣传培训的注意事项

一是围绕如何达到最大知晓率与覆盖率的目标下功夫。针对点多、线长、面广的特点,在宣教工作中打造点、线、面有机结合的安全社区立体宣教模块,使得每一个点、一条线、一个面都有明确的宣教目标与计划,这需要街镇在充分把握辖内人群情况的基础上做好部署与计划。

二是要善于体现软宣教与硬宣教的有机结合。软宣教是我们通常意义上的柔性宣传,硬宣教是指各行业主管部门、各级安全监管机构在行政执法工作中的宣教,要求执法人员善于凸显执法中的宣教效果,以执法促进宣教。

三是要明确创建机构在各行业、领域、场所、人群的安全工作重点。如街镇创安办应在线与面上多下工夫,项目组应在点与线上多下工夫,子项目组应在点上多下工夫。

四是要提升安全宣教效能。要善于挖掘安全宣教资源,拓展跨界合作的安全宣教平台;要善于捕捉安全热点、难点问题,使安全宣教具有很强的针对性、启发性、实用性。

总之,为深入开展安全社区宣教工作,我们应当以街镇辖内的安全实际需求为导向、以安全宣教效果为评价依据,在增加受教面、提高迎合度、加强时效性等方面深下功夫,眼观六路,耳听八方,博采众长,不断摸索创新具街镇区域特色的安全社区宣教模式,转被动式为主动式,做出安全社区宣教特色、做出安全社区宣教品牌、做出安全社区宣教效果,为区域大安全工作打下坚实的基础,打造本质安全社区。

【链接】安全宣教需求的深度调研案例

(一)根据不同行业、领域,各有侧重做宣教

通过与各类企业的座谈,我们了解到,不同的行业、领域对安全的认知、理解与需求存在很大区别。如果在宣教过程中未针对不同行业、领域的特点因地制宜,将会影响宣教的效果甚至让人产生反感。

政府职能部门、项目组应根据不同行业、领域特点各有侧重地展开宣教。

如一些企业反映,希望政府职能部门能提供权威、通用类的安全科普宣教载体、平台,如用电、用气、防尘、防机械伤害、防叉车伤害等知识普及和个人劳保用品的规范使用等。

如对某个企业进行安全宣教时,要有针对性,突出该企业可能出现的风险因素及防范方法、措施。

为企业培训授课时,应多讲些实际操作过程中可能发生的安全隐患,少讲些理论性成分、过于脱离实际的内容。

(二)根据不同场所、环境,因时制宜做宣教

创新是一个动态化的过程。创新是一个充分利用科技手段的

过程。

有特色才有活力,有创新才有发展。

安全宣教工作也面临不断创新的问题,这种创新,不是抛弃过去好的做法,而是宣教工作自身的优化和完善。因此,我们应当根据企业特点,针对不同群体的不同情况,采取有重点、有针对性的宣教方式。

如一些企业认为,安全宣教最好从员工的身边事、身边人、身边活以及生活中的诸要素细节切入,员工写剧本,员工参与拍摄,在自己的厂区拍摄,具有天然的亲切感,力求体现拍摄内容的参与式、体感式、分享式。

针对不同类型的人群,也可以通过分门别类的方式来宣传。如面向老年人,可采用在购物袋上编印有关安全知识信息;面向中年人,可采用带有安全宣传资料的台历、水杯、靠垫等物品;面向青少年,可采用安全宣传漫画、折扇等物品。

培训对象的自身素质、理解能力、各自喜好、关注重点各有不同。因此,宣教的方式要多种多样,形式要不拘一格。形式上既可保留传统的宣教载体,如小册子、小影碟、挂图、折页、短故事等,也要善于利用新的信息载体,如动漫光盘、动漫画册、微电影、微博、微信;采用一系列图文并茂、喜闻乐见、精彩引人的宣教资料,从而容易被不同的群体接受而渗透到人的心中,达到良好的宣教效果。

还有企业认为,应当充分利用日新月异的科技手段做好宣教工作。

如把作业现场的生产安全规范管理情况刻制成光盘,在咨询日活动以及其他活动中进行播放,让人们了解先进的安全管理方法,感受劳动的辛苦,体会安全工作的重要。

如集中展示技术装备的方式,让人们了解安全生产状况,增强做好安全生产工作的信心。

如展示网络技术、3G 技术对安全生产工作的支撑作用,危化品企业的视频监控装置、车载定位系统等,都对安全生产起到了很好的效果。

(三)根据不同对象、情况,因人而异做宣教

企业的各类安全管理人员,要深入企业生产的一线,加强走动管理,和生产一线的员工多交流、多探讨,及时了解本行业、本领域、本部门安全生产形势和可能存在的安全隐患,并根据了解的信息制定相应的宣教资料。

对于在生产过程中违反安全管理规定的员工,要多采取面对面谈心的方式进行宣教,变单向灌输为相互交流,突出宣教中的人性化、柔性化,使安全生产意识真正地如雷贯耳、深入人心。

要采取严格与多元化的培训方式方法来促进宣教效果,如现场培训、体验式培训、交流式培训、化整为零式培训、制度化培训、菜单式培训、参与式培训,加强安全宣教培训的互动性、针对性。

第六章
如何整合资源

曲突徙薪

把烟囱改成弯的，搬开灶旁的柴火。喻事先采取措施，防患于未然。

本图片由广州苍龙动漫发展有限公司设计制作

第11章

本章关键词：资源，整合，宣传日(周、月)

本章内容导读：

1.如何理解资源；

2.如何理解安全社区的资源；

3.如何汇总及整合身边的资源；

4.区(县)安委办如何指导与帮助街镇的创建工作。

一位获得全国安全社区称号的街道领导曾说道：通过安全社区的建设，我们收获良多，一些平时我们没想到的风险隐患，或者想到了却没办法做到的安全事项，借助于安全社区建设这个平台，在各方的共同努力下成为了现实。其中隐含了借力、资源整合、共赢等核心要素。

安全社区建设启动后及过程中，街镇有关工作人员需要思考：辖内有哪些资源能为建设所用，如何将这些资源做最大程度的整合。因此，在阅读本章时，需要拓展思维，考虑多方因素，各部门、各单位之间应当多交流、多商量、多协调，从而达到资源整合效果的最大化。

第一节 资源的理解

安全社区建设,将此前较少交往甚至毫无交集的部门、单位、人群聚在了一起,缘由就是大安全的引力。

安全社区建设需要资源,更需要整合后的资源。

什么是资源?

《辞海》对资源的解释是:"资财的来源,一般指天然的财源。"这是狭义的解释,我们通常对"资源"的理解是广义的,指自然界和人类社会中一种可以用以创造物质财富和精神财富的具有一定量的积累的客观存在形态,有形的如土地资源、矿产资源、森林资源、海洋资源、石油资源,无形的如人力资源、信息资源等。

在安全社区建设中,我们关注并实施的既有硬件资源,如安全宣教设备、设施,也有软件资源,如单位资源、专家资源、文化资源等。

每个人的身边都有很多资源。有人之所以说无资源,那是因为视而不见或者不明白什么是资源、什么是自己所需要的资源。

安全社区建设就像一个大车轮。根据物理学的惯性原理,质量越大惯性就越大,所需的第一推动力也就越大。因此,如何形成推动力就是第一要素。此处的推动力是一个合力,其中既有动力也有阻力,要达到最大的推动力,需要加大动力、减少阻力,需要善于利用资源、整合资源。

我们知道,在现实中,因为人、财、物的限制,创造资源很难,但整合资源相对比较容易;创造资源比较慢,但整合资源则比较快。因此,整合资源是安全社区建设中必须且应当采用的重要理念之一。

通常情况下,各部门、单位之间有清晰的边界,彼此之间难以做到资源共享,不能相互支撑、相互渗透。整合就是"借力",整合就是"共享",整合就是"利用",善用彼此资源,创造共同利益、效益。

因此,我们在安全社区建设中,应当做到资源整合,资源共享,优势互补,打破条块分割、各自为政的格局,形成纵横相连、协调发展、同步发展的合力态势,形成叠加效应,共建共享,营造良好的安全环境与氛围。

第二节 安全社区的资源

接下来,我们需要知道,街镇有哪些资源?如何汇总辖内安全社区建设资源?

资源整合的前提是发现资源、收集资源。

总体思路如下:围绕安全社区建设这个大主题,针对各行业、领域、场所需要解决的问题,项目组成员共同讨论,制作一个《街镇辖内项目资源汇总表》,将项目涉及的问题、各类人群、部门、单位、各类资源等无遗漏地罗列出来,做个分类清单,列入表中。

1.行业、领域安全管理资源

表6-1 街镇辖内项目资源汇总表

项目名称	项目涉及问题	项目涉及人群	项目涉及部门	项目涉及单位	项目涉及场所、设备设施
工作场所安全					
交通安全					
消防安全					
居家安全					
老年人安全					
儿童安全					
学校安全					
公共场所安全					
体育运动安全					
涉水安全					
社会治安					
防灾减灾与环境安全					

注意:在资源整合上,我们要避免"种了别人的地,荒了自家的田"现象。

如对特种设备方面的安全促进项目,可从如下层面考虑有关资源:

一是从政府层面考虑。可考虑质监部门、工商部门、安监部门等政府部门的专家库,辖内党代表、人大代表、政协委员,辖内驻军等。

如果我们拓宽思路,按照"党政同责、一岗双责、齐抓共管"和"管行业必须管安全、管业务必须管安全、管生产经营必须管安全"的要求,就会发现,之前很多人、很多事,现在都是安全战线上的盟友,大家谁也离不开谁。安全这根线,将大家紧紧地缠在一起。这就是对资源整合的最好解释。

二是从社会组织层面考虑。如物业管理公司、特种设备生产维修单位(如电梯、锅炉、叉车等)、有关行业协会、使用特种设备单位的有关管理部门等。

三是从居民群众层面考虑。如志愿者、社工、义工、居民代表、企业员工代表等。

2.安全宣教培训资源

(1)从区(县)层面的宣传部门、单位考虑

如专业的宣传部门、报刊、网站、电视台、党校、大中小学、幼儿园等,在其日常的宣传内容中增添安全元素,广为传播。

如安全培训机构,他们有一批专业的安全师资,有安全专业实习场地,有良好的教学设备设施,其中一批批的培训学员(企业负责人的培训及再培训、安全主任的培训及再培训、特种作业人员的培训及再培训等)就是最好的宣传对象,也是最好的传播安全理念的"火种",通过他们传播到每一家企业的每一个员工。

(2)从街镇辖内的单位考虑

如辖内各中大型企事业单位,均有自己的宣传机构、渠道、力量等资源,各项目组结合项目运作,可达到较好的宣传效果。

如街镇各科室与上级业务部门有各自专业渠道开展各行业、领域、场所的宣传工作。

如街镇、各村居的固定/移动专栏、影剧院、俱乐部等。

如从居民中收集到小区内路灯配套不到位造成居民跌伤问题而立项,需要架设路灯、平整道路等,那就应当将物业管理公司(通常小区的路灯由物业管理,小区外公共区域的路灯由市照明中心、市政路灯管理所管理)、建设部门、城管部门、电力部门等考虑进来。

如预防家庭暴力项目,应当考虑与妇联、司法、公安、工会、村居、物业公司等单位联手,共同治理。

如区科协、科技等部门与街镇联手,设立社区安全科普展览、专栏、长廊等,编印安全科普小册子等。

如消防部门在消防安全技能培训、消防体系建设等方面提供指导、支持与帮助。

如院校专家学者将自己的科研成果、理论用于指导街镇的安全建设、项目干预等。

(3)从全国性大安全集中宣传日(周、月)的契机考虑

见如下《年度全国性有关安全领域集中宣传情况一览表》。

表6-2　年度全国性有关安全领域集中宣传情况一览表

名　称	日　期
全国中小学生安全教育日(周)	3月28日启动 (全国中小学生安全教育日制度创立于1996年,每年3月最后一周的星期一为全国中小学生安全教育日)
综治宣传月	4月
全国交通安全反思日	4月30日
全国科普周	5月第2周
全国防灾减灾日	5月12日
全国科普周	5月第3周(5月期间)
全国助残日	5月第3个星期日
全国安全生产月	6月
全国安全生产宣传咨询日	6月期间
食品安全宣传周	6月11日启动(每年6月)
安全生产应急预案演练周	6月22日启动(安全生产月期间)
全国药品安全月	9月
全国科普宣传日	9月第3个双休日(从2005年6月起)
消防安全月(日)	11月(11月9日)
全国交通安全日	12月2日
全国法制宣传日	12月4日
网络安全宣传周	12月16日启动 (2014年11月24—30日首届国家网络安全宣传周)

3.各类人群的人力资源

如企业中的安全主任、注册安全工程师、安全总监等对企业日常安全管理工作很专业；

如安监部门业务科室工作人员对职业健康、危险化学品、日常安全监管方面很专业；

如质监部门业务科室工作人员对特种设备日常安全监管很专业；

如公安交防大队警官对三小场所消防安全管理很专业；

如交警部门警官对日常交通安全领域的监管很专业；

如教育部门业务科室工作人员对大中小学、幼儿园日常安全管理工作很专业；

如安全中介评估机构业务工程师对风险评估、隐患排查很专业；

如家庭综合服务中心的社工对老人、儿童、残疾人等弱势群体的一对一帮助服务很专业等。

4.基层村居资源

社区设立的服务平台，如社区工作站、社区服务中心、社区服务站、社区事务代办站、社区居民事务办理站等，以及在此基础上构建的党组织、村（居）委、服务站、社区社会组织、辖区单位等社区内的各主体。

"大党建""大服务""大治安""大信访""大调解""大稳定""大文化"等模式的管理资源。

要善于从提高基层安全治理效率的角度，把有限的基层治理资源有效整合起来，发挥最大功能的综合效应，探索形成一种多元主体、合作共治的新型安全治理模式。

5.应急资源

全面掌握街镇辖内各部门及单位对各类灾害风险的承受能力，在全街镇范围内整合使用各类应急资源。

6.物业管理公司资源

物业公司直接面对小区居民群众，管理人员与居民群众朝夕相处，对辖区的安全隐患、居民群众的安全需求一目了然，在熟人社会中进行宣传培训工作可收到很好的效果。

7.志愿者、社工队伍、网格员等资源

志愿者有很多种,如退休老人志愿者、青年志愿者、学生志愿者等。

目前很多街镇都有政府购买社会服务项目,承担政府对村居的日常服务事项。

如家庭综合服务中心等,有一批专业化的社工队伍资源。

如网格员队伍,一人对应一个网格,"我的地盘我做主",直接活动在居民群众身边,与居民群众高度融合,是一个了解身边资源、了解居民群众需求的团队。

8.互联网资源

研究表明,互动是人类与生俱来的社交本能,而互联网时代的最大特征就体现在互动上。因此,在安全社区建设中应当充分用好互联网资源,打造没有围墙的安全花园;打造没有时间和空间限制的安全交流平台。

今天,越来越多的企业将员工培训学习作为首要工作。通过培训,提升员工素质,提高员工技能,培育企业的市场竞争力,是企业谋求发展之根本。未来的企业,获得优于对手的唯一途径就是比竞争对手学得更快、学得更多,通过培训来解决问题、转换思路、提升效率。

随着互联网技术和信息技术的不断发展成熟,在线教育作为将互联网和教育相结合的产物,其较低的费用、不受时间地点限制、实用性、灵活度高等优势获得了工作繁忙、空暇时间零碎的从业人员的青睐,越来越多的企业关注并逐渐采用这种现代的网络培训学习方式。

第三节　区(县)安委办的指导与帮助

一、区(县)层面应当加强对街镇的指导与帮助

首先,要明确全国安全社区的建设主体是街镇。安全社区建设的一个重要原则是跨界合作、整合资源。因此,街镇应当集全街镇之力,联络社区内的生产经营单位、社会组织、志愿者和社区居民,整合各类资源、力量,形成创建合力,体现共驻、共建、共享的理念。

其次,要明确区(县)层面的专业性、权威性、全面性。从行政管理体制来看,区(县)各职能部门对所监管的行业、领域具有专业性、权威性、全面性,因此,善于借助区(县)层面各职能部门的指导、帮助,安全社区的建设力度、深度与广度才能得到提升,街镇辖内人群的参与率、覆盖率才能得到有效提高。

因此,街镇应当积极、主动寻求区(县)各职能部门的指导、帮助。同时,区(县)安全监管局作为牵头部门,应当借助区(县)安委办的有效平台,协调、组织区(县)各有关职能部门积极参与、指导、帮助街镇建设安全社区,集全区(县)的资源、优势,指导、帮助街镇建设安全社区。

二、区(县)层面如何加强对街镇的指导与帮助

一是需要培养区(县)层面的明白人。建议由区(县)安监部门牵头,成立一个专业指导团队,该团队汇聚全区辖内各类专业人员,能对各行业、各领域的创建项目实施专业指导与帮助。其中,区(县)安监部门应当安排专人负责跟踪全区(县)安全社区建设工作(也许不一定能做到专责,但起码应在此项工作中投入较多的精力),并尽快成为安全社区建设的明白人,对街镇的建设工作把握好关、指好路。

同时,指导、扶持街镇成立专业建设团队,这主要由街镇辖内各方面、各行业、各领域的专业人员组成。

二是需要充分用好区(县)安委办的平台。如以区(县)安委办名义发文,让全区(县)有关部门、单位明确区(县)内正在建设安全社区的街镇,明确安全社区的理念及基本做法,明确区(县)有关部门在街镇建设安全社区过程中的有关工作要求(应当尽量细化各有关部门的工作职责,比如需要协助的内容、需要提供的有关数据等)。

在建设过程中,针对特定问题,不定期地以区(县)安委办名义召开安全社区建设工作协调会,有关职能部门的分管领导及科室负责人参加,邀请区(县)分管领导亲自参会并讲话,这样有助于提升安全社区建设工作的力度与分量,切实解决安全社区建设中存在的问题及困难。

三是需要主动做好与上级部门的协调与沟通。安全社区建设是一项系

统工程,涉及方方面面、各类人群、各类场所。有些问题、困难,街镇、区(县)的层面可能解决不了,需要借助市的层面甚至更上一级组织的协调与帮助。同时,日常建设过程中,也需要得到市层面专家的大力支持、指导与帮助,这些工作均需要区(县)出面来做。

四是需要加强对外学习、交流活动中的协调、搭线。"积极组织和广泛参与辖区内、外的安全社区各类交流活动",这是安全社区建设的要求之一,区(县)在这方面比街镇占有优势,也比较了解外围的情况与动态,在建设的不同阶段,应当组织街镇多参与辖区内、外安全社区的各类交流、学习活动。

需要注意的是,这种交流、学习活动应当具有明确的目的、明确的人群、明确的问题,从而达到特定的效果,解决特定的问题。同时也达到拓展视野、提升理念的目的。

第七章
如何发动全员参与

身寄虎吻

冒险施工，野蛮作业，无异于罔顾性命，置身虎口。

本图片由广州苍龙动漫发展有限公司设计制作

本章关键词:全员,参与,村居,企业,学校,医疗机构

本章内容导读:

1.村居如何开展安全社区建设工作;

2.企业如何开展开安全社区建设工作;

3.学校如何开展安全社区建设工作;

4.医疗机构如何开展安全社区建设工作。

安全社区建设中,一个重要的理念是全员参与,而且应当全程发动参与。

如果街镇辖内各村居居民群众能全面参与安全社区建设,那么基本上能覆盖各类人群,不论是上班一族、未工作一族还是退休一族;如果辖内企业均参与建设,那么就能覆盖相当大部分的从业人员;如果辖内各类大中小学、幼儿园均参与建设,那么就能覆盖从3岁儿童到各类学生群体;如果辖内医疗机构均能参与建设,那么就能覆盖医生、护士、护工及病患者等群体。由此思路出发,本章分别对村居、企业、学校及医疗机构等领域如何介入安全社区建设进行了思考、探讨及实践,从人防、物防、技防的角度,使每一个人在各自岗位都能将岗位职责与安全责任有机结合,从而可举一反三,在其他行业领域进行拓展。

第一节 村居如何参与安全社区建设

家庭是每个人的生活和休息场所,家庭中存在着如电、燃料、燃气等危险源,因此居家内也有可能发生事故与伤害。此外,居家的一些工具或机具也是一类危险源。这些设备使用或保管不当时,也会给家人尤其是儿童、老人、残疾人等造成意外伤害。

据统计,人们每天的居家时间占到全天时间的一半以上,儿童、老人、残疾人等弱势群体更是居家生活的主体。调查表明,超过 60%儿童的意外伤害发生在家中,近 80%的家长不清楚如何使用安全的居家用品并对其进行安全检查,对相应的居家安全产品知之甚少;跌倒事故是老人发生意外的主要原因,发生在家中的伤害比例较多。

村居在安全社区建设中,应当关注小区的公共安全、居家安全及居民群众意识的提升、安全技能及应急逃生本领的掌握。村居的区域特点、居住人群、建筑物等差异,对应的风险隐患不相同,所应关注的安全重点问题也不相同。因此,村居的安全社区建设必须摸清情况,对症下药。

一、日常安全管理工作

日常安全管理工作是根,根深才能叶茂。

1.安全制度

建立事故与伤害记录制度,制订村居各类事故与伤害记录制度,车库及停车场制度、各项装修作业制度、安保部值班制度、消防安全制度、安全检查制度。做好社区居民座谈会议记录,建立相关安全信息收集、交流、沟通、传递、反馈渠道。

村居委会成员经常走访社区居民,了解居民安全需求,传达民意,提出工作建议,组织社区成员以不同形式广泛参与各类安全促进活动。做好日常安全检查及节日放假前的安全大检查,加强对重大危险源的管理、存在隐患未整改的部位、特种设备检查,落实防范措施。对检查中发现的隐患问题,应落实责任人,明确整改时限。

【链接】家庭装潢安全

家庭装修使用的涂料、胶水等化学材料都含有不同程度的有害物质,尤其是在不知情的情况下使用假冒伪劣的装修材料,其化学有毒成分高,对人体的伤害很大。

预防要点:

1.选购涂料、胶水等材料应到正规的商场、专卖店内购买;

2.油漆家具时,要开启门窗,加强室内通风,严禁烟火,谨防引燃油漆溶剂造成火灾;

3.装修结束后,要开启门窗通风一段时间,待涂料、胶水干燥及有害气体散尽后,经专业监测机构对室内空气监测合格后再搬进去住。

2.安全教育

村居委应组织物业保安、志愿者、社工开展安全教育培训,培训保安人员掌握安全应急知识和技能,协助有关单位做好安全管理和应急救援工作。

定期组织村居管理人员学习掌握有关安全法规、标准、规范。帮助社区居民掌握日常安全知识、消防器材使用和遇险逃生技能。

定期为各类人群举办有针对性的安全教育、健康知识和预防流行病/传染病等专题讲座。组织学生开展丰富多彩的假期安全科普活动。

小区内醒目位置和特殊部位可挂置或张贴安全宣传标语、宣传画等以及利用广播、宣传栏、电视台等宣传安全常识。定期更新宣传内容。

给居民群众提供常见意外伤害急救的专题培训,如常用的止血方法、心肺复苏、骨折伤害现场处理、触电急救、烧烫伤现场急救、化学品伤害急救、有害气体中毒急救、中暑急救等。

【链接】居民群众常用应急电话号码

110——综合应急电话

119——火警电话

120——急救中心电话

122——交通事故电话

114——电话号码查询电话

96333——电梯急救电话

【链接】办公室白领的职业健康与安全

近几年,办公室上班族英年早逝事件时有发生。为避免悲剧发生,白领们应培养良好的职业健康与安全意识。

一、办公室的空气质量问题与对策

办公室的装饰材料以及办公桌、椅子、书柜等所用材料都可能含有甲醛、甲苯等挥发性有机物,影响办公室内的空气质量。

办公室人员集中,因使用空调而封闭门窗,导致室内空气质量差、氧气相对不足、二氧化碳超标等。

中央空调的通风管道内阴暗潮湿,易滋生细菌,时间长了还积累灰尘,由此造成室内可吸入颗粒物的增多。

对策:

1.多开窗。上班后首先打开窗户,自然通风,改善空气质量。

2.工作中隔一段时间到空气流通处或户外活动一下。

3.尽量采用湿式清扫,即拖地、擦拭桌面及窗台时用湿布清洁。

4.定期清洗和维护空调及办公设备。

5.摆放一些绿色植物。

二、办公设备的电磁辐射问题与对策

办公室内的电脑、复印机、打印机等设备除产生电磁辐射,还会产生臭氧,而臭氧会消耗空气中的氧气。如果通风不好,臭氧就会和人的肺争抢有限的氧气,使空气质量变差,导致头晕、恶心等。

对策:

1.常喝绿茶,其中的茶多酚等活性物质有助吸收放射性物质。

2.勤洗脸,防止电磁辐射波对皮肤的刺激。

3.摆放一些绿色植物,吸收办公设备发出的电磁波。

4.电脑尽量采用液晶显示器。

三、办公室潜在的危险因素与对策

1.办公设备摆放不当。对策:办公室合理布局。

2.电话线或者电线过长拖在地上。对策:合理布置线路。

3.档案柜挡过道,堆放杂物阻塞楼梯及通道,设备从桌上滑落。对策:定期、及时清理有关物品及杂物。

4.设备、设施突出的棱角;楼梯上缺失或损坏的扶手;书柜顶端放东西过多导致倾斜。对策:及时梳理、排查有关隐患,如钝角化、包边处理等。

5.电路负荷过大;灭火设备损坏。对策:请专业人员定期检查,及时处理。

6.地板打滑,摔倒、滑倒、绊倒,可能造成摔伤、扭伤甚至骨折。对策:走路不要玩手机,及时清洁、整理物品等。

7.高处工作时高坠风险。对策:拿取或存放物品时应使用稳固的梯子,不能站在木箱或纸箱、旋转椅或不稳固的物品上。

8.上下楼梯安全。对策:上下楼梯握紧扶手,不要拿太多东西,一步一台阶,切勿奔跑。

同时,还应留意一些常被忽视而可能威胁健康的细节:

1.跷"二郎腿"。二郎腿不仅姿势不雅,还会使腿部血流不畅。对静脉瘤、关节炎、神经痛、静脉血栓患者,该姿势将使病情加重。

2.眯眼看东西、揉擦眼睛、不停地滴眼药水。习惯性眯眼会导致眼肌疲劳、眼花头疼。揉眼时,病菌会由手部传染给眼睛,导致发炎、睫毛折断或脱落。频繁地滴眼药水会产生依赖感,超过眼药水的用量,将会伤害眼睛。

3.强忍小便与频繁如厕。面对工作压力,有人将如厕的时间"节省"出来工作。有研究指出,有憋尿习惯的人患膀胱癌的几率比一般人高5倍。有人工作一紧张就习惯往厕所跑,这有可能导致患尿频症,既影响工作效率,也会带来生活上的烦恼。

3.社会治安

组织物业保安、志愿者协助有关部门做好日常安全防范工作。如由小区志愿者成立治安巡逻队,在小区内巡逻,减少小区治安发案率。

村居联同物业保安定期对小区地下车库、死角及出租屋、外来可疑人员进行安全检查,及时排除安全隐患,防范黄、赌、毒及诈骗、盗窃、抢劫、绑架等违法行为。

4.楼宇安全

定期检查楼宇内阀门、管道、阁楼、天窗楼宇门、照明开关、照明灯、楼道灯、窗户、玻璃、室内装修、消防栓等安全状况,及时整改隐患。

5.设备间安全

定期检查设备间地面、墙面、顶面、门窗,水表、电表、气表,各种阀门管道、设备间是否漏水,设备房是否关闭等情况,及时整改隐患。

6.公共区域安全

做好小区内垃圾分类,及时清理,保障居民身体健康。

做好家禽、宠物管理工作,预防猫、狗等宠物伤人事件。与防疫站、宠物医院合作,为小区内有宠物的家庭成员预防注射疫苗。

定期检查楼栋外墙悬挂的空调器支架是否稳固安全,及时整改隐患。

定期检查小区配备的体育健身器材和儿童娱乐设施安全状况。

定期检查小区内路灯、草地灯、墙体、各种井盖、下水管、落水管、空调管,乱占绿化用地、乱搭、乱建,车库改变用途,摄像头、周界视频及报警装置等,及时整改隐患。

道路井盖多样,权属单位各异,应当摸清底数。如道路下水井盖一旦缺损,随时可能绊倒摔伤行人甚至致死或毁车。对裸露的井口,应及时报告有关部门及时覆盖"应急井盖",及时消除隐患。

注意排查老树、枯树及大型树木安全状况,防止因暴风雨、台风等导致倾倒压伤居民。

注意小区高空坠物安全。如暴风雨天,放置在阳台上的杂物易被吹落;一些物品、阳台边沿种植花草,或者儿童在阳台玩耍抛物,或者素质不高的居民随意从阳台或窗户往外丢弃烟头、物品等。

【链接】《民法通则》第一百二十六条

建筑物或者其他设施以及建筑物上的搁置物、悬挂物发生倒塌、脱落、坠落造成他人损害的,它的所有人或者管理人应当承担民事责任,但能够证明自己没有过错的除外。

在公共场所,尤其是公园、商城、体育场馆、影剧院、网吧等人员密集场所,因多种不确定的突发原因,一旦发生事故,在极短时间内,有可能几秒钟就会涉及大量人员。在安全常识缺乏的情况下,发生突发事件时人们极易产生从众心理和盲目恐慌,造成人员伤亡。

杜绝小区居民在非吸烟区吸烟、乱扔烟头等行为。

发动居民群众参与绘制社区风险地图,标示隐患位置,张贴在居民公共活动区域。

【链接】豢养宠物的安全对策

宠物身上可能隐藏着致命的伤害,宠物主人应注意预防,如:

经常为宠物体检,定期注射疫苗、驱虫;

经常给宠物洗澡,定期清理宠物的排泄物;

孩子与宠物要保持安全距离,不要过分亲密,更不要让宠物触碰人的食物,避免感染;

孩子与宠物玩耍后,要养成良好的洗手习惯;

注:狂犬病是病死率100%的急性传染病。

(1)狂犬病的临床表现

早期表现为全身不适、低热、倦怠、头痛、恶心、食欲不振等,与感冒近似。之后,会出现恐惧不安、烦躁失眠、易激动,咬伤处出现痒、痛、麻等异常感;2~4天后发展为恐水、流涎、怕光、怕声、多汗及精神失常等,此后进入全身瘫痪状态,最后因呼吸、循环衰竭而死亡。从症状出现至死亡仅3~6天。

(2)狗的狂犬症表现

狗垂尾、进食少、无精打采、对主人冷淡等,2天后进入兴奋状态,出现吠声改变、乱窜、行走时低头夹尾巴直走,常会突然咬人或其他动物,同时出现舌头外伸、大量流口水,最后处于呼吸中枢麻痹。

注意:在狗出现上述症状前一周,其唾液中已具有狂犬病病毒。发现流浪狗或疑似狂犬病宠物,应及时报告有关部门。

(3)被狗咬伤后的自我处理

立即挤压伤口周围,挤出血液,以减少局部污染,减少毒素吸入血循环。马上用20%肥皂水彻底冲洗伤口半小时,切勿用嘴吸吮伤口,以免感染,用75%酒精或2.5%~5%碘酒反复擦洗。

注意:切勿立即缝合伤口,伤口应在2小时后处理。

(4)定期注射狂犬病疫苗

定期到宠物医院接种兽用狂犬病疫苗,儿童应定期注射狂犬病疫苗;严格圈养宠物,不能放任自流,减少宠物与病狗接触,避免咬伤他人;不到人员密集处遛狗。

【链接】暴雨安全预防要点

1.平时应定期检查下水道、排水设施通畅;

2.在雨季前对房屋进行必要的检查修缮;

3.因地制宜,在家门口放置挡水板或沙包;

4.积水侵入室内时,应及时切断电源;

5.在积水中行走时应注意观察,远离漩涡,防止跌入地坑、下水道等;

6.暴雨时尽量不要外出,如必须外出则应尽可能绕过积水严重路段;

7.驾车时,应尽量绕行积水过深的路面和涵洞,切勿强行通过;

8.如暴雨出现在上下班时间,交警部门应采取交通管制措施。

7.消防安全

在每年"安全生产安全月""11·9消防月"期间,针对小区特点,利用张贴宣传横幅标语、派发宣传册、开展系列活动、志愿者上门宣传等形式,对居民群众进行消防安全宣传教育。

定期组织防火检查,及时消除火灾隐患。按照国家有关规定配置消防设施和器材、设置消防安全标志和疏散应急照明装置,并定期组织检查、维修,确保消防设施和器材完好、有效,保障疏散通道、安全出口畅通。

定期组织居民群众参加消防安全教育和培训、各类消防演练。

落实安全责任制,确保消防工作落到实处。关注居民日常用电和用气等火灾隐患的排查整改,消防安全重点部位的管理,落实易燃易爆危险物品存放场所防火防爆措施。

8.用气安全

利用橱窗、宣传板报、宣传卡片等形式进行安全用气宣传,定期开展用气安全咨询、入户安全检查、胶管更换等服务。燃气公司在用户使用前、使用中和使用后的安全知识宣传要到位。

对使用燃气瓶的用户,在小区明显处和各宣传栏张贴安全提示、横幅,提醒居民到正规燃气供应站调换和购买液化气钢瓶,小区内燃气瓶的运送要符合有关安全规定。

【链接】燃气安全须知

据世界卫生组织公布,世界上每年有超过250万人死于燃气中毒;我国每年也发生10多万起燃气中毒事故。在密闭居室内使用燃气做饭、洗澡而又通风不畅时,易发生中毒事故。

燃气中毒后,人往往会头晕、恶心、呕吐、心慌、皮肤苍白、意识模糊,严重者会神志不清、牙关紧咬、全身抽搐,面部口唇出现樱红色,呼吸和脉搏加快,甚至危及生命。

居民日常燃气安全使用注意事项:

1.燃具和燃气应匹配,天然气应采用"12T"的燃具;

2.任何时候,安全用气的关键都是通风防漏;

3.使用燃具前要先检查,确认安全后方能使用;

4.切勿在无人照看的情况下使用燃气具,养成"人走火熄"的好习惯;

5.用完灶具要关闭气阀,睡觉前和外出时要再次检查;

6.查漏时千万不能用明火,可以用抹肥皂水的方法检查;

7.燃气灶具发生故障要及时维修,不能带病使用;

8.燃气器具不能超期使用,液化石油气和天然气热水器、燃气灶具的使用年限均为 8 年;

9.积极配合燃气公司一年一度的上门安全检查,对存在的隐患及时整改;

10.如有险情应立即切断气源,在安全场所拨打 110、119 电话报警。

表 7-1　常见燃气安全隐患及整改一览表

序号	隐患类型	隐患危害	整改措施
1	使用已淘汰的直排式热水器	直排式热水器燃烧时产生的废气直接排在室内,燃烧时需消耗室内氧气,使用者如有不慎,将会产生一氧化碳中毒和缺氧窒息现象	1.立即更换直排式热水器,正确安置使用安全性能好的平衡式热水器; 2.保持燃气场所通风良好
2	非平衡式热水器安置在浴室内	燃烧时需消耗室内氧气,同时因其密闭性能差,烟气在浴室内滞留导致一氧化碳中毒和缺氧窒息现象	1.非平衡式热水器只能安装在浴室外,且烟管必须伸出室外与大气联通; 2.保持燃气场所通风良好
3	热水器未加装烟管或烟管未伸出室外	烟气直接排到室内,易产生一氧化碳而导致中毒	1.热水器必须由有资质的单位按规范安装; 2.烟管必须伸出室外与大气相通
4	燃气胶管老化、破损及安装不牢固	胶管老化、破损、脱落,燃气泄漏后遇明火发生爆炸	1.定期检查胶管,一般 3 年更换一次; 2.建议使用安全性能高的燃气专用不锈钢波纹管
5	橱柜不通风	燃气泄漏未及时发现,形成密闭空间,遇明火发生爆炸	1.橱柜上开通风换气孔; 2.及时清理橱柜内杂物
6	私自改动燃气设施、计量装置	发生燃气泄漏、火灾、爆炸等	1.燃气设施必须委托专业燃气公司安装; 2.严禁私自改动燃气计量装置的违法盗窃行为

9.用电安全

供电企业应对小区用电的报装、停电和用电检查、管理负责,确保小区安全、可靠用电。涉及小区的计划停电和临时停电,应提前公告。推出人性化、个性化增值服务,如短信通知、电话通知、张贴公告等,多渠道通知小区业主或物管,提前做好停电准备,确保小区在计划停电或临时停电期间不发生安全事故。

村居应主动配合供电企业对小区供用电设施定期进行安全检查,及时整改。

物业公司应定期检查电线老化、短路等情况,及时维护,整改隐患。

加大小区用电安全宣传,杜绝违章用电。定期检查居民家中的电器,查看有无"三无"用电产品;特别是私接电源电线、增加用电负荷情况,定期检查户内配电箱元器件使用状况。

10.弱势群体的安全

这是一项政府关心、弱势群体企盼的工作。村居应加大与街镇家庭综合服务中心的合作力度,关注辖内弱势群体安全。

关注儿童安全。引起居家儿童意外伤害的原因很多,如跌落或坠落;阳台无护栏;桌椅放置在阳台窗户旁;窗户无锁;楼梯栏杆间距大;地板太滑;烧烫伤及触电;烹饪器具,如电饭锅、电磁炉;插头、插座无盖板;打火机等点火器具随处可取;取暖器表面高温;电池、用电池的产品,如剃须刀、遥控器等;中毒:洗涤剂、洁厕剂等放在饮料瓶中;药物未专门存放;未清洗过的食物、水果等放在儿童可及处;家中燃气总开关常年开着;药物未放在原包装盒内;暖水瓶、刀具等物品放在儿童可及处;浴缸和水桶存放过多的水。

针对以上涉及的家庭用品布置,家长应随时留心检查,告知孩子远离伤害。

药品和化学品、危险品、成人用的尖头用具以及纽扣电池、笔帽等小物件应放到上锁的抽屉、箱子或孩子不易拿到的地方。

花生、水果糖等圆的、硬的食物易导致幼儿窒息,家长要把这类食品放在幼童不易拿到的地方。

千万不要把酒精、汽油、清洁剂、农药等化学剂装在饮料瓶中,并放在孩子拿得到的地方;孩子如果口渴,意外也就可能发生。

把 119、110、120 等急用电话写在电话机旁。

照看好孩子，不要把幼童单独留在家里。

睡前检查燃气阀是否关闭，让窗户留些空隙。

孩子在嬉戏、哭闹时不能进食。

努力为孩子营造良好的家庭安全氛围。与家长交流，共同做好孩子的安全教育；派专业型志愿者或村居工作人员进行居家设计检查，整改安全隐患；对存在家暴的家庭要及时上门沟通，建议他们选择恰当的教育方法，妥善解决教育孩子中出现的各种问题，帮助孩子健康成长。

关注老年人安全。由于老年人生理功能逐渐减退，全身肌力减弱，关节活动欠灵活，视觉、听觉也有所减退，较易发生意外，因此要关注老年人在日常生活起居中的安全措施，如定期检查梯级、不平地板、滑溜地砖等易造成老人发生意外的场所、设施，教会老年人用电、用气和防火常识，经常检查老人家中的用电、用火设施，及时帮助老年人更新一些陈旧电器和燃气用具。同时要关注老人用药安全、心理安全等方面。

【链接】老年人防骗六招

2014 年 12 月，全国老龄工作委员会办公室、公安部联合发布《中国老年人防诈骗指南》，提出老年人要立足于防，让老年人提高警惕，提供了老年人实用的防骗招数六招，即戒除贪婪心理、抵制虚荣心理、强化警戒心理、正规途径办事、常与亲友沟通、讲科学勤学习。

关注残疾人安全。家庭是残疾人生活的重要场所，为残疾人家庭安装坡道、扶手等无障碍设施和坐便器、浴凳等无障碍用品，方便残疾人生活，改善残疾人生活状况。

实施安全康复是改善残疾人生理和心理机能的重要手段，也是残疾人获得教育就业机会、参与社会生活的前提，是残疾人最关心、最直接、最现实、最急需解决的问题。

残疾人家属应明白残疾人康复训练的重要性，积极参与到相关培训中。

鼓励残疾人积极参与社区组织的康复项目，并在训练中严格按要求执行,避免二次损伤或意外事故发生。

鼓励残疾人积极参加康复站提供的服务项目:①咨询服务;②常规检查;③功能评定;④康复训练;⑤效果评估;⑥宣传教育;⑦知识讲座等。

11.预防自杀

[背景材料]

自杀是指个体在复杂心理活动作用下,蓄意或自愿采取各种手段结束自己生命的行为。

据第六个"世界预防自杀日"发布的公告,每30秒就有1个人选择离开这个世界。自杀已经成为我国15~45岁青壮年人群的首位死因。每年我国有225万人自杀,其中25万人自杀身亡。自杀在我国已成为位列第五的死亡原因。

世界卫生组织估计,一个人自杀平均会使6个家人和朋友的生活深受影响。据此测算,中国每年大约有150万人承受着因家人或亲友自杀死亡所带来的严重心理创伤。

目前导致自杀的原因主要为两方面:社会学因素和生物学因素。其中主要的诱因有:遗传因素(家族史),抑郁程度严重,有自杀未遂史,严重的人际关系冲突,周围人或朋友、熟人有自杀行为等。70%的自杀身亡者曾患有各种精神疾病,但接受过精神科医生诊治的很少,有的干脆讳疾忌医导致疾病进一步发展。大量案例的事后分析表明,心理上出现问题但未得到及时排解而自杀者占比不少。

[有关措施]

与医疗机构合作,向居民发放有关宣传材料,以生动简要的方式向居民介绍自杀的诱发因素、自杀征兆和预防措施,并呼吁居民关爱身边的弱势群体,拒绝歧视。广泛宣传心理卫生知识,提高居民应对困难的技巧。

呼吁居民相互关心,发现行为异常的人员要及时报告。

建立辖区居民档案,掌握有关情况,监控有自杀倾向的高危人群。对下岗职工、意外受伤残疾人士、离异人士等在工作与生活方面不如意而性格内向的人,要多予以关注、关心慰问,积极治疗自杀高危人群的精神疾病或躯体疾病。

除村居日常检查、巡逻人员巡检外,发动病患家属、邻居、志愿者、社工、义工等共同关注。

建立咨询协作小组或心理咨询热线，对有心理障碍的居民及时进行心理疏导。

配合政府有关部门做好农药、毒药、危险药品和其他危险物品的日常安全管理。

管理、监控小区楼顶的安全。

【链接】青少年心理安全的"5个怎么办"

1.心里有问题怎么办

正视自己存在的心理问题，多跟家长、老师、朋友沟通、交流，或向专业机构咨询，不要紧张、害怕、羞涩。

2.遇上伤心事怎么办

要善于排解抑郁情绪。如通过散步、运动、看电影等，排除心中的苦闷与不快。

要敢于向父母、同学或朋友讲出心里的苦闷，及时得到他们的劝慰与开导。

3.感到孤独怎么办

要勇敢走出自我封闭的世界。

要正确认识自己，客观对待别人。如果看不起别人，高傲自负，就会失去朋友；相反，总认为自己不如别人，悲观失望，终日独处，同样会沦为孤家寡人的境地。

要学会与他人交往，有意识地改变自己，谦虚谨慎，戒骄戒躁，走出孤独困境。

4.遇到挫折怎么办

遇到挫折并不是一件坏事，换一个角度看，挫折是对自己的挑战和考验，要善于将前进中的绊脚石变成垫脚石。

观察事态变化，如果改变不了客观事物，那就及时改变自己，做出明智和切实可行的选择，学会笑对人生。

勇于承认失败，反思失败原因，调整计划，将有助于转败为胜。

不要惧怕批评，要以理智的态度对待各方面的批评，严格要求自己,努力学习,奋发向上。

5.遇事胆怯怎么办

平时注意培养自己的独立性、坚强的毅力和良好的生活习惯,争取做力所能及的事情,学会自己照顾自己。

多到大自然中去,敞开胸怀,开阔眼界,学习适应的技能,如唱歌、绘画、手工等,增加自信心,多参加小伙伴的活动。

多与同龄伙伴接触,有意识地邀请一些小朋友到家中来,平时多结交新朋友。

12.预防家庭暴力

家庭暴力是一种特殊暴力,因发生暴力的是自己的亲属,因此具有难以预防、隐秘等特点,而隐秘性又决定了其残暴性。日益严重的家庭暴力危害受害者的身心健康,侵犯受害者的合法权益,破坏社会稳定和谐,应引起全社会的广泛关注。

家庭暴力是家庭不稳定、社会不安定因素,必须加强宣传力度、教育力度和打击力度。将之纳入社会综合治理范畴,全社会从舆论、道德到法律、机制,从司法、社区、单位到家庭,健全社会管控机制,防微杜渐。

发动单位关注职工的家庭暴力问题。村居要充分发挥基层组织的调解作用,关注每一个可能发生暴力的家庭、邻里间的和家庭内的事端。行政执法机构要重视家庭暴力的处理,破除"清官难断家务事""夫妻打架是私事"等旧观念,树立"是清官就能断家务事""夫妻打架是法律的事"等新观念。

报刊、电视、广播等媒体要加强对保护妇女权益法律、法规的宣传教育,形成社会、社区、家庭、妇联、政府部门齐抓共管的氛围。

13.健身安全

关注公园、健身场所、健身器材、健身人群的安全状况,摸清底数。村居牵头会同有关部门、单位落实定期的安全检查。

14.其他管理

安全无小事,居家的每一个细节都不容忽视。要以一切方便群众、一切服务群众为出发点,认真做好社区服务网络平台建设。针对不同层次、不同群体需求,开展各类服务。充分发挥小区楼栋长居民小组长作用,做好上传下达服务,及时反映居民的安全信息,如小区绿化、路灯等居民身边的安全问题。

【链接】社区安全管理制度参考案例

为保证社区正常秩序,保障居民身心健康,确保社区居民财产不受损失,杜绝或减少安全事故与伤害的发生,遵循"安全第一,预防为主,综合治理"原则,根据社区实际情况,制定本管理制度。

1. 社区党委书记是社区安全工作的第一责任人,社区安全工作由社区党委书记领导下的安全工作领导小组负责,各工作小组、居民组向领导小组负责,实行责任追究制。

2. 社区每月要对居民进行安全法规、常识教育,教育形式应多样化。各居民组每周应有针对性地对居民进行安全教育,要对居民进行紧急突发事件处理方法、自救互救常识、紧急电话(如110、119、122、120等)使用常识等教育。

3. 建立重大事故报告制度,社区内居民出现的重大伤亡事故1小时以内报告上级主管领导;居民出走、失踪、自杀等要及时报告;对事故的情况要形成书面报告,分别通报街道、学校、公安派出所等有关单位,不得隐瞒。

4. 建立健全领导值班、值日、志愿者护院队制度,加强居民教育、安全活动的管理,保证社会正常秩序。负责社区安全保卫的人员要经常和辖区公安派出所保持密切联系,争取公安派出所对社区安全工作的支持和帮助。

5. 加强对社区干部的教育,树立敬业爱民思想,提高工作水平和质量,注意观察居民心理变化,防患于未然。

6. 社区要定期对各楼栋、各企业进行安全检查,发现隐患及时消除。情况严重、一时难以消除的要立即封闭,并上报街道。

7. 社区要经常检查围墙、挡土墙、池塘、栏杆、扶手、门窗、楼梯、体育器械、消防、基建等设施的安全状况,对有不安全因素的设施要立即予以维修或拆除,确保工作、学习、生活场所和相应设施的安全可靠。

【链接】社区居委道路交通安全日常检查要点

1.是否设有专职机构开展社区交通安全宣传教育工作,有专人具体负责,并有活动场地。

2.是否掌握社区内道路、机动车和驾驶人基本情况,建立基础数据台账并有专人管理。社区内机动车登记上牌率是否达到100%。

3.年度内社区是否发生造成人员死亡的道路交通事故。

4.社区居民是否存在无证驾驶、酒后驾驶和驾驶无牌无证、假牌假证等非法车辆上路行驶等严重交通违法行为。

5.道路基础设施和交通安全设施是否完善,是否设有必要的交通标志、标线。社区内机动车、非机动车停放是否有序。

6.是否设有交通安全宣传栏并定期更新内容。对居民开展经常性的交通安全宣传教育活动,社区居民熟知交通安全法律法规,交通法规和交通安全常识受教育率能否达到90%,抽查合格率是否达到80%以上。

7.是否定期组织本社区驾驶人参加交通安全教育活动,邀请专业人员讲授交通安全知识,并有文字、照片记载。

8.是否经常组织社区人员参与维护社区交通秩序,劝导行人与非机动车驾驶人遵守交通规则。

二、安全社区建设要素对村居的工作要求

表7-2 安全社区建设要素对村居的工作要求

项目内容	体现安全社区建设的相关要素
村居风险诊断	以危险源辨识、风险评估为核心,找出重点人群、重点场所、重点问题,使风险可控

续表

项目内容	体现安全社区建设的相关要素
完善民事调解、社会治安、劳动就业、卫生医疗、优质救济、青少年教育、外来人口管理等大安全领域的管理	确定"三重点"(重点人群、重点场所、重点问题); 制定覆盖不同人群、环境和设施的并能够长期、持续、有效进行的事故与伤害预防和风险控制计划; 能够提供相应对比数据或客观证据,并用于持续改进
社区居民座谈掌握有关安全隐患情况	建立相关安全信息收集、交流、沟通、传递和反馈渠道; 组织社区成员以不同形式广泛参与各类安全促进活动
村居安全档案	包括社区概况、创建历程、相关荣誉; 制定安全社区创建档案的管理办法; 安全社区档案的保存、管理符合社区实际情况,满足各单位和部门工作需要
社区居民会议或社区成员代表会议关于大安全主题议题	每年组织不少于一次的安全社区建设整体工作的安全评审; 评审结果能够反映安全促进工作的实际效果并用于指导持续改进工作的开展
村居安全工作制度及其完善	包括村居创建机构及职责
居民群众共驻共建,充分挖掘社区资源	有符合村居特点的安全促进项目
社区公益事业的资金	有必要的资金投入,保障安全社区建设顺利推进
各类创建活动资料	能够体现社会组织、志愿者和社区单位的参与情况,证明已多渠道整合了各类资源; 丰富宣传内容
便民利民、下岗人员和无业人员、就业服务等社区服务工作	策划相关安全促进项目并持续跟进
协助物业管理企业做好小区日常安全管理	制定并有效实施社区成员对社区各类安全工作的监测与监督方法; 有不同形式和内容的定期、不定期、专项及综合安全检查制度并严格执行
日常安全管理到位	针对已发现的问题和发生的各类事故与伤害,能够采取预防措施,防止同类问题重复出现
利用社区党校、文化活动室、图书阅览室、宣传栏等宣教阵地开展居民安全教育培训	建立并充分运用传播安全知识的渠道和载体
各类事故与伤害情况记录及分析	建立事故与伤害记录制度,能够将社区各类伤害尤其是工作场所、消防、交通、社会治安等方面的事故与伤害进行记录
辖区举行大安全主题系列活动情况	加强社区内外交流; 提高全员参与面,使安全社区理念深入人心
村居安全文化建设	推进村居安全文化建设,培育适合村居特色的安全文化,让安全意识扎根在全体村居民心中

三、居家安全促进项目涉及内容

街镇创安办根据对辖区风险诊断结论并结合实际情况,与有关科室、村居共同商量确定居家安全促进项目,如:

推广"楼宇管家"服务安全促进项目;

居家燃气安全促进项目;

回迁居民电梯使用安全促进项目;

防居民楼高处坠物意外伤害安全促进项目;

外来工居住安全促进项目;

"工友部落"安全促进项目;

危房改造安全促进项目;

农村饮用水安全促进项目;

出租屋安全促进项目;

老旧电梯安全促进项目;

搬迁移民居住环境安全促进项目;

预防犬咬伤安全促进项目;

反家庭暴力安全促进项目;

家庭用药安全促进项目;

家庭电器安全使用促进项目;

家政服务员安全培训促进项目等。

第二节 企业如何参与安全社区建设

一、日常安全管理工作

1.工作场所可能存在的安全问题

发动全体员工,对企业厂区、作业车间、工作岗位等场所、全体员工进

行全面的风险诊断,排查各类安全问题,跟踪处理。如下述方面:

(1)危险机器或设备操作安全;

(2)危险化学品作业安全;

(3)特种作业安全;

(4)用电、用气安全;

(5)消防安全;

(6)员工作业过程中安全技能;

(7)员工安全意识;

(8)员工精神状态、身体状况、心理健康等问题;

(9)其他任何时间、地点、工作上的疏忽;

(10)关注常见易发事故的防范,如触电事故、高处坠落事故、坍塌事故、机械事故、物体打击事故、起重伤害事故、中毒窒息事故、火灾事故、爆炸事故、有限空间安全事故等。

【链接】关于危险化学品的定义、目录及管理

《危险化学品安全管理条例》(国务院令第591号) 第三条规定:危险化学品是指具有毒害、腐蚀、爆炸、燃烧、助燃等性质,对人体、设施、环境具有危害的剧毒化学品和其他化学品。

《危险化学品目录》是落实《危险化学品安全管理条例》的重要基础性文件,是企业落实危险化学品安全管理主体责任、相关部门实施监管的重要依据。国家有关部门制定的《危险化学品目录(2015版)》自2015年5月1日起实施,《危险化学品名录》(2002版)、《剧毒化学品目录》(2002年版)同时废止。

根据联合国《全球化学品统一分类和标签制度》(简称GHS),国家制定了化学品危险性分类和标签规范系列标准,确立化学品危险性的分类体系28类、2828种(其中含剧毒化学品条目148种)。

我国对危险化学品的管理实行目录管理制度,列入《目录》的危险化学品将依据国家的有关法律法规采取行政许可等手段进行重点管理。

在硬件设施方面,比如:危险设施或机器是否有安全防护装置;车间抽、换气系统是否完善;搬运设备是否有安全措施;机器或设备用电是否有接地安全装置;是否有专用危险品仓库或防泄漏装置;特殊工作场所作业人员是否佩戴劳保用品;定期检查机器是否漏电、漏油;消防器材是否完善等。

在软件设施方面,比如:危险设施/机器/化学品是否有安全警示标识;危险机台/化学品是否有安全操作规程;危险化学品是否有物质安全资料表;对隐患或事故苗头是否有分析及制订预防措施;是否定期对员工进行安全培训教育等。

2.全面落实企业安全生产主体责任

(1)建立、健全本单位安全生产责任制。

(2)组织制定本单位安全生产规章制度和操作规程。

注意:企业应当跟踪现有安全法规、标准、规范的修订情况,及时识别、获取企业适用的安全生产法规、标准、规范。及时修订现有的安全管理制度、操作规程等。

【链接】企业通用安全生产规章制度参考目录

1.安全生产责任管理制度;

2.安全生产教育管理制度;

3.安全生产日常检查制度;

4.生产安全事故报告与处理制度;

5.安全生产奖惩制度;

6.安全生产隐患排查制度;

7.新建、改建、扩建工程"三同时"管理制度;

8.劳动合同安全监督管理制度;

9.应急救援与响应制度;

10.女职工劳动保护管理制度;

11.未成年工劳动保护管理制度;

12.安全档案管理制度;

13.车间安全管理制度；

14.班组安全管理制度；

15.安全生产费用制度；

16.安全防护装置管理制度；

17.设备安全管理制度；

18.特种作业安全管理制度；

19.特种设备安全管理制度；

20.消防安全管理制度；

21.节假日值班管理制度；

22.危险化学品安全管理制度；

23.危险源识别、风险评价和控制管理制度；

24.职业危害因素防治设备设施管理制度；

25.职业健康监护和职业病管理制度；

26.相关方安全管理制度；

27.易燃易爆场所安全管理制度；

28.电气安全管理制度；

29.临时线路安全管理制度；

30.危险作业审批管理制度；

31.劳动防护用品管理制度；

32.作业环境安全管理制度；

33.安全文化建设制度；

34.车辆安全管理制度。

（3）组织制定并实施本单位安全生产教育和培训计划。

对一般企业各类人员的培训要求：

企业负责人：参加安监部门组织的安全管理培训考核，取得《生产经营单位负责人安全管理资格证》。

安全管理人员：参加安监部门组织的安全管理培训考核，取得《广东省初级安全主任证》或《广东省中级安全主任证》或《国家注册安全工程师证》。

班组长：参加企业组织的培训考核，取得《企业班组长安全管理合格证》。

一般员工：参加企业组织的培训考核，取得《企业员工培训合格证》（统称全员培训）。

特种作业人员：参加安监或有关部门组织的特种作业培训，经培训考核取得《特种作业操作证》。特种作业人员在进行作业时，必须随身携带特种作业操作证。

注意：企业应当将安全法规、标准、规范的要求，通过专题会议、安全例会、专题培训等形式，及时对企业员工进行宣传、培训、教育，确保全体员工熟悉、掌握国家、省、市、区(县)的最新要求，将员工培训成为本职工作岗位上的事故隐患排查行家里手。

(4)保证本单位安全生产投入的有效实施。

(5)落实本单位作业现场安全管理、事故隐患排查整改。

(6)制定并实施本单位的生产安全事故应急救援预案。

(7)安全生产标准化建设。

(8)职业健康建设。

(9)企业安全文化建设等。

【链接】常见特种作业目录(节选自国家安全监管总局 2010 年 7 月 1 日公布的目录)

1 电工作业

指对电气设备进行运行、维护、安装、检修、改造、施工、调试等作业(不含电力系统进网作业)。

1.1 高压电工作业

指对 1 千伏(kV)及以上的高压电气设备进行运行、维护、安装、检修、改造、施工、调试、试验及绝缘工、器具进行试验的作业。

1.2 低压电工作业

指对 1 千伏(kV)以下的低压电器设备进行安装、调试、运行操作、维护、检修、改造施工和试验的作业。

1.3　防爆电气作业

指对各种防爆电气设备进行安装、检修、维护的作业。

适用于除煤矿井下以外的防爆电气作业。

2　焊接与热切割作业

指运用焊接或者热切割方法对材料进行加工的作业(不含《特种设备安全监察条例》规定的有关作业)。

2.1　熔化焊接与热切割作业

指使用局部加热的方法将连接处的金属或其他材料加热至熔化状态而完成焊接与切割的作业。

适用于气焊与气割、焊条电弧焊与碳弧气刨、埋弧焊、气体保护焊、等离子弧焊、电渣焊、电子束焊、激光焊、氧熔剂切割、激光切割、等离子切割等作业。

2.2　压力焊作业

指利用焊接时施加一定压力而完成的焊接作业。

适用于电阻焊、气压焊、爆炸焊、摩擦焊、冷压焊、超声波焊、锻焊等作业。

2.3　钎焊作业

指使用比母材熔点低的材料作钎料，将焊件和钎料加热到高于钎料熔点，但低于母材熔点的温度，利用液态钎料润湿母材，填充接头间隙并与母材相互扩散而实现连接焊件的作业。

适用于火焰钎焊作业、电阻钎焊作业、感应钎焊作业、浸渍钎焊作业、炉中钎焊作业，不包括烙铁钎焊作业。

3　高处作业

指专门或经常在坠落高度基准面2米及以上有可能坠落的高处进行的作业。

3.1　登高架设作业

指在高处从事脚手架、跨越架架设或拆除的作业。

3.2 高处安装、维护、拆除作业

指在高处从事安装、维护、拆除的作业。

适用于利用专用设备进行建筑物内外装饰、清洁、装修,电力、电信等线路架设,高处管道架设,小型空调高处安装、维修,各种设备设施与户外广告设施的安装、检修、维护以及在高处从事建筑物、设备设施拆除作业。

4 制冷与空调作业

指对大中型制冷与空调设备运行操作、安装与修理的作业。

4.1 制冷与空调设备运行操作作业

指对各类生产经营企业和事业等单位的大中型制冷与空调设备运行操作的作业。

适用于化工类(石化、化工、天然气液化、工艺性空调)生产企业,机械类(冷加工、冷处理、工艺性空调)生产企业,食品类(酿造、饮料、速冻或冷冻调理食品、工艺性空调)生产企业,农副产品加工类(屠宰及肉食品加工、水产加工、果蔬加工)生产企业,仓储类(冷库、速冻加工、制冰)生产经营企业,运输类(冷藏运输)经营企业,服务类(电信机房、体育场馆、建筑的集中空调)经营企业和事业等单位的大中型制冷与空调设备运行操作作业。

4.2 制冷与空调设备安装修理作业

指对4.1所指制冷与空调设备整机、部件及相关系统进行安装、调试与维修的作业。

5 冶金(有色)生产安全作业

5.1 煤气作业

指冶金、有色企业内从事煤气生产、储存、输送、使用、维护检修的作业。

6 危险化学品安全作业

指从事危险化工工艺过程操作及化工自动化控制仪表安装、维修、维护的作业。

6.1 氯碱电解工艺作业

指氯化钠和氯化钾电解、液氯储存和充装岗位的作业。

适用于氯化钠（食盐）水溶液电解生产氯气、氢氧化钠、氢气，氯化钾水溶液电解生产氯气、氢氧化钾、氢气等工艺过程的操作作业。

7.1 氯化工艺作业

指液氯储存、气化和氯化反应岗位的作业。

适用于取代氯化，加成氯化，氧氯化等工艺过程的操作作业。

7.2 化工自动化控制仪表作业

指化工自动化控制仪表系统安装、维修、维护的作业。

8 烟花爆竹安全作业

指从事烟花爆竹生产、储存中的药物混合、造粒、筛选、装药、筑药、压药、搬运等危险工序的作业。

8.5 烟花爆竹储存作业

指从事烟花爆竹仓库保管、守护、搬运等作业。

【链接】关于安全隐患

根据《安全生产事故隐患排查治理暂行规定》（国家安全监管总局令第16号）第三条，安全生产事故隐患（以下简称事故隐患），是指生产经营单位违反安全生产法律、法规、规章、标准、规程和安全生产管理制度的规定，或者因其他因素在生产经营活动中存在可能导致事故发生的物的危险状态、人的不安全行为和管理上的缺陷。

事故隐患分为一般事故隐患和重大事故隐患。一般事故隐患，是指危害和整改难度较小，发现后能够立即整改排除的隐患。重大事故隐患，是指危害和整改难度较大，应当全部或者局部停产停业，并经过一定时间整改治理方能排除的隐患，或者因外部因素影响致使生产经营单位自身难以排除的隐患。

事故隐患通常具有如下特点：

1.隐蔽性。隐患是潜藏的祸患,是埋藏在生产过程中的隐形炸弹、定时炸弹;

2.危险性。工作中的任何一个小隐患均可能引起大事故;

3.突发性。任何事情都存在量变到质变、渐变到突变的过程;

4.因果性。隐患是事故发生的先兆,而事故则是隐患存在和发展的必然结果;

5.连续性。往往一种隐患掩盖另一种隐患、一种隐患与其他隐患相联系而存在;

6.重复性。没有任何事情是一劳永逸的,隐患治理需要长久地坚持;

7.意外性。有些隐患超出当时的认识范围,具有一定的巧合性;

8.时效性。从隐患发现到消除的过程中,如果讲究时效,是能避免隐患演变成事故的;

9.特殊性。不同行业、企业、岗位,隐患的表现形式和变换过程千差万别;

10.季节性。某些隐患有明显的季节性特点,随季节的变化而变化。

【链接】企业安全生产培训教育的内容及形式

(一)安全生产培训教育主要内容

(1)安全法规、标准和规范;

(2)工伤保险法规、政策;

(3)安全管理专业知识;

(4)安全生产基本知识;

(5)事故防范与应急救援演练、措施;

(6)重大危险源管理和应急救援预案编制;

(7)伤亡事故和职业病统计、报告及调查处理方法;

(8)事故现场勘验技术及应急处理措施;

(9)本企业安全生产状况和安全生产规章制度;

(10)劳动纪律；

(11)岗位安全操作规程；

(12)作业场所和工作岗位存在的危险因素、防范措施及事故应急措施；

(13)生产设备、安全装置、劳动防护用品(用具)的性能及正确使用方法；

(14)国内外安全管理经验；

(15)事故案例；

(16)安全生产的新技术、新知识；

(17)新工艺、新技术或使用新设备、新材料安全知识。

(二)新员工安全培训教育主要内容

三级安全培训教育是企业安全培训教育的基础,是指对新入厂员工开展的入厂教育、车间教育、班组教育。岗前培养时间不得少于24学时。

1.厂级教育

新员工入厂后,首先进行厂级教育。厂级教育由厂安全主管部门负责。

厂级教育主要内容：

(1)本企业概况及主要工艺流程；

(2)国家安全生产法规、标准、规范；

(3)本企业劳动安全卫生规章制度、劳动纪律和有关事故案例；

(4)厂区主要危险场所、设备及其安全防护事项；

(5)新员工的安全心理教育；

(6)机械、电气、起重、运输等安全技术知识；

(7)防火防爆知识；

(8)防尘防毒知识；

(9)安全防护装置和个人防护用品的正确使用；

(10)新员工的安全生产责任制。

厂级教育结束后,应进行考试,成绩合格者才能分配到车间。

考试应由工厂安全主管部门负责。

2.车间教育

车间教育由车间主任或者负责安全工作的副主任负责。

车间教育主要内容：

(1)本车间的生产性质和主要工艺流程；

(2)本车间预防工伤事故和职业病的主要措施；

(3)本车间的危险部位及注意事项；

(4)本车间安全生产状况及注意事项；

(5)本车间的典型事故案例；

(6)新员工的安全生产职责和遵章守纪的重要性。

车间教育结束以后，才能将新员工分配到班组。新员工如果未进行车间级安全教育，车间主任有权拒绝接收。

3.班组教育

班组教育由班组长负责。

班组教育主要内容：

(1)班组的工作性质、工艺流程、安全生产的概况和安全生产职责范围；

(2)新员工将要从事的工作性质、安全生产责任、安全操作规程及其他安全知识和各种安全防护、保险装置的作用；

(3)工作场所安全生产的有关要求；

(4)易发生工伤事故的工作地点、操作步骤和典型事故案例；

(5)个人防护用品的正确使用和保管；

(6)事故发生后的紧急救护和自救常识；

(7)工厂、车间内常见的安全标志、安全色；

(8)遵章守纪的重要性和必要性。

(三)企业安全生产培训教育主要形式

(1)组织专门的安全生产培训教育班(包括脱产、半脱产和利用业余时间进行培训，开展安全生产的职业培训教育等)；

（2）班前班后交代安全注意事项，讲评安全生产情况；

（3）施工和检修前进行安全技术措施交底；

（4）各级负责人和安全生产管理人员进行现场安全宣传教育，督促安全法规、标准及制度的贯彻执行；

（5）组织安全生产技术知识讲座、竞赛；

（6）召开生产安全事故分析会，分析事故发生的原因、责任、教训等，进行实例教育；

（7）组织安全技术交流、安全生产知识展览，张贴宣传画、标语，设置警示标志，利用广播、电影、录像等方式进行安全生产培训教育；

（8）安全管理部门召开安全例会、专题会、表彰会、座谈会或采用安全信息、简报通报等形式总结、评比安全生产工作，达到教育的目的。

【链接】《企业安全生产风险公告六条规定》（国家安全监管总局令第70号，自2014年12月10日起施行）

一、必须在企业醒目位置设置公告栏，在存在安全生产风险的岗位设置告知卡，分别标明本企业、本岗位主要危险危害因素、后果、事故预防及应急措施、报告电话等内容。

二、必须在重大危险源、存在严重职业病危害的场所设置明显标志，标明风险内容、危险程度、安全距离、防控办法、应急措施等内容。

三、必须在有重大事故隐患和较大危险的场所和设施设备上设置明显标志，标明治理责任、期限及应急措施。

四、必须在工作岗位标明安全操作要点。

五、必须及时向员工公开安全生产行政处罚决定、执行情况和整改结果。

六、必须及时更新安全生产风险公告内容，建立档案。

【链接】《严防企业粉尘爆炸五条规定》(国家安全监管总局令第 68号,自 2014 年 8 月 15 日起施行)

一、必须确保作业场所符合标准规范要求,严禁设置在违规多层房、安全间距不达标厂房和居民区内。

二、必须按标准规范设计、安装、使用和维护通风除尘系统,每班按规定检测和规范清理粉尘,在除尘系统停运期间和粉尘超标时严禁作业,并停产撤人。

三、必须按规范使用防爆电气设备,落实防雷、防静电等措施,保证设备设施接地,严禁作业场所存在各类明火和违规使用作业工具。

四、必须配备铝镁等金属粉尘生产、收集、贮存的防水防潮设施,严禁粉尘遇湿自燃。

五、必须严格执行安全操作规程和劳动防护制度,严禁员工培训不合格和不按规定佩戴使用防尘、防静电等劳保用品上岗。

【链接】《化工(危险化学品)企业保障生产安全十条规定》(国家安全监管总局令第 64 号,自 2013 年 9 月 18 日起施行)

一、必须依法设立、证照齐全有效。

二、必须建立健全并严格落实全员安全生产责任制,严格执行领导带班值班制度。

三、必须确保从业人员符合录用条件并培训合格,依法持证上岗。

四、必须严格管控重大危险源,严格变更管理,遇险科学施救。

五、必须按照《危险化学品企业事故隐患排查治理实施导则》要求排查治理隐患。

六、严禁设备设施带病运行和未经审批停用报警联锁系统。

七、严禁可燃和有毒气体泄漏等报警系统处于非正常状态。

八、严禁未经审批进行动火、进入受限空间、高处、吊装、临时用电、动土、检维修、盲板抽堵等作业。

九、严禁违章指挥和强令他人冒险作业。

十、严禁违章作业、脱岗和在岗做与工作无关的事。

【链接】《烟花爆竹企业保障生产安全十条规定》(国家安全监管总局令第 61 号,自 2013 年 7 月 17 日起施行)

一、必须依法设立、证照齐全有效。

二、必须确保防爆、防火、防雷、防静电设施完备。

三、必须确保中转库、药物总库和成品总库满足生产安全需要。

四、必须落实领导值班和职工进出厂登记制度。

五、必须确保全员培训合格和危险工序持证上岗。

六、严禁转包分包、委托加工和违规使用氯酸钾。

七、严禁超范围、超人员、超药量和擅自改变工房用途。

八、严禁高温、雷雨天气生产作业。

九、严禁违规检维修作业和边施工边生产。

十、严禁串岗和无关人员进入厂区。

二、安全社区建设要素对企业的要求

表 7-3　安全社区建设要素对企业的要求

项目内容	体现安全社区建设的相关要素	企业类别
风险诊断	选择并运用适用的方法对社区各类事故与伤害风险进行辨识与分析 根据事故与伤害风险辨识及其评价结果、社区实际情况和社区成员的安全需求,制定事故与伤害预防控制目标,应有明确的、针对重点人群、重点场所、重点问题的安全促进目标	各类企业
专业检查、季节性检查、节假日前后检查	日常一般性检查的基础上,运用适用的方法查思想、查管理、查隐患、差整改,对社区各类事故与伤害风险进行辨识与分析	生产、加工企业
安全投入保障及年度安全资金投入计划和实施情况	对长期和年度的安全社区工作提供支持,有必要的资金投入,保障安全社区建设顺利推进	生产性企业

续表

项目内容	体现安全社区建设的相关要素	企业类别
安全管理制度、相关操作规程建设及管理队伍建设情况	建立健全安全社区建设领导机构和安全促进项目组的工作制度并规定其职责	各类企业
安全例会纪要或决定	建立适用的、符合社区工作惯例的、不同形式的、包含了安全社区建设主要工作和信息的档案	生产性企业
安全隐患、重大安全隐患排查及其整改情况	全面分析容易发生或受到伤害的高危人群、高风险环境和弱势群体并确定重点人群、重点场所、重点问题； 安全促进项目实施效果良好并能够提供相应对比数据或客观证据，并用于持续改进	各类企业
突发事件、各类灾害的应急救援预案的制定、完善及演练	有针对性地组织应急知识宣传、应急技能培训及必要的应急演练，社区成员具有基本的自救互救知识和应急避险能力； 针对社区自然灾害、事故灾难、公共卫生事件和社会安全事件等突发事件制定不同层次、具有可操作性的应急预案或应急响应措施； 按标准、要求或预案规定配备了应急设施和器材并保持完好； 建立专职或兼职的应急队伍，有组织、调动和训练的制度体系，能够保证快速、有效地进行应急响应和救援处置	各类企业
安全宣教培训	吸纳和整合能够满足社区需要的安全宣传教育与培训的设施和资源，包括社区内部资源和外部资源； 有符合社区制定的事故与伤害预防计划的宣传教育与培训计划以及相关管理要求	各类企业
各类事故与伤害情况记录及分析	建立事故与伤害记录制度，能够将社区各类伤害尤其是工作场所、消防、交通、社会治安等方面的事故与伤害进行记录	各类企业
有关燃气、电气设备、特种设备定期检查、检测及维修保养情况		生产性企业
厂区交通情况、员工上下班交通安全关注	设置的项目覆盖交通、消防、工作场所、社会治安、居家安全等主要方面。策划的项目能体现社区的特点和重点工作	各类企业

续表

项目内容	体现安全社区建设的相关要素	企业类别
安全标准化建设情况	通过建立安全生产责任制,制定安全管理制度和操作规程,排查治理隐患和监控重大危险源,建立预防机制,规范生产行为,使各生产环节符合有关安全生产法律法规和标准规范的要求,人、机、物、环处于良好的生产状态,并持续改进,不断加强企业安全生产规范化建设	各类企业
职业健康管理制度建设及管理队伍建设情况	体现安全社区建设对事故与伤害预防的要求;建立健全了安全社区建设领导机构和安全促进项目组的工作制度并规定其职责;建立了适用的、符合社区工作惯例的、不同形式的、包含了安全社区建设主要工作和信息的档案;对社区各类风险识别和信息交流、各类安全监测与监督以及社区安全绩效评审或评估工作中发现或反映的问题,采取了有效的整改措施并对整改结果有验证;建立专职或兼职的应急队伍,有组织、调动和训练的制度体系,能够保证快速、有效地进行应急响应和救援处置	
职业卫生档案		
职业病预防与防护		
职业防护设施建设情况		
员工个人防护情况		
职业病应急管理		
职业健康教育培训		
企业安全文化建设	在全员中推进安全文化建设,善于吸纳先进企业的好经验、好做法,培育适合自身企业独具特色的安全文化,让安全意识扎根在全体员工心中	

三、工作场所安全促进项目涉及内容

街镇创安办根据辖区风险诊断结论并结合实际情况,与企业共同商量确定工作场所安全促进项目,如:

安全生产"六规范"安全促进项目;

"一月一题"员工素质提升安全促进项目;

大馒头生产安全促进项目;

建筑工地防高处坠落安全促进项目;

建筑施工安全促进项目;

建筑工地外来务工人员安全管理促进项目;

危化品生产企业安全促进项目；

危化企业生产车间预防静电安全促进项目；

修造船厂突发极端天气预防安全促进项目；

修造船厂建设"安全体感训练平台"促进项目；

修造船厂防物体打击和高处坠落安全促进项目；

修造船厂用气安全促进项目；

防范机械伤害安全促进项目；

提升机械设备安全性能促进项目；

企业标准化建设安全促进项目；

商务楼宇综合安全促进项目；

汽修厂职业健康安全促进项目；

烟花爆竹销售安全促进项目；

餐饮业厨房和餐厅工作人员防止切手安全促进项目；

商场从业人员应急技能培训安全促进项目等。

【链接】叉车安全操作规范

"十慢"：起步慢，转弯慢，下坡慢，会车慢，倒车慢，载重行车慢，人多交叉路口慢，视线不良慢，雨天路滑慢，过桥慢。

"十好"：刹车好，灯光好，喇叭好，驾驶作风好，行人动态观察好，信号标志看好，车辆保养好，操作规程遵守好，安全措施执行好，同事互相团结好。

"八不开车"：上班未检查不开车，人没坐稳不开车，安全带不系不开车，安全设备不良不开车，货物未装好不开车，叉车上载人不开车，车架下站人不开车，超长、超高、超载货物不开车。

【链接】工作场所应注意的细节

被旋转设备夹住；

被带电的系统电倒；

被物体撞到或撞到物体上；

不当使用电动工具；

接触到高温的物体或材料；

接触到腐蚀性材料；

被尖利的物体碰到或撞击；

不良的卫生习惯；

包扎伤口方法不当；

手或身体的位置不当；

未按规定佩戴劳动防护用品。

四、中小企业安全通病

(1)安全警示标识缺乏；

(2)安全管理制度不健全；

(3)员工安全教育培训不到位；

(4)特种作业人员无证操作；

(5)工作岗位临边防护不足；

(6)仓储企业"五距"问题突出；

【链接】"五距"是指《仓库防火安全管理规则》中第十八条规定：库存物品应当分类、分垛储存，每垛占地面积不宜大于100平方米，垛与垛间距不小于1米，垛与墙间距不小于0.5米，垛与梁、柱间距不小于0.3米，主要通道的宽度不小于2米。

(7)电气安全隐患多,比如电线穿墙、拖地不套管、电箱无防漏电装置、无防护盖,氧气、乙炔瓶无防倾倒装置、瓶与瓶之间安全距离不足5m；

(8)使用危化品的企业,对危化品的存放管理不规范、违规存放少量危化品等,常见的如油漆、天拿水；

(9)厂内、车间安全通道堵塞；

(10)设备、设施无操作指引、操作规程,或者有但未悬挂在岗位、设备旁；

（11）工作车间分区不清，场地混乱未划线；

（12）涉粉尘企业工作场所粉尘多，粉尘未及时清理、打扫；

（13）劳动防护用品未佩带或不正确佩戴，常见现象如有噪声作业未戴耳罩、有金属尘屑的作业未戴护目镜；

（14）对职业健康不重视，涉职业危害因素的员工不做体检，员工无职业危害因素防护常识，员工不知道工作岗位的职业危害因素；

（15）生产设备工艺落后（比如某钢管公司仍采用20世纪50年代的设备，某合金公司仍采用土法制作工艺）；

（16）将生产经营场所、设备发包、出租给不具备安全生产条件或相应资质的单位或个人；

（17）现场安全管理缺失，如吊装作业等现场未安排专门的安全管理人员进行管理；

（18）存在"三违"情况（违章指挥、违章作业、违反劳动纪律）。

五、劳动密集型企业消防安全管理

此类企业点多面广，大量集中于城乡接合部和村镇。

1.主要问题

（1）消防安全管理混乱；

（2）违规使用易燃可燃材料；

（3）违章用火、用电、用气；

（4）消防设施缺失；

（5）疏散通道不畅；

（6）消防安全培训和应急演练不到位等。

2.检查重点

劳动密集型企业集中区域应重点检查消防安全布局、消防水源、消防车通道等公共消防设施建设是否符合消防安全要求；是否建有专职消防队或志愿消防队，是否配备必要的消防装备器材，是否组织开展演练。

具体检查项目如：

（1）企业厂房、库房、员工集体宿舍是否违规采用易燃可燃材料为芯材

的彩钢板搭建,是否违规使用聚氨酯泡沫等易燃可燃材料装修或者作隔热保温层;

(2)采用液氨制冷的企业,氨设备和管道的设置和管理是否符合国家标准;

(3)建筑防火间距、防火防烟分区、消防设施设置是否符合国家标准;

(4)消防设施、器材、消防安全标志是否完好有效,疏散通道、安全出口、消防车通道是否畅通;

(5)电器产品、燃气用具的安装、使用及其线路、管路的设计、敷设、维护保养、检测是否符合技术要求;

(6)是否违规用火、用电、用气、用油;

(7)是否存在违规住人及违规设置住宿与生产储存经营合用场所问题;

(8)是否落实消防安全主体责任、开展防火检查巡查,消防安全"四个能力"建设是否达标;

(9)规模较大的劳动密集型企业是否依法建立专职、志愿消防队。

3.依法整治

(1)对未依法办理消防行政审批手续且存在重大火灾隐患的企业,一律依法责令停产停业;

(2)对建筑消防设施严重损坏、安全出口或疏散通道数量不足、违规采用易燃可燃材料装修、违规搭建彩钢板临时建筑的,一律依法对危险部位或者场所责令立即消除隐患或者予以临时查封;

(3)对违规设置影响逃生和灭火救援障碍物拒不拆除的,一律依法强制拆除;

(4)发现违规住人、违规设置住宿与生产储存经营合用场所的,一律依法立即清理;

(5)对违规电气焊、违规使用明火、违反消防安全规定冒险作业尚不构成犯罪的,一律依法对违法行为人予以拘留;

(6)对劳动密集型企业,一律按照标准设置独立式感烟火灾探测报警器或者简易喷淋,加强技防、物防措施。

【链接】《劳动密集型加工企业安全生产八条规定》(国家安全监管总局令第72号,自2015年2月15日起施行)

一、必须证照齐全,确保厂房符合安全标准和设计规范,严禁违法使用易燃、有毒有害材料。

二、必须确保生产工艺布局按规范设计,严禁安全通道、安全间距违反标准和设计要求。

三、必须按标准选用、安装电气设备设施,规范敷设电气线路,严禁私搭乱接、超负荷运行。

四、必须辨识危险有害因素,规范液氨、燃气、有机溶剂等危险物品使用和管理,严禁泄漏及冒险作业。

五、必须严格执行动火、临时用电、检维修等危险作业审批监控制度,严禁违章指挥、违规作业。

六、必须严格落实从业人员安全教育培训,严禁从业人员未经培训合格上岗和需持证人员无证上岗。

七、必须按规定设置安全警示标识和检测报警等装置,严禁作业场所粉尘、有毒物质等浓度超标。

八、必须配备必要的应急救援设备设施,严禁堵塞、锁闭和占用疏散通道及事故发生后延误报警。

六、"三小"场所消防安全管理

1."三小"场所定义

"三小"场所指小档口、小作坊和小娱乐场所。其中,小档口是经营面积在300平方米以下具有销售、服务性质的商店、营业性的饮食店、汽车摩托车修理店、洗衣店、电器维修店、美容美发店(院)等;小作坊是建筑高度不超过24米,且每层建筑面积在250平方米以下,具有加工、生产、制造性质的场所(含配套的仓库、办公、值班住宿等场所);小娱乐场所是建筑面积在200平方米以下具有休闲娱乐功能的酒吧、茶艺馆、沐足屋、棋牌室(含麻将房)、桌球室、咖啡馆等。

2."三小"场所安全管理规定

(1)场所内不准住人。确需留人值班的,不应超过1人,且应住宿在首层。

(2)不准违规在场所内使用明火。

(3)不准在场所内经营、生产、储存易燃易爆危险化学物品。

(4)50平方米以上的小娱乐场所应有2个安全出口,设置金属栅栏或防盗网且只有1个安全出口的其他经营场所,应在每层便于逃生的部位设置紧急逃生口(尺寸不应小于100厘米×80厘米),紧急逃生口不得上锁,三层以下(含三层)可配备消防逃生软梯,四层以上(含四层)必须设置固定消防逃生梯。

(5)场所内要严格用电安全,不得乱拉乱接电线;电气线路敷设应穿金属套管或阻燃PVC管保护。

(6)场所应安装应急照明灯具和疏散指示标志。

(7)需留人值班的场所应安装独立式火灾报警装置;小娱乐场所应安装简易喷水灭火系统和独立式火灾报警装置。

(8)场所内按每75平方米配置2具2公斤ABC干粉灭火器的要求配置。

(9)落实物业管理规定,明确业主消防职责,落实"谁出租、谁负责""谁使用、谁负责""谁主管、谁负责"原则,确保消防安全。出租方与承租方要签订消防安全责任状,"三小"场所与派出所签订消防安全保证书。

(10)业主或负责人应自觉接受政府职能部门组织的消防安全知识培训。

【链接】防火安全的"三懂、三会、三及时、五同时"。

"三懂":

1.懂得本单位火灾危险性;

2.懂得本岗位预防火灾措施;

3.懂得本岗位火灾扑救方法。

"三会":

1.会报警;

2.会使用消防器材;

3.会扑救初期火灾。

"三及时":

1.及时发现;

2.及时报警;

3.及时扑救。

"五同时":在计划、布置、检查、总结、评比生产的时候,同时计划、布置、检查、总结、评比安全和消防工作。

七、有限空间作业安全

任何密闭空间或部分密闭空间都属于有限空间,指可进入但不可久留,并有有限的进出口的区域。

污水管道、窨井、污水泵站、污水池、炼油池、制浆池、发酵池、垃圾堆放场、粪池等均是密闭空间,在清淤和维修作业时容易发生中毒事故。必须采用正确的施救措施,如:配备防毒面具、使用排风扇等;若无救人措施盲目施救,将导致伤亡扩大。

进行危险作业时,要安排有应急救援知识的现场安全监护人员,并为其配备通信、救援设备。现场安全监护人员负责检查作业人员佩戴防护用具、了解应急预案的情况,提前告知作业人员可能遇到的危险因素、紧急情况下的呼救方式和逃生方式,落实安全监督措施,及时制止不安全行为。

作业过程中,现场安全监护人员不得擅自离岗。当发生硫化氢等有毒气体中毒时,要沉着应对,冷静处理,及时报警,寻求专业救护。

救援者应佩戴专业防护面具实施救援,禁止不具备条件的盲目施救,避免伤亡扩大。

【链接】《有限空间安全作业五条规定》(国家安全监管总局令第69号,自2014年9月29日起施行)

一、必须严格实行作业审批制度,严禁擅自进入有限空间作业。

二、必须做到"先通风、再检测、后作业",严禁通风、检测不合格作业。

三、必须配备个人防中毒窒息等防护装备，设置安全警示标识，严禁无防护监护措施作业。

四、必须对作业人员进行安全培训，严禁教育培训不合格上岗作业。

五、必须制定应急措施，现场配备应急装备，严禁盲目施救。

【链接】企业安全生产标准化基本规范（国家安全生产行业标准 AQ/T 9006-2010）

1　范围

本标准适用于工矿企业开展安全生产标准化工作以及对标准化工作的咨询、服务和评审；其他企业和生产经营单位可参照执行。

有关行业制定安全生产标准化标准应满足本标准的要求；已经制定行业安全生产标准化标准的，优先适用行业安全生产标准化标准。

2　规范性引用文件

下列文件对本标准的应用是必不可少的，其最新版本(包括所有的修订单)适用于本标准。

GB 2894　安全标志及其使用导则

GBZ 158　工作场所职业病危害警示标识

国家安全生产监督管理总局令第 16 号　安全生产事故隐患排查治理暂行规定

3　术语和定义

下列术语和定义适用于本标准。

3.1　安全生产标准化(work safety standardization)

通过建立安全生产责任制，制定安全管理制度和操作规程，排查治理隐患和监控重大危险源，建立预防机制，规范生产行为，使各生产环节符合有关安全生产法律法规和标准规范的要求，人、机、物、环处于良好的生产状态，并持续改进，不断加强企业安全生产规范化建设。

3.2　安全绩效(safety performance)

根据安全生产目标，在安全生产工作方面取得的可测量结果。

3.3 相关方(interested party)

与企业的安全绩效相关联或受其影响的团体或个人。

3.4 资源(resources)

实施安全生产标准化所需的人员、资金、设施、材料、技术和方法等。

4 一般要求

4.1 原则

企业开展安全生产标准化工作,遵循"安全第一、预防为主、综合治理"的方针,以隐患排查治理为基础,提高安全生产水平,减少事故发生,保障人身安全健康,保证生产经营活动的顺利进行。

4.2 建立和保持

企业安全生产标准化工作采用"策划、实施、检查、改进"动态循环的模式,依据本标准的要求,结合自身特点,建立并保持安全生产标准化系统;通过自我检查、自我纠正和自我完善,建立安全绩效持续改进的安全生产长效机制。

4.3 评定和监督

企业安全生产标准化工作实行企业自主评定、外部评审的方式。

企业应当根据本标准和有关评分细则,对本企业开展安全生产标准化工作情况进行评定;自主评定后申请外部评审定级。

安全生产标准化评审分为一级、二级、三级,一级为最高。

安全生产监督管理部门对评审定级进行监督管理。

5 核心要求

5.1 目标

企业根据自身安全生产实际,制定总体和年度安全生产目标。

按照所属基层单位和部门在生产经营中的职能,制定安全生产指标和考核办法。

5.2 组织机构和职责

5.2.1 组织机构

企业应按规定设置安全生产管理机构,配备安全生产管理人员。

5.2.2　职责

企业主要负责人应按照安全生产法律法规赋予的职责，全面负责安全生产工作，并履行安全生产义务。

企业应建立安全生产责任制，明确各级单位、部门和人员的安全生产职责。

5.3　安全生产投入

企业应建立安全生产投入保障制度，完善和改进安全生产条件，按规定提取安全费用，专项用于安全生产，并建立安全费用台账。

5.4　法律法规与安全管理制度

5.4.1　法律法规、标准规范

企业应建立识别和获取适用的安全生产法律法规、标准规范的制度，明确主管部门，确定获取的渠道、方式，及时识别和获取适用的安全生产法律法规、标准规范。

企业各职能部门应及时识别和获取本部门适用的安全生产法律法规、标准规范，并跟踪、掌握有关法律法规、标准规范的修订情况，及时提供给企业内负责识别和获取适用的安全生产法律法规的主管部门汇总。

企业应将适用的安全生产法律法规、标准规范及其他要求及时传达给从业人员。

企业应遵守安全生产法律法规、标准规范，并将相关要求及时转化为本单位的规章制度，贯彻到各项工作中。

5.4.2　规章制度

企业应建立健全安全生产规章制度，并发放到相关工作岗位，规范从业人员的生产作业行为。

安全生产规章制度至少应包含下列内容：安全生产职责、安全生产投入、文件和档案管理、隐患排查与治理、安全教育培训、特种作业人员管理、设备设施安全管理、建设项目安全设施"三同时"管理、生产设备设施验收管理、生产设备设施报废管理、施工和检维修安全管理、危险物品及重大危险源管理、作业安全管理、相关方及外用工管理，职业健康管理、防护用品管理，应急管理，事故管理等。

5.4.3　操作规程

企业应根据生产特点，编制岗位安全操作规程，并发放到相关岗位。

5.4.4　评估

企业应每年至少一次对安全生产法律法规、标准规范、规章制度、操作规程的执行情况进行检查评估。

5.4.5　修订

企业应根据评估情况、安全检查反馈的问题、生产安全事故案例、绩效评定结果等，对安全生产管理规章制度和操作规程进行修订，确保其有效和适用，保证每个岗位所使用的为最新有效版本。

5.4.6　文件和档案管理

企业应严格执行文件和档案管理制度，确保安全规章制度和操作规程编制、使用、评审、修订的效力。

企业应建立主要安全生产过程、事件、活动、检查的安全记录档案，并加强对安全记录的有效管理。

5.5　教育培训

5.5.1　教育培训管理

企业应确定安全教育培训主管部门，按规定及岗位需要，定期识别安全教育培训需求，制定、实施安全教育培训计划，提供相应的资源保证。

应做好安全教育培训记录，建立安全教育培训档案，实施分级管理，并对培训效果进行评估和改进。

5.5.2　安全生产管理人员教育培训

企业的主要负责人和安全生产管理人员，必须具备与本单位所从事的生产经营活动相适应的安全生产知识和管理能力。法律法规要求必须对其安全生产知识和管理能力进行考核的，须经考核合格后方可任职。

5.5.3 操作岗位人员教育培训

企业应对操作岗位人员进行安全教育和生产技能培训,使其熟悉有关的安全生产规章制度和安全操作规程,并确认其能力符合岗位要求。未经安全教育培训,或培训考核不合格的从业人员,不得上岗作业。

新入厂(矿)人员在上岗前必须经过厂(矿)、车间(工段、区、队)、班组三级安全教育培训。

在新工艺、新技术、新材料、新设备设施投入使用前,应对有关操作岗位人员进行专门的安全教育和培训。

操作岗位人员转岗、离岗一年以上重新上岗者,应进行车间(工段)、班组安全教育培训,经考核合格后,方可上岗工作。

从事特种作业的人员应取得特种作业操作资格证书,方可上岗作业。

5.5.4 其他人员教育培训

企业应对相关方的作业人员进行安全教育培训。作业人员进入作业现场前,应由作业现场所在单位对其进行进入现场前的安全教育培训。

企业应对外来参观、学习等人员进行有关安全规定、可能接触到的危害及应急知识的教育和告知。

5.5.5 安全文化建设

企业应通过安全文化建设,促进安全生产工作。

企业应采取多种形式的安全文化活动,引导全体从业人员的安全态度和安全行为,逐步形成为全体员工所认同、共同遵守、带有本单位特点的安全价值观,实现法律和政府监管要求之上的安全自我约束,保障企业安全生产水平持续提高。

5.6 生产设备设施

5.6.1 生产设备设施建设

企业建设项目的所有设备设施应符合有关法律法规、标准规范要求;安全设备设施应与建设项目主体工程同时设计、同时施工、同时投入生产和使用。

企业应按规定对项目建议书、可行性研究、初步设计、总体开工方案、开工前安全条件确认和竣工验收等阶段进行规范管理。

生产设备设施变更应执行变更管理制度,履行变更程序,并对变更的全过程进行隐患控制。

5.6.2 设备设施运行管理

企业应对生产设备设施进行规范化管理,保证其安全运行。

企业应有专人负责管理各种安全设备设施,建立台账,定期检维修。对安全设备设施应制定检维修计划。

设备设施检维修前应制定方案。检维修方案应包含作业行为分析和控制措施。检维修过程中应执行隐患控制措施并进行监督检查。

安全设备设施不得随意拆除、挪用或弃置不用;确因检维修拆除的,应采取临时安全措施,检维修完毕后立即复原。

5.6.3 新设备设施验收及旧设备拆除、报废

设备的设计、制造、安装、使用、检测、维修、改造、拆除和报废,应符合有关法律法规、标准规范的要求。

企业应执行生产设备设施到货验收和报废管理制度,应使用质量合格、设计符合要求的生产设备设施。

拆除的生产设备设施应按规定进行处置。拆除的生产设备设施涉及危险物品的,须制定危险物品处置方案和应急措施,并严格按规定组织实施。

5.7 作业安全

5.7.1 生产现场管理和生产过程控制

企业应加强生产现场安全管理和生产过程的控制。对生产过程及物料、设备设施、器材、通道、作业环境等存在的隐患,应进行分析和控制。对动火作业、受限空间内作业、临时用电作业、高处作业等危险性较高的作业活动实施作业许可管理,严

格履行审批手续。作业许可证应包含危害因素分析和安全措施等内容。

企业进行爆破、吊装等危险作业时,应当安排专人进行现场安全管理,确保安全规程的遵守和安全措施的落实。

5.7.2　作业行为管理

企业应加强生产作业行为的安全管理。对作业行为隐患、设备设施使用隐患、工艺技术隐患等进行分析,采取控制措施。

5.7.3　警示标志

企业应根据作业场所的实际情况,按照GB2894及企业内部规定,在有较大危险因素的作业场所和设备设施上,设置明显的安全警示标志,进行危险提示、警示,告知危险的种类、后果及应急措施等。

企业应在设备设施检维修、施工、吊装等作业现场设置警戒区域和警示标志,在检维修现场的坑、井、洼、沟、陡坡等场所设置围栏和警示标志。

5.7.4　相关方管理

企业应执行承包商、供应商等相关方管理制度,对其资格预审、选择、服务前准备、作业过程、提供的产品、技术服务、表现评估、续用等进行管理。

企业应建立合格相关方的名录和档案,根据服务作业行为定期识别服务行为风险,并采取行之有效的控制措施。

企业应对进入同一作业区的相关方进行统一安全管理。

不得将项目委托给不具备相应资质或条件的相关方。企业和相关方的项目协议应明确规定双方的安全生产责任和义务。

5.7.5　变更

企业应执行变更管理制度,对机构、人员、工艺、技术、设备设施、作业过程及环境等永久性或暂时性的变化进行有计划的控制。变更的实施应履行审批及验收程序,并对变更过程及变更所产生的隐患进行分析和控制。

5.8 隐患排查和治理

5.8.1 隐患排查

企业应组织事故隐患排查工作,对隐患进行分析评估,确定隐患等级,登记建档,及时采取有效的治理措施。

法律法规、标准规范发生变更或有新的公布,以及企业操作条件或工艺改变,新建、改建、扩建项目建设,相关方进入、撤出或改变,对事故、事件或其他信息有新的认识,组织机构发生大的调整的,应及时组织隐患排查。

隐患排查前应制定排查方案,明确排查的目的、范围,选择合适的排查方法。排查方案应依据:

——有关安全生产法律、法规要求;

——设计规范、管理标准、技术标准;

——企业的安全生产目标等。

5.8.2 排查范围与方法

企业隐患排查的范围应包括所有与生产经营相关的场所、环境、人员、设备设施和活动。

企业应根据安全生产的需要和特点,采用综合检查、专业检查、季节性检查、节假日检查、日常检查等方式进行隐患排查。

5.8.3 隐患治理

企业应根据隐患排查的结果,制定隐患治理方案,对隐患及时进行治理。

隐患治理方案应包括目标和任务、方法和措施、经费和物资、机构和人员、时限和要求。重大事故隐患在治理前应采取临时控制措施并制定应急预案。

隐患治理措施包括:工程技术措施、管理措施、教育措施、防护措施和应急措施。

治理完成后,应对治理情况进行验证和效果评估。

5.8.4 预测预警

企业应根据生产经营状况及隐患排查治理情况,运用定量的安全生产预测预警技术,建立体现企业安全生产状况及发展趋势的预警指数系统。

5.9 重大危险源监控

5.9.1 辨识与评估

企业应依据有关标准对本单位的危险设施或场所进行重大危险源辨识与安全评估。

5.9.2 登记建档与备案

企业应当对确认的重大危险源及时登记建档,并按规定备案。

5.9.3 监控与管理

企业应建立健全重大危险源安全管理制度,制定重大危险源安全管理技术措施。

5.10 职业健康

5.10.1 职业健康管理

企业应按照法律法规、标准规范的要求,为从业人员提供符合职业健康要求的工作环境和条件,配备与职业健康保护相适应的设施、工具。

企业应定期对作业场所职业危害进行检测,在检测点设置标识牌予以告知,并将检测结果存入职业健康档案。

对可能发生急性职业危害的有毒、有害工作场所,应设置报警装置,制定应急预案,配置现场急救用品、设备,设置应急撤离通道和必要的泄险区。

各种防护器具应定点存放在安全、便于取用的地方,并有专人负责保管,定期校验和维护。

企业应对现场急救用品、设备和防护用品进行经常性的检维修,定期检测其性能,确保其处于正常状态。

5.10.2 职业危害告知和警示

企业与从业人员订立劳动合同时,应将工作过程中可能产生的职业危害及其后果和防护措施如实告知从业人员,并在劳动合同中写明。

企业应采用有效的方式对从业人员及相关方进行宣传,使其了解生产过程中的职业危害、预防和应急处理措施,降低或消除危害后果。

对存在严重职业危害的作业岗位,应按照 GBZ 158 要求设置警示标识和警示说明。警示说明应载明职业危害的种类、后果、预防和应急救治措施。

5.10.3 职业危害申报

企业应按规定,及时、如实向当地主管部门申报生产过程存在的职业危害因素,并依法接受其监督。

5.11 应急救援

5.11.1 应急机构和队伍

企业应按规定建立安全生产应急管理机构或指定专人负责安全生产应急管理工作。

企业应建立与本单位安全生产特点相适应的专兼职应急救援队伍,或指定专兼职应急救援人员,并组织训练;无需建立应急救援队伍的,可与附近具备专业资质的应急救援队伍签订服务协议。

5.11.2 应急预案

企业应按规定制定生产安全事故应急预案,并针对重点作业岗位制定应急处置方案或措施,形成安全生产应急预案体系。

应急预案应根据有关规定报当地主管部门备案,并通报有关应急协作单位。

应急预案应定期评审,并根据评审结果或实际情况的变化进行修订和完善。

5.11.3 应急设施、装备、物资

企业应按规定建立应急设施,配备应急装备,储备应急物资,并进行经常性的检查、维护、保养,确保其完好、可靠。

5.11.4 应急演练

企业应组织生产安全事故应急演练,并对演练效果进行评估。根据评估结果,修订、完善应急预案,改进应急管理工作。

5.11.5　事故救援

企业发生事故后,应立即启动相关应急预案,积极开展事故救援。

5.12　事故报告、调查和处理

5.12.1　事故报告

企业发生事故后,应按规定及时向上级单位、政府有关部门报告,并妥善保护事故现场及有关证据。必要时向相关单位和人员通报。

5.12.2　事故调查和处理

企业发生事故后,应按规定成立事故调查组,明确其职责与权限,进行事故调查或配合上级部门的事故调查。

事故调查应查明事故发生的时间、经过、原因、人员伤亡情况及直接经济损失等。

事故调查组应根据有关证据、资料,分析事故的直接、间接原因和事故责任,提出整改措施和处理建议,编制事故调查报告。

5.13　绩效评定和持续改进

5.13.1　绩效评定

企业应每年至少一次对本单位安全生产标准化的实施情况进行评定,验证各项安全生产制度措施的适宜性、充分性和有效性,检查安全生产工作目标、指标的完成情况。

企业主要负责人应对绩效评定工作全面负责。评定工作应形成正式文件,并将结果向所有部门、所属单位和从业人员通报,作为年度考评的重要依据。

企业发生死亡事故后应重新进行评定。

5.13.2　持续改进

企业应根据安全生产标准化的评定结果和安全生产预警指数系统所反映的趋势,对安全生产目标、指标、规章制度、操作规程等进行修改完善,持续改进,不断提高安全绩效。

第三节 学校(幼儿园)如何参与安全社区建设

一、日常安全管理工作

对学校类的安全干预,各街镇应当针对学校的类型、学生的特点展开,如大学、高中、初中、小学等层次是不一样的,住宿生与走读生的日常安全管理有所不同。以下仅考虑一般的学校情况进行归纳分析,阅读时切忌生搬硬套,而应当消化吸收,把握要点及精髓。

1.安全制度

安全责任制、安全宣传培训教育制度、安全检查制度、安全事故报告制度、安全应急预案等。

2.安全教育

将安全法规及安全常识教育纳入教学计划,开展系统的防溺水、防交通事故、防触电、防食物中毒、防疾病、防体育运动伤害、防火、防盗、防骗、防燃气中毒等安全知识和技能教育,使师生掌握安全防护知识及自护自救技能。

公共活动场所醒目位置和特殊部位挂置或张贴安全宣传标语、条幅、宣传画等以及利用广播、宣传栏、校园网站、校内电视台等宣传安全常识。在图书室、阅览室、团队活动室和校史展览室等设置安全宣传角,对学生进行潜移默化的安全教育。

定期举办突发事件及各类灾害安全教育、健康知识和预防流行病、传染病等专题讲座。

定期举办医务人员、食品从业人员、保安等安全卫生法规及业务知识培训。

近年来中小学生自杀、杀人事件频频发生,应当关注学生的心理健康问题。

关注暑期溺水安全。据瑞典救生组织的统计数据,全世界每年溺水死亡人数达 30 万人,其中 7 月份是溺水事故的多发期。

开设安全卫生教育课,以班为单位建立伤害登记报告制度,学生人手一册《预防青少年意外伤害指引》,定期编印《预防中小学意外伤害工作简报》,定期召开校医和保健教师工作汇报会,分析存在的各类伤害问题,拟定对策。

【链接】幼儿早上入园时的"一问、二看、三摸、四查"

一问:问幼儿在家饮食、睡眠、大小便、有无不舒服情况;

二看:看幼儿精神状态、五官、皮肤等有无异常;

三摸:摸幼儿有无发烧;

四查:查幼儿是否携带危险品、零食等上幼儿园。

3.校园安全/校园暴力事件

如门卫室安全工作管理,对外来人员(访客)管理,学生进出管理。

值班、带班制度,学生宿舍、食堂等人员密集区域巡逻责任制。

应急演练及突发事件处置。

定期排查校园隐患,确保校园场所的安全,如教学楼的护栏应达到 1.1 米以上的高度;地面防滑安全,如教学楼楼道不宜使用抛光地砖;电梯安全等。

关注校园暴力事件,如学校安全保卫制度不健全、防范措施不得力,学生受到校外不法之徒的侵害;学生哥们义气拉帮结伙;为小事摩擦使用武力;盲目消费导致偷盗;不良交往拉人下水;少数教师的体罚行为等。

4.卫生安全

专人负责,天天检查。

学校医务室专兼职保健人员均持证上岗。卫生保健室有安全管理制度,规范药品购进、验收、保管和使用等环节,制订突发事件应急预案。

5.食堂及食品安全

做到让学生、幼儿吃得好、吃得健康,严把食品材料采购、搭配、加工、用餐等环节。

注意厨房用电、用气安全,完善后勤工作人员的体检、工作制度规范等。

【链接】食品卫生"五四"制

1.由原料到成品实行"四不制度"：采购员不买腐烂变质的原料；保管验收员不收腐烂变质的原料；加工人员(厨师)不用腐烂变质的原料；营业员(服务员)不卖腐烂变质的食品。

2.成品(食物)存放实行"四隔离"：生与熟隔离；成品与半成品隔离；食品与杂品隔离；食品与天然冰隔离。

3.用(食)具实行"四过关"：一洗、二刷、三冲、四消毒(蒸气或开水)。

4.环境卫生采取"四定"办法：定人、定物、定时间、定质量。划片分工，包干负责。

5.个人卫生做到"四勤"：勤洗手剪指甲；勤洗澡理发；勤洗衣服、被褥；勤换工作服。

【链接】预防食物中毒十原则

引起动物植物性食物中毒的因素：河鱼、毒蘑菇、未煮熟四季豆、未煮熟豆浆、马桑果、桐油果、野槟榔、蓖麻子、有毒草药以及被有毒物质污染的动物植物等。

导致食物中毒的因素：在进食以前很久就制作了食品；制作的食品保管不当；制作食品加热不彻底；交叉污染；感染者接触食品。

1.选择经过安全处理的食品；

2.彻底烹调食品；

3.立即食用做熟的食品；

4.精心储存熟食；

5.彻底再加热熟食；

6.避免生食与熟食接触；

7.反复洗手；

8.必须精心保持厨房所有表面的清洁；

9.避免蟑螂、鼠类及其他动物接触食物；

10.使用符合卫生要求的水。

6.消防安全

学校与班主任、住校生管理教师签订安全责任书。

在年度"全国中小学生安全教育日(周)"、"全国安全生产月"、"11·9"消防安全月、法制宣传周等特定时间节点(具体可参阅本书第五章有关内容),针对学校实际、特点,对师生员工开展消防安全宣传教育。

将消防安全知识纳入教学计划中,利用主题班会、队会和升旗仪式对师生进行消防常识教育,增强其处理火灾突发事故的应变能力和自救能力。

定期组织防火检查,及时消除火灾隐患。

按照有关规定配置消防设施和器材、消防安全标志和疏散应急照明装置,定期检查配用电设备、供电线路、消防设施、安全疏散通道等重点部位,确保消防设施和器材完好、有效,保障疏散通道、安全出口畅通。

7.教学安全

日常上课、体育活动、集会、社会实践活动时要采取有效措施,防止发生拥挤踩踏事故,确保安全。

实验课所用药品、器材要确保安全有效。杜绝过期变质及存在安全隐患的药品、器材进入课堂。

上体育课前对学生进行安全教育,体育设施和器械符合标准、无安全隐患。小学要建立低年级学生上下学时接送的交接制度。

杜绝聘用有犯罪史的人或有精神病史的人在学校任职。

尊重学生人格,杜绝教师侮辱、殴打、体罚或变相体罚学生现象。

8.交通安全

培养学生的交通安全意识、自觉遵守交通规则的良好习惯。

与交警部门联系与协调,完善校园周边交通信号灯、指示牌、斑马线等设施,维护好校门口交通秩序。

对使用不同交通工具上下学的学生,开展有针对性的交通安全教育。

如对乘车学生的教育:不抢上、不抢下;等车停稳以后才能上下车;上下车时不能使用跳跃动作;要小心不被车门钩住衣服或书包;乘车时,头、手或身体的任何部位不能伸出车窗外,不能向车窗外扔东西。

如对骑自行车学生的教育:要严格遵守交通规则,不得在机动车道上骑车;不能闯红灯;不要几个人并排骑行;自行车不准搭人。

如对步行学生的教育:提醒他们特别注意经过十字路口和横穿道路时的交通情况。学校可组织顺路学生组成上下学的路队,设立路队长,互相帮助、互相照应。

学校、班级应重点留意那些有特殊情况和特殊路线的学生,及时和他们的家庭取得联系,确保一旦出现异常情况能立即采取应对措施。

【链接】《道路交通安全法实施条例》第七十二条

(一)驾驶自行车、三轮车必须年满12周岁;

(二)驾驶电动自行车和残疾人机动轮椅车必须年满16周岁。

9.校车安全

明确驾驶员、跟车教师安全工作职责,落实安全责任制、培养安全责任心,严格落实校车"六定"管理。

制定校车安全行车规定和校车例行保养维修规定,定期对校车进行安全检查。

加强学生乘车安全教育,发放温馨安全提示卡。

【链接】校车"六定"管理模式

校车"六定"管理模式是指:定人(固定驾驶员、随车管理教师)、定车(固定班次)、定座位(固定学生座位)、定检(定时对校车检测维护)、定路线(固定接送线路)、定时间(固定接送时间)。

【链接】学校道路交通安全日常检查要点

1.是否设有机构开展交通安全知识宣传教育工作,有专门人员和学校领导负责,并有主题教室开展活动。交通安全教育管理评比和奖惩制度是否明确,工作人员职责任务分工清晰。校内是否设置固定交通安全宣传栏,内容定期更新。

2.是否聘请辖区交警大队、中队民警为辅导员,协助开展交通安全宣传教育活动,并每学期不少于两次邀请民警来校讲课。每学期组织一次本校师生交通安全情况总结会。

3.是否每年级有一名教师担任交通安全教育辅导员,每学期组织一次交通安全"流动红旗"先进班级和先进个人评比。

4.是否成立学生交通安全队(或少年交警队),配合交警部门落实交通违法行为学生抄告制度,并定期举行交通安全宣传教育活动或交通劝导活动。

5.学生对基本的交通常识熟知熟记率达是否达到95%;每学期是否组织学生进行一次交通安全知识考试。

6.校车证件是否齐全、按期年检审,小学、幼儿园校车是否符合国家专用校车安全技术条件,校车和驾驶人及车辆管理是否符合《校车安全管理条例》要求。校车驾驶人是否符合规定条件,每学期至少接受一次安全教育。校车是否均按要求安装卫星定位行驶记录仪,并统一接入当地政府监控平台和全省教育系统监控平台。

7.是否安排专人在学生上学、放学期间负责指挥校园周边车辆的停放,护送学生过马路;是否积极协助交警部门做好校园周边交通秩序的管理。

8.是否发生过涉及在校学生和教职员工主要责任以上的交通事故。

10.周边环境安全

学校值班室应设立相关执法部门的报警电话,发现网吧违规经营、校园周边乱设摊点,出售色情书刊、音像制品,学校门前乱停乱放车辆,有人在校门口向学生出售食品以及有人进入校园寻事闹事时,应及时报告执法部门,消除校园周边各种安全隐患。

对学校矛盾纠纷、群众和家长来访及突出问题快速反应,及时疏导,将矛盾纠纷化解在萌芽状态。

加强与公安部门的联系与协调,加强学校周边巡逻控制和治安管理,严厉打击校园周边的流氓团伙、黑恶势力以及侵害师生人身财产安全的各类违法犯罪活动。

通过家长学校、主题班会、校园广播、板报等形式,向家长和学生开展远离网吧、远离毒品以及交通安全、饮食安全教育,提高自我保护能力,促进青少年学生身心健康成长。

11.运动安全

做到快乐运动、安全运动。

关注场地、护具、设施等安全。

运动时要做到:

(1)怀疑自己受伤时应立即停止运动。继续运动可能使脑震荡病情加重,甚至死亡。

(2)主动告诉家长、教练、医生或教师,自己可能出现脑震荡,请求帮助判断病情。

(3)安静坐下,及时休息有助恢复,直到医生允许继续运动为止。如果未完全恢复就继续运动,可能会加重伤害。

【链接】关于脑震荡

(1)脑震荡是一种大脑损伤,通常因身体或大脑受到撞击而产生;(2)脑震荡可能对思考能力、身体其他功能产生短暂影响,如乏力、头痛或眩晕;(3)如果碰撞后发生呕吐,必须及时就医。

【链接】 在2008年5·12四川汶川特大地震发生后的短短1分36秒之内,桑枣中学的2300名师生,在1分36秒内,有条不紊地紧急疏散,无一伤亡,安全转移,创造了"零伤亡"奇迹。

奇迹般的这一切,都和这所学校的校长叶志平有关。而创造奇迹的是叶志平的观念。

他曾说:"对一个学校来说,一个娃娃是千分之一,可对他们的父母就是百分之百!""我梦想中的学校,首先是一个安全的学校,是一个以教学质量为生命的学校。"

从1997年起,叶志平校长多次将学校一栋没有验收的教学楼加固。2005年起,每学期在全校组织一次紧急疏散演习。

二、安全社区建设要素对校园安全的要求

表7-4　对学校安全的要求

项目内容	体现安全社区建设的相关要素
学校安全风险诊断	以危险源辨识、风险评估为核心,目的是风险可控。分析易发生或受到伤害的高危人群、高风险环境和弱势群体并确定重点人群、重点场所、重点问题
学校安全组织体系	成立创建领导机构和执行机构,明确组成人员,有清晰的组织架构图;各机构的人员构成体现广泛的跨界、跨部门特点
校园安全值班巡逻工作	应急组织机构设置、队伍的建立及工作制度。如队伍人数、人员技能以及队伍组织、调动和训练相关制度等情况
校园安全制度建设	建立并完善领导机构和执行机构相关工作制度及实施;描述创建领导机构和执行机构职责,职责界定合理
教学活动安全	有相应安全工作目标、计划及干预措施
学生健康档案建设	制定安全社区创建档案的管理办法,明确档案的使用、发放、保存和处置要求; 档案的保存、管理符合社区实际,满足各单位和部门工作需要
卫生安全建设	有必要的资金投入、有人员的参与。初期要辨识,中期要监测,后期要评审
食堂食品安全	针对已发现的问题和发生的各类事故与伤害,能够采取预防措施,防止同类事件再次发生
学校交通安全监测	采取的促进措施针对性比较强。有促进措施实施过程的描述。如实施时间、方式、覆盖范围等。 分析项目的实施效果。能用事故伤害数据、知晓率、满意度前后变化、环境改善情况等客观证据来佐证项目的实施效果。 项目评估中能考虑目标及计划的实现情况
落实安全经费保障	建立并完善资金保障机制,如资金投入的渠道、方式等
学校安全教育及宣传	采取多种形式组织实施对教学成员适用的安全知识和技能的宣传教育与培训工作。实施效果能够满足不同需求与要求,达到预期效果
加强与各有关部门的联系	资源整合

续表

项目内容	体现安全社区建设的相关要素
学校安全隐患的排查治理	采用有效的诊断方法。如安全检查、问卷调查、伤害监测等；诊断方法实施情况。如实施部门、对象、内容和过程等；诊断方法的覆盖范围
校车安全	校园周边道路安全隐患排查；保存事故与伤害信息资料；定期召开会议针对校车事故防范和整改制定对策；运用多媒体等载体加强交通安全宣传；定期对校车进行检查维护
学校安全应急预案及演练情况	描述校内潜在重大突发事件类型及可能后果，描述学校应急设备设施、避难场所等配备及设置情况。确定重大突发事件类型合理，能体现学校特点
日常安全检查的手段及相关数据	日常安全检查范围全面、具体、到位
消防人员、设施、灭火器材配置情况，火灾情况记录	按标准、要求或预案规定配备应急设施和器材并保持完好
事故与伤害监测、统计	建立事故与伤害记录制度，能够制度化记录学校各类事故与伤害；事故与伤害资料数据真实，能够反映其发生的频次和原因；指定专门工作组或专人负责各类事故与伤害的收集、整理与分析并将结果反馈给相关人员；伤害记录与分析的结果应用于绩效分析、预防与纠正措施及策划安全促进项目等方面
校园安全文化建设	推进校园安全文化建设，培育适合本校特色的安全文化，让安全意识扎根在全体师生心中

表7-5　对幼儿园安全的要求

项目内容	体现安全社区建设的相关要素
幼儿园安全风险诊断	以危险源辨识、风险评估为核心，目的是风险可控。分析易发生或受到伤害的高危人群、高风险环境和弱势群体并确定重点人群、重点场所、重点问题
事故与伤害监测、统计	建立事故与伤害记录制度，能够制度化记录幼儿园各类事故与伤害；事故与伤害资料数据真实，能够反映其发生的频次和原因；指定专门工作组或专人负责各类事故与伤害的收集、整理与分析并将结果反馈给相关人员；伤害记录与分析的结果应用于绩效分析、预防与纠正措施及策划安全促进项目等方面

项目内容	体现安全社区建设的相关要素
运动场地建设和维护、运动场所和运动器械安全检查	按标准、要求或预案规定配备了应急设施和器材并保持完好； 定期对应急设施和器材进行检查维护
运动损伤处置及初步处理	针对已发现的问题和发生的各类事故与伤害,能够及时采取预防措施,防止同类问题重复出现
预防运动伤害知识宣传	有符合社区制定的事故与伤害预防计划的宣传教育与培训计划以及相关管理要求； 安全促进项目实施效果良好并能提供相应对比数据或客观证据,并用于持续改进； 采取多种形式组织实施对社区成员适用的安全知识和技能的宣传教育与培训工作
幼儿安全健康档案建设	制定安全社区创建档案的管理办法,明确档案的使用、发放、保存和处置要求； 档案的保存、管理符合社区实际情况,满足各单位和部门工作需要
安全防护设施建设	有必要的资金投入； 针对已发现的问题和发生的各类事故与伤害,能够采取预防措施,防止同类问题重复出现
应急逃生演练	制订应急预案及实施演练。对可能发生的突发事件及各类灾害定期组织逃生演练
校车安全	校园周边道路安全隐患排查； 保存事故与伤害信息资料； 定期召开会议针对校车事故防范和整改制定对策； 运用多媒体等载体加强交通安全宣传； 定期对校车进行检查维护
幼儿园地面材料 娱乐设施安全设计 玩具摆放 建(构)筑物圆角化 不安全行为互相监督 园门口交通状况 视力保护情况	有必要的资金投入； 组织志愿者及相关人员进行安全专业知识培训； 促进信息交流和全员参与； 风险伤害辨识情况记录； 依据事故与伤害预防、控制目标和安全促进计划,策划并确定安全促进项目； 中期监督监测制度； 建立事故与伤害记录制度； 定期评审整改
幼儿园安全组织体系	成立创建领导机构和执行机构,明确组成人员,有清晰的组织架构图。各机构的人员构成体现广泛的跨界、跨部门特点
幼儿园安全文化建设	推进幼儿园安全文化建设,培育适合本园特色的安全文化,让安全意识扎根在全体师生心中

三、学校(幼儿园)安全促进项目涉及内容

街镇创安办根据对辖区风险诊断结论并结合实际情况,与学校(幼儿园)共同商量确定学校(幼儿园)安全促进项目,如:

预防粉笔粉尘污染安全促进项目;

学生心理健康安全促进项目;

学校智能控电安全促进项目;

中小学生心理健康干预安全促进项目;

防止大、中学生体育运动损伤安全促进项目;

防止小学生意外伤害安全促进项目;

中小学校园(幼儿园)安全环境促进项目;

防止中小学生摔倒、磕碰安全促进项目;

校车管理安全促进项目;

幼儿园防意外伤害安全促进项目;

初中学生预防校园欺侮行为安全促进项目等。

【链接】学生伤害监测报告卡

卡片编号:_____

Ⅰ 患者一般信息

姓名:_____ 性别:1.□男 2.□女 年龄:____岁
户籍:1.□本市 2.□本省 2.□外省 4.□外籍
学校:_____ 班级:_____
文化程度:
  1.□文盲或半文盲 2.□小学及以下 3.□初中
  4.□高中/中专   5.□大专/本科以上
职业状况:在校学生

Ⅱ 伤害事件基本情况

伤害发生时间:_____年___月___日___时(24 小时制)
患者就诊时间:_____年___月___日___时(24 小时制)

续表

Ⅱ 伤害事件基本情况

伤害发生原因：

    1.□机动车车祸   2.□非机动车车祸   3.□跌倒坠落   4.□钝器伤

    5.□火器伤   6.□刀/锐器伤   7.□烧烫伤

    8.□窒息/悬吊   9.□溺水   10.□中毒   11.□动物伤

    12.□性侵犯   13.其他_____

伤害发生地点：

    1.□家中 2.□公共居住场所   3.□学校和公共场所

    4.□体育和运动场所   5.□公路/街道

    6.□贸易和服务场所   7.□工业和建筑场所

    8.□农场/农田   9.其他_____

伤害发生时活动类别：

    1.□体育活动   2.□休闲活动   3.□有偿工作   4.□家务/学习

    5.□乘驾交通工具   6.其他

伤害状态：

    1.□非故意伤害(意外事故)   2.□自残/自杀

    3.□故意(暴力/攻击)   4.□不清楚

Ⅲ 伤害临床信息

伤害性质：(选择最严重的一种)

    1.□骨折   2.□扭伤/拉伤   3.□钝器伤、咬伤、开放伤

    4.□挫伤/擦伤   5.□烧烫伤   6.□脑震荡/脑挫裂伤

    7.□器官系统损伤 8.□其他   9.□不清楚

伤害部位：(选择最严重的伤害部位)

    1.□头部 2.□上肢 3.□下肢 4.□躯干 5.□多部位

    6.□全身广泛受伤   7.□呼吸系统   8.□消化系统

    9.□神经系统   10.□其他   11.□不清楚

伤害程度：1.□轻度 2.□中度 3.□重度 4.□死亡

伤害临床诊断：_____

伤害结局：

    1.□诊疗后回家   2.□观察/住院/转院   3.□死亡   4.□其他

填报人：_____   填卡时间：_____年___月___日

注：此卡不作为医学证明。

表7-6 学校、幼儿园伤害数据情况一览表

伤害时间	基本情况			伤害发生时活动类别					伤害发生原因				伤害发生地点			
	姓名	年龄	性别	校内体育活动	乘坐交通工具	追逐打闹	其他	物体打击	跌伤	扭伤		课室	操场	体育运动场所	公路
年_____ 伤害数 (____人)																
年_____ 伤害数 (____人)																

填写说明：由学校及幼儿园医务室工作人员或班主任、任课教师填写，选择表问题清在所选项的对应单元格划√。

四、学校、幼儿园系列安全制度参考清单

(一)学校类

1.学校行政方面安全管理制度

(1)学校安全工作管理制度

(2)学校消防安全制度

(3)学校周边环境安全治理制度

(4)集会、会操安全管理制度

(5)组织师生外出活动安全管理制度

(6)门卫安全管理制度

(7)校园道路交通安全管理规定

(8)校保安队安全管理制度

(9)财务室安全管理制度

(10)档案室安全管理制度

(11)卫生室安全管理制度

(12)办公室安全管理制度

(13)印章和保密资料安全管理制度

(14)突发灾害安全防护工作制度

(15)校内公共活动场所安全管理制度

(16)临时用工安全管理制度

(17)校园临时施工人员安全管理制度

(18)食品卫生安全管理制度

(19)疾病防治安全管理制度

2.学校教学设备安全管理制度

(1)教室安全管理制度

(2)实验室安全管理制度

(3)电教中心安全管理制度

(4)办公计算机安全管理制度

（5）危险品安全管理制度

（6）图书馆安全管理制度

（7）多媒体教室安全管理制度

（8）文印、打字室安全管理制度

（9）网络中心安全管理制度

（10）体育活动、体育教学安全管理制度

3.学校学生日常安全管理制度

（1）学生日常安全管理制度

（2）学生人身安全管理制度

（3）学生课外、假日活动安全管理制度

4.学校后勤服务安全管理制度

（1）物资保管安全管理制度

（2）配电、水泵房安全管理制度

（3）食堂安全管理制度

（4）医务人员安全管理制度

（5）校园自行车安全管理制度

（6）校园机动车安全管理制度

（二）幼儿园类

1.班级安全管理制度

2.厨房安全管理制度

3.食品安全责任追究制度

4.环境设施安全检查制度

5.安全工作会议制度

6.防踩踏事故安全管理制度

（1）防踩踏安全管理制度

（2）防踩踏硬件设施安全管理制度

（3）防踩踏安全教育制度

（4）防踩踏安全检查制度

【链接】大型集会活动预防意外伤害五要点

在大型集会中,由于空间狭小、人数众多,且群众情绪波动较大,易发生拥堵、骚动、踩踏而造成人员伤亡事故。因此要做到如下要点:

1.参加集会人员要听从指挥,有秩序地进出。

2.若发现集会缺乏有效组织、人数严重超出集会场所所能承受的容量、集会场所可用的出口较少且通道狭小等情况时,人员应保持警惕,不要轻易进入场所。

3.进入集会场所之前应注意看清出口位置。万一出现拥挤情况,人员要保持清醒,不要跟随人流狂奔疏散,不要慌乱拥挤,而应迅速寻找安全出口,贴边行走,依次撤离。

4.如被堵在人群当中,双手应支起,握拳护于胸部,同时要注意脚下安全,保持站立,以免被踩;有贵重物品遗失时,不要轻易去捡,同时要保护老人和小孩。

5.若出现火灾或其他事故,要及时拨打 119、120 电话,等待救援人员的到来。若有人员受伤,要进行应急急救。

7.防火安全管理制度

8.各场室防火安全管理制度

9.接送安全制度

10.门卫值班巡逻制度

11.日常安全管理制度

(1)日常安全管理基本要求

(2)生活环节安全管理制度

①入园环节安全管理制度

②盥洗、上厕所环节安全管理制度

③进餐环节安全管理制度

④喂药环节安全管理制度

⑤午睡、起床环节安全管理制度

⑥上下楼梯安全管理制度

⑦离园环节安全管理制度

（3）活动安全管理制度

①室内活动安全管理制度

②户外活动安全管理制度

12.幼儿园人防、物防、技防安全管理制度

五、校园突发事件应急预案参考清单

1.自然灾害事件

（1）地震应急预案

（2）防台风、特大暴雨应急预案

2.事故灾害事件

（1）火灾事故应急预案

（2）校车突发事件应急预案

（3）学生意外伤害应急预案

（4）学生走失应急预案

（5）校内外大型活动突发事件应急预案

3.公共卫生事件

（1）食物中毒应急预案

（2）饮用水卫生污染应急预案

（3）预防与控制传染病应急预案

4.学校社会安全事件

（1）群体性事件应急预案

（2）社会暴力侵害校园事件应急预案

第四节　医疗卫生机构如何参与安全社区建设

一、日常安全管理工作

医疗卫生机构要重点关注医务工作人员及病患者的安全、院区及周边环

境安全。

1.安全制度

建立健全安全责任制、安全生产例会制度、安全生产奖惩制度等有关制度规范。

对麻醉药品和精神药品要有专人负责、专柜加锁、专用账册、专用处方,处方进行专册登记,按规定保存。

2.安全教育

组织医务工作人员定期进行安全宣传教育培训,对病患者的人身安全宣传等。

3.设备设施安全

医疗设备、设施应定时检查、检测、维修、保养。

关注特种设备安全,如电梯、扶梯、锅炉等。

4.院区安全

医院出入口不应少于两处,人员出入口不应兼作尸体和废弃物出口。

职工住宅不得建在医院基地内,如用地毗连时,必须分隔,另设入口。

医院的分区和医疗用房应设置明显的导向图标。

供氧房宜布置在主体建筑的墙外,并应远离热源、火源和易燃易爆源。

5.从业资格安全管理

医院资质:根据国家、省、市、区的有关规定办理及审核医疗资质。医疗机构应将《医疗机构执业许可证》、诊疗科目、诊疗时间和收费标准悬挂于明显处所。

有安全管理机构,并配备专兼职安全管理人员。

主要负责人和安全管理人员应进行安全管理知识培训并考核合格;特种作业人员依法取得《特种作业操作证》,持证上岗。

6.急诊安全管理

急诊工作要严格岗位责任制,如急诊工作制度、首诊负责制度、交接班制度、抢救制度、护理制度、病例书写制度、值班制度、消毒隔离制度、留观室查房制度、出诊抢救制度、监护室工作制度、死亡病例讨论报告制度、救护车使用制度等。

完善值班制度,不得擅离职守,实行上班签到,离开急诊室要说明去向

（挂牌示意）。

完善急诊病历记录制度。

完善请示汇报制度。

完善急诊抢救流程。

7.住院部安全管理

完善检诊、查房、例会、值班等系列制度。

关注住院病人的安全管理。

8.门诊各科室安全

各临床、医技科室定期检查消毒隔离制度。

门诊的公共场所、设备、用具应定期清洁与消毒。

关注门诊环境的安全。

关注病患者的心理疏导等。

9.手术室安全

定期检查高危设备使用安全情况和贵重设备安全保管情况并做好记录。手术前、中、后要严格遵守相关安全规定。

10.放射科安全

加强辐射安全防护措施日常检查。

11.药房安全

重点关注药房的用电安全、消防安全、药品品质安全等。

12.用药安全

制定医院合理用药管理制度，加强医院药事管理工作，促进临床合理用药，保障临床用药安全性、经济性、有效性，避免减少药物的不良反应及细菌耐药性的产生，全面提高医疗质量。

麻醉药品处方、精神药品处方严格按规定保存。

有毒有害化学物品严格按照相关规定分类储存，库房环境要达标。

13.供应室安全

建立完善供应室规章制度及操作程序，供应室布局要科学合理，严格划分为污染区、清洁区和无菌区。各区应有明显的标志和界限，以利于防止污染，方便工作。加强质量控制，保证供应物品质量。

加强一次性使用物品的管理，专人负责，严格审核。一次性输液器（注射器)专室存放、验收、保管、发放、回收并做好记录,严格把好进货、储存、发放、回收关。

14.消防安全

检查用电、厨房燃气使用、消防设备配备情况。

制定消防安全制度、消防安全操作规程;实行防火安全责任制,确定本单位和所属各部门、岗位的消防安全责任人;针对本单位特点对职工进行消防宣传教育;组织防火检查,及时消除火灾隐患。

医疗用房应设疏散指示图标;疏散走道及楼梯间均应设应急照明。楼梯位置、宽度和深度应符合防火疏散和功能分区要求。

室内装修、装饰必须使用不燃或难燃材料的,应选用检验合格材料。按照有关规定配置消防设施和器材、设置消防安全标志,并定期组织检验、维修。

15.医疗废弃物处理安全防护

严格执行国家、省、市有关医疗废物管理的相关法律、法规、规章和有关规范性文件规定。

制定完善本单位《医疗废物管理的规章制度》《医院医疗废物处理操作规范》等,减少或杜绝意外事故发生。

开展全员培训,定期组织全院医务人员的业务学习并按规范要求执行。

【链接】六步洗手法

1.掌心相对,手指并拢相互摩擦;

2.手心对手背沿指缝相互搓擦,交换进行;

3.掌心相对,双手交叉沿指缝相互摩擦;

4.一手握另一手大拇指旋转搓擦,交换进行;

5.弯曲各手指关节,在另一手掌心旋转搓擦,交换进行;

6.搓洗手腕,交换进行。

16.饭堂安全

关注饭堂食物安全、用电安全、用气安全等。

17.事故隐患管理

每月至少组织督促、检查一次本单位安全情况,及时消除安全事故隐患,并记录检查及处理情况。

18.事故应急救援及演练

完善突发事件应急处置队伍建设。

完善应急救援预案,定期组织演练。负责人和从业人员掌握预案内容,应急组织有明确的联络方式、通畅的通讯联络。

19.关注患者的安全

关注患者的人身安全、医疗安全、心理安全。

20.关注社会公共人群的安全

体现社会责任感及公益性,关注辖区公共健康卫生建设,如老年人、残疾人、儿童健康安全知识的宣传、有关干预措施等。

21.医患矛盾应急处置

医患矛盾是我国社会转型期出现的矛盾,其原因涉及面广,也是目前医疗卫生机构无法回避的问题,应引起高度重视并探索解决方法。如一些地方政府推行的医疗风险防范体系、纠纷转移调解体系、医疗损害索赔与保险理赔服务体系,逐步建立完善并相互配套的医疗风险社会化分担机制。目前对医疗卫生机构而言,应制定医患矛盾突发事件应急处置预案,及时妥善解决问题,将矛盾化解在萌芽状态。

【链接】保障患者安全的若干措施

近年来,由于医院管理理念的进步和病人自主意识的增强,患者安全问题已经引起世界卫生组织(WHO)及众多国家医疗界的高度关注。世界卫生组织多次呼吁各成员国密切关注患者安全,提出全球共同努力,开展保证患者安全的行动。如采取多种有效措施,积极开展保障患者安全活动。

一、完善查对制度,提高医务人员对患者身份识别的准确性。

二、完善特殊情况下医务人员之间有效沟通的程序,正确执行医嘱。

三、完善手术安全核查制度和流程,防止发生手术患者、手术部位及术式错误。

四、完善手卫生规范,落实医院感染控制的基本要求。

五、提高用药安全水平。

六、完善临床实验室"危急值"报告制度。

七、防范与减少患者跌倒事件发生。

八、防范与减少患者压疮情形发生。

九、完善医疗安全(不良)事件报告制度。

十、关注患者心理健康,鼓励患者参与医疗安全。

二、安全社区建设要素对医疗卫生机构的要求

表7-7　安全社区建设要素对医疗卫生机构的要求

项目内容	体现安全社区建设的相关要素
医疗卫生机构风险诊断	以危险源辨识、风险评估为核心,目的是风险可控。分析易发生或受到伤害的高危人群、高风险环境和弱势群体并确定重点人群、重点场所、重点问题
日常安全检查的方式、手段及相关数据	选择并运用适用的方法对社区各类事故与伤害风险进行辨识与分析
年度安全资金投入计划和实施情况	对长期和年度的安全社区工作提供支持,有必要的资金投入,保障安全社区建设顺利推进
各级安全责任人架构图、安全管理制度及相关操作规程	健全安全社区建设领导机构和安全促进项目组的工作制度并规定其职责
医疗卫生机构档案建设	建立适用的、符合社区工作惯例的、不同形式的、包含了安全社区建设主要工作和信息的档案; 制定安全社区创建档案的管理办法,明确档案的使用、发放、保存和处置要求; 档案的保存、管理符合社区实际情况,满足各单位和部门工作需要
安全隐患、重大安全隐患排查及其整改情况	全面分析容易发生或受到伤害的高危人群、高风险环境和弱势群体并确定重点人群、重点场所、重点问题; 安全促进项目实施效果良好并能够提供相应对比数据或客观证据,并用于持续改进
兼职或专职消防人员、设施、灭火器材配置情况,消防应急疏散预案与演练	有针对性地组织应急知识宣传、应急技能培训及必要的应急演练,社区成员具有基本的自救互救知识和应急避险能力
安全宣传培训记录	吸纳和整合能够满足社区需要的安全宣传教育与培训的设施和资源,包括社区内部资源和外部资源; 有符合社区制定的事故与伤害预防计划的宣传教育与培训计划以及相关管理要求

续表

项目内容	体现安全社区建设的相关要素
各类事故及伤害监测情况	建立事故与伤害记录制度； 事故与伤害资料数据真实，能够反映其发生的频次和原因；
完善厨房燃气设备、各种电气设备、特种设备、手术室高危设备等安全检查、检测等	指定专门工作组或专人负责各类事故与伤害的收集、整理与分析并将结果反馈给相关人员； 伤害记录与分析的结果应用于绩效分析、预防与纠正措施及策划安全促进项目等方面
应急救援建设	针对社区自然灾害、事故灾难、公共卫生事件和社会安全事件等突发事件制定不同层次、具有可操作性的医疗应急预案或应急响应措施； 按标准、要求或预案规定配备医疗应急设施和器材并保持完好； 建立专职或兼职的应急队伍，有组织、调动和训练的制度体系，能够保证快速、有效地进行应急响应和救援处置
安全设施定期检查记录、安全设施全面检查测试的报告以及维修保养	有不同形式和内容的定期、不定期、专项及综合安全检查制度并严格执行。检查范围覆盖社区内所有医疗机构。全面、综合性安全检查每年不少于 4 次
医院内交通情况、员工上下班交通状况	设置的项目覆盖交通、消防、工作场所等主要方面。策划的项目能体现社区的特点和重点工作
安全标准化建设	通过建立安全生产责任制，制定安全管理制度和操作规程，排查治理隐患和监控重大危险源，建立预防机制，规范生产行为，使各生产环节符合有关安全生产法律法规和标准规范的要求，人、机、物、环处于良好的生产状态，并持续改进，不断加强医疗机构安全生产规范化建设
职业卫生建设(如队伍建设、防护设施设备建设、个人防护、职业应急、培训教育、有关档案等)	体现安全社区建设预防伤害的要求； 建立健全安全社区建设领导机构和安全促进项目组的工作制度并规定其职责； 建立适用的、符合社区工作惯例的、不同形式的、包含安全社区建设主要工作和信息的档案； 对社区各类风险识别和信息交流、各类安全监测与监督以及社区安全绩效评审或评估工作中发现或反映的问题，采取了有效的整改措施并对整改结果有验证； 建立专职或兼职的应急队伍，有组织、调动和训练的制度体系，能够保证快速、有效地进行应急响应和救援处置； 吸纳和整合能够满足社区需要的安全宣传教育与培训的设施和资源，包括社区内部资源和外部资源
医疗卫生机构安全文化建设	在全员中推进安全文化建设，善于吸纳先进医疗卫生机构的好经验、好做法，培育适合本医疗卫生机构独具特色的安全文化，让安全意识扎根在全体医务工作者心中

三、安全促进项目涉及内容

1.本医疗卫生机构日常安全管理情况;

2.伤害监测数据的收集、处理等;

3.对医生、员工、病人等人群8小时内外的安全关注;

4.对公共卫生方面的关注与措施,如老年人、残疾人、儿童安全健康关注等。

【链接】医疗卫生机构伤害监测卡

监测医院编号:_____   卡片编号:_____

Ⅰ 患者一般信息

姓名:_____ 性别:1.□男 2.□女 年龄:____岁

户籍:1.□本市 2.□本省 3.□外省 4.□外籍

居住住址:_____社区_____小区____号楼____单元____室

文化程度:

　　1.□文盲或半文盲 2.□小学及以下 3.□初中

　　4.□高中/中专 5.□大专/本科以上

职业状况:

　　1.□学龄前儿童 2.□在校学生 3.□家务 4.□待业

　　5.□离退休人员 6.□专业技术人员 7.□办事人员和有关人员

　　8.□商业、服务业人员 9.□个体经商者

　　10.□军人 11.其他_____

Ⅱ 伤害事件基本情况

伤害发生时间:_____年____月____日____时(24小时制)

患者就诊时间:_____年____月____日____时(24小时制)

伤害发生原因:

　　1.□机动车车祸 2.□非机动车车祸 3.□跌倒坠落 4.□钝器伤

　　5.□火器伤 6.□刀/锐器伤 7.□烧烫伤

　　8.□窒息/悬吊 9.□溺水 10.□中毒 11.□动物伤

　　12.□性侵犯 13.其他_____

伤害发生地点:

　　1.□家中 2.□公共居住场所 3.□学校和公共场所

　　4.□体育和运动场所 5.□公路/街道

　　6.□贸易和服务场所 7.□工业和建筑场所

　　8.□农场/农田 9.其他_____

续表

Ⅱ　　伤害事件基本情况

伤害发生时活动类别：

　　1.□体育活动　2.□休闲活动　3.□有偿工作　4.□家务/学习

　　5.□乘驾交通工具　　　　　　6.其他＿＿＿＿＿＿＿＿＿＿

伤害性质：

　　1.□非故意伤害(意外事故)　　2.□自残/自杀

　　3.□故意(暴力/攻击)　　　　 4.□不清楚

Ⅲ　　伤害临床信息

伤害性质：(选择最严重的一种)

　　1.□骨折　　　　　2.□扭伤/拉伤　3.□钝器伤、咬伤、开放伤

　　4.□挫伤/擦伤　　　5.□烧烫伤　　　6.□脑震荡/脑挫裂伤

　　7.□器官系统损伤　8.□其他　　　　9.□ 不清楚

伤害部位：(选择最严重的伤害部位)

　　1.□头部　2.□上肢　3.□下肢　4.□躯干　5.□多部位

　　6.□全身广泛受伤　　7.□呼吸系统　　　　8.□消化系统

　　9.□神经系统　　　10.□其他　　　　　　11.□不清楚

伤害程度：1.□轻度　2.□中度　3.□重度　4.□死亡

伤害临床诊断：＿＿＿＿＿＿＿＿＿＿＿＿＿＿＿＿＿＿＿＿＿＿

伤害结局：

　　1.□诊疗后回家　2.□观察/住院/转院　3.□死亡　4.□其他

填报人：＿＿＿＿＿＿＿　　　填卡时间：＿＿＿＿＿年＿＿月＿＿日

注:此卡不作为医学证明。

第八章
如何建设安全文化

盲人瞎马

在没弄清作业对象和环境的情况下就贸然行事，就如同瞎子骑瞎马，胡闯乱撞，是非常危险的。

本图片由广州苍龙动漫发展有限公司设计制作

本章关键词:安全,文化,管理,载体,建设

本章内容导读:

1.对安全文化的理解;

2.安全文化的表现形式与渗透;

3.安全管理与安全文化的关系;

4.安全文化建设载体;

5.安全文化的建设及注意事项。

美国著名心理学家威廉·詹姆士曾说过:播下一个行动,收获一种习惯;播下一种习惯,收获一种性格;播下一种性格,收获一种命运。

安全文化的建设是我们养成良好安全习惯的土壤。

一个好的安全习惯将决定一个美好的人生,甚至能在紧要关头救人一命。

安全的习惯,核心在于在工作与生活中能严格遵守法规、标准、规范及制度,认真地而不是轻率地,长久地而不是临时地,自觉地而不是被迫地,主动地而不是被动地,把遵章守纪潜移默化到自己工作与生活的潜意识中。

安全文化的核心在于以人为本。安全文化体现安全的软实力,安全文化对从业人员的影响是潜移默化、深远持久的,它将影响从业人员的安全思维方式和安全行为方式。

在安全社区建设中如何渗透安全文化,让居民群众形成良好的安全习惯,本章结合有关参考资料,对此做了一些综合思考,以期起到抛砖引玉之效果。

第一节 安全需要文化

一、为什么需要安全文化

成熟的企业有这样一种说法：员工的大脑需要用文化来管理。

还有一种说法，小企业靠人管，中企业靠制度，大企业靠文化。因此，安全文化这种让人有意或者无意遵守的力量，正是我们在单位安全管理中所需要充分利用的抓手。谈企业安全文化离不开企业文化，建立在企业文化充分构建基础上的安全文化才能有茁壮成长的空间。构建安全文化就是要营造一种安全和谐的文化氛围，使各类人员形成一种安全思维定势，把搞好安全生产管理作为出发点和归宿点。因此，在提升企业生产科技含量和管理水平之外，我们应注重提升从业人员的安全素质，而这有赖于安全文化的建设。

在安全生产五要素（安全文化、安全法制、安全责任、安全科技、安全投入）中，安全文化排在第一位。对企业来讲，安全文化就是"以人为本"价值观在企业管理工作中的体现，也是推动企业履行社会责任的动力。现代管理科学强调"以人为本"的原则，就是要解决人的思想问题，为管理的其他环节创造先决条件。

统计表明，人的不安全行为是事故发生的最大隐患，大多数事故都是由于人为的失误造成的，控制、改善人的不安全行为非常重要。

随着社会的发展，尽管有了科学技术手段和管理手段，但对于搞好安全生产来说仍然不够。目前的科技手段还达不到生产的本质安全化，需要用管理手段补充；而管理手段虽然有一定的效果，但管理的有效性在很大程度上依赖于对被管理者的监督和反馈。被管理者对安全规章制度的漠视或抵制，必然会体现在不安全行为上。不安全行为是事故发生的重要原因，大量不安全行为的结果必然导致事故的发生。

在安全管理上,时时、事事、处处监督企业每一位成员遵章守纪是一件困难的事情,甚至是不太可能的事,这是安全管理的局限。建设安全文化则可弥补安全管理手段的不足,让企业员工在安全文化氛围中潜移默化地形成强烈的安全意识,掌握必备的安全技能,这样将有利于生产过程的安全进行,有效地降低安全事故发生的几率。

有安全管理专家总结道:短期安全靠运气,中期安全靠管理,长期安全靠文化。要实现行业、领域、人群的本质安全,就需要让安全文化持久性地散发芬芳。安全文化,犹如一株根深叶茂的大树,需要慢慢培植。

因此,在建设安全社区的过程中,我们应努力让每一个平台、每一项活动、每一个细节都成为培植安全文化的沃土。

二、安全文化与安全管理的关系

两者有其内在联系与区别。

1.安全管理侧重安全物质环境、安全知识和操作技能

安全管理是一个复杂的系统工程,是需要全员参与的动态管理过程。创造良好的、安全的作业环境和制定自我约束的管理体系,提高人们的安全技能,规范其作业行为,减少和防止不安全行为,是安全管理的重要内容和手段。

2.安全文化是安全管理的基础、重要理念和灵魂

安全文化不仅体现在安全物质领域,还体现在人对安全的生理、心理、社会、道德、习俗、修养等无形的上层建筑和精神领域。安全文化对人们产生影响的过程是一个潜移默化的过程,利用安全意识指导行为,达到安全决策和安全操作的目的。人们所具有的安全素质,如各自具有的安全知识和操作技能,对安全的意识、态度、认知、道德、习俗、信念、修养、价值观等都是安全管理的基础。

安全文化的氛围、背景、人文环境会形成或造就单位特殊的安全管理模式。因此,必须重视安全文化在安全社区建设中的决定性作用。

【链接】一个不安全行为的代价

在一个飘雨的夜晚,街上没有行人。一个德国人心怀侥幸闯了红灯,恰好被一个老太太发现了。几天后,此人接到保险公司的电话:"交管局通知,你的保险费增加1%。"于是此人退保,到其他保险公司投保,但德国的各保险公司通过网络都知道他闯了红灯,也都调高了保费。他老婆回家后,也给他带来不好的消息:因为闯红灯,银行通知他们的购房分期付款由15年改成10年。他儿子的学校知道其父亲闯红灯,学费由分期付款变成一次缴清,他儿子被同学们嘲笑,觉得很丢脸。

在我们国人看起来很小的一次闯红灯事件,对这个德国人却刻骨铭心。是谁的监督如此厉害?是老太太、保险公司、银行、学校、老婆还是孩子?实际上,真正起作用的是遍布社会的浓厚、牢固的安全第一理念。

在德国,敬畏法律、敬畏生命已经变成了绝大多数人的一种信仰。

第二节　安全文化的表现形式与渗透

一、安全文化的定义与表现形式

1.安全文化的定义

安全文化指安全价值观和安全行为准则的总和,是保护员工身心健康、尊重员工生命、实现员工价值的文化,是得到每个单位、员工自觉接受、认同并自觉遵守的共同安全价值观。

安全文化体现为每一个人、每一个单位、每一个群体、每一个行业、每一个领域对安全的态度、思维及采取的行为方式。

【链接】安全文化诸多定义的共性内容

(1)安全文化的基本出发点是"以人为本、安全第一";

(2)安全文化的范畴既包括精神、思想层面,也包括行为、制度、物态层面;

(3)安全文化的内涵是安全观念文化和安全行为文化;

(4)安全文化的外延涉及安全科技、安全管理、安全制度及安全环境等;

(5)安全文化的基本形态是人的安全意识、态度、价值观、行为方式等;

(6)安全文化建设的目的是提高人的安全素养,实现"人本安全"。

2.安全文化的表现形式

安全文化有多种表现形式,如安全文明生产环境与秩序、健全的安全管理体制及安全生产规章与制度的建设,沉淀于每个个体心灵中的安全意识形态、安全思维方式、安全行为准则、安全道德观、安全价值观等。

安全文化体现在个人的行为上。安全文化既要求个人严格地执行规范的工作方法,也要求具有高度的警惕性、务实的见解、丰富的知识、准确无误的判断能力和强烈的责任感,从而正确地履行其承担的安全职责。

二、安全文化的渗透

1.提炼单位的安全文化理念

安全文化是企业安全生产的灵魂,必须把安全文化理念渗透并根植于员工思想灵魂之中,彻底消除其思想上的安全隐患,使其潜移默化地转化为一种安全责任,员工们才能不负使命,在确保安全的前提下顺利完成上级下达的工作任务。安全文化理念是在长期安全工作实践中积累验证而形成的,最终提炼升华为一种被企业员工认可的理念。然而,这种理念的宣传、灌输乃至使其牢固植根于员工思想灵魂之中,并逐步转化为员工的自觉行动,则需要依靠长期坚持不懈的宣传、教育与培训。

有些企业在安全工作中总结、积累、传承下来许多具有特色的安全文化理念，如"安全是最大效益""一心一意做安全""将简单的安全工作做到极致""人文关怀是安全的动力与保障""安全至上　凌驾一切""任何事故都是可以预防和控制的""人人都是安全员"等，已渗透到员工的思想灵魂之中，引导、凝聚、激励、约束着员工们的安全行为，确保企业实现安全生产。

2.融入员工心中的安全文化理念

如何让安全文化渗透于员工心中，这是一个实践话题，应当结合各单位特点，采取借鉴、借用、改良模式形成自身特色的安全文化。

比如，有些单位总结出"闻、记、观、谈、查、评"六字法，对员工实施安全文化理念的渗透和教育。

（1）闻，就是通过班前学习向员工灌输安全文化理念，让员工听到，使其入脑、入心；

（2）记，就是在班组学习中让员工做好学习笔记，并通过培训、互动交流、考试和安全知识答题活动等形式，使其记牢安全文化理念；

（3）观，就是在厂区构建安全文化长廊，通过悬挂醒目的灯箱、牌板、横幅、标语等宣传企业安全文化理念，时时、时事、处处让员工看到，使其做到耳濡目染；

（4）谈，就是通过日常谈心谈话，将安全文化理念渗透到员工的思想灵魂之中，使其在作业中做好自保互保安全工作。同时，借助亲情宣讲、心理健康咨询等系列心理减负活动，开展情绪疏导，缓解员工的工作压力和安全压力，减轻思想包袱，以积极的心态投身到安全工作中；

（5）查，就是在日常工作过程中经常巡查和督促员工对安全文化理念的践行情况，发现问题及时引导和教育，使其既能接受又能做到，达到自我约束的目的；

（6）评，就是对班组各员工实行考评，检验其履行安全文化理念的行为标准，并适时给予评价和激励，使其增强责任感和使命感。

总之，应当结合实际，各显神通，把企业安全文化理念逐渐融入到安全工作的全过程，引导员工在正确的安全文化理念引导下，发挥安全生产的积极性和主动性，实现从他律到自律的转变，并以安全文化理念打造"零三违、零隐患、零事故"安全型班组,推进企业安全生产的健康发展。

表8-1 安全文化观念的发展变迁一览表

各时代的安全文化	观念特征	行为特征
古代安全文化	宿命论	被动承受型
近代安全文化	经验论	事后型——亡羊补牢
现代安全文化	系统论	综合型——人机环对策
发展的安全文化	本质论	超前、预防型

三、结合行业领域特点建设安全文化

安全文化涉及众多的领域、行业、对象、形态。从不同的角度划分,可形成不同的子文化体系。如从文化的形态划分,安全文化包含观念文化、行为文化、制度文化、物态文化等子文化;如从对象体系划分,安全文化包含决策层安全文化、管理层安全文化、执行层安全文化等;如从领域角度划分,安全文化包含企业安全文化、校园安全文化、家庭安全文化、社会安全文化、农村安全文化、部队安全文化等;如从行业角度划分,安全文化包含交通安全文化、消防安全文化、工业安全文化、旅游安全文化、农业安全文化等。

【链接】墨菲定理指出:做任何一件事情,如果客观上存在着一种错误的做法,或者存在着发生某种事故的可能性,不管其发生的可能性有多小,当重复去做这件事时、有某人按照错误的想法去做时,事故总会在某一时刻发生。

墨菲定理的两点启示:

启示之一:不能忽视小概率危险事件,必须引起高度重视。

由于小概率事件在一次实验或活动中发生的可能性很小,因此人们有一种误解,即在一次活动中不会发生。事实上,正是由于这种错觉,麻痹了人们的安全意识,加大了事故发生的可能性,其结果是事故可能频繁发生。

启示之二:墨菲定理是安全管理过程中的长鸣警钟,必须做到安全意识时刻不放松。

安全管理的目标是杜绝事故的发生,而事故是一种不经常发生和不希望有的意外事件,这些意外事件发生的概率通常较小,所以容易被人们忽视,侥幸心理和麻痹大意恰恰是事故发生的主观原因。

墨菲定理告诫人们,要想保证安全,必须从现在做起、从我做起,采取积极的预防方法、手段和措施,消除人们不希望有的意外事件。

第三节　安全文化建设载体

安全文化建设的载体主要有如下 4 个方面。

一、安全文化建设的艺术载体

安全文化建设的艺术载体就是通过安全文艺、安全漫画、安全文学(小说、成语、散文、诗歌等)等寓教于乐方式,将先进的安全文化理念、态度、认识、知识传播给每一个员工,将技能和规范全面传播,形成良好的安全行为习惯。

如安全文化专场晚会、安全警句创作比赛、安全漫画创作竞赛、安全在我心中演讲比赛等,都是安全文化建设常见的艺术载体。

二、安全文化建设的宣传教育载体

长期持续开展的安全宣传教育培训活动,通过教育传播安全知识,通过培训提高员工安全技能,是安全文化建设最为实用和有效的载体。如安全三级教育、全员安全教育、家属安全教育、特种作业培训、企业负责人及安全管理人员培训及再培训、安全模拟实操训练、消防应急训练、灭火技能演习、火灾逃生演习、爆炸应急技能演习、危化品泄漏应急技能演习等,都是安全文化建设的实用载体。

有关内容可参阅本书第五章。

三、安全文化建设的活动载体

开展各种形式多样、生动活泼的安全活动,是安全文化建设的重要载体。如每年安全生产月等专题系列活动、事故警示活动、事故告示活动、事故报告会、事故祭日活动、班组读报活动、安全看板活动、安全知识竞赛活动、百日安全竞赛活动、"四不伤害"活动、班组安全建"小家"活动、开工安全提示会、现场安全正记时、安全管理经验交流会、安全人生祝贺活动、安全嘉年华活动等。

有关内容可参阅本书第五章。

四、安全文化建设的物态环境载体

安全文化建设的物态环境载体包括硬环境和软环境。

硬环境如:安全标识系统、技术警报系统、文化环境系统、事故警示系统、隐患排查系统等。

软环境如:先进理念灌输、亲情力量感染、安全法规宣讲等。如现场安全色的科学利用、创造有利于身心的声音环境、技术声光报警系统、安全宣教室、现场安全板报、事故图片展板、安全礼品系列、现场安全格言系列、现场亲情展板、安全标志建设、安全文化长廊、安全警示墙(板、牌)等,都是一些实用的安全文化建设物态环境载体。

第四节　安全文化的建设思路及注意事项

一、安全文化的建设思路

安全文化建设的目的,是通过科学和理性,将"安全第一"理念渗透到人们的潜意识之中,成为生活和工作的习惯,使这种习惯融入人们的思维和行动中,达到安全的目的。

安全文化,意在提倡从文化的层面上研究安全规律,加强安全管理,营造浓厚的安全氛围,强化人们的安全价值观,达到预防、避免、控制和消除意外事故和灾害,建立起安全、可靠、和谐、协调的环境和匹配运行的安全体系。

对单位而言,安全事关经济效益的提高,事关单位的可持续、健康发展;对从业人员而言,安全事关生命,是人的第一需求。

良好的安全文化不仅能使单位的安全环境得到改善,更重要的是员工的思想素质、敬业精神、专业技能等方面能得到不同程度的提高,同时也会带动与安全管理相适应的经营管理、科技创新等工作平衡发展,这对整体发展将大有裨益。

安全文化既有物质层面的,也有精神层面的。每个单位都有自己的安全文化背景,安全生产、生活条件也有差异,单位领导层、安全管理层及员工安全意识和安全文化素质也不一样,因此,建设安全文化的方法千姿百态、形式多样,各有侧重。如:树立企业安全形象法;应用安全经济价值规律,提高安全生产效益法;全员安全自律创优法;员工"四不伤害"评比法等。

建设安全文化的思路,实践中通常可从如下方面考虑:

1.从职工的需求出发,把关心人、理解人、尊重人、爱护人作为安全文化建设工作的基本出发点。

2.通过倡导安全文化、传播安全理念、营造安全文化氛围,达到启发人、教育人、提高人、约束人和激励人的目的。

3.强调全员参与。要以全体员工为主要对象,进行长期反复的思想、态度、责任、法制、价值观等宣传教育,通过各种形式的安全教育,充分阐释安全文化,大力传播安全文化,系统灌输安全文化,认真实践安全文化,唤醒人们对安全健康的渴望,从根本上提高安全认识,提高安全觉悟,牢固树立"安全第一""人的安全与健康高于一切"的理念。

4.完善安全文化管理体制。安全文化是为了实现人员、设备、管理三个要素的最优组合并协调发展,因而安全文化管理体制必须是科学有效的,关键在于各级领导尤其党政一把手的重视程度,重点在于将安全措施责任到人,各级员工将安全工作落到实处。

5.加强安全知识教育。利用电视讲座、报告会、培训班、学习班、板报、墙报、竞赛活动等手段,对员工进行生产作业安全技术知识、专业安全技术知识、社会公共安全知识、应急救援知识、抗灾避险知识、自我保护知识等普及培训、再培训,使员工熟练掌握安全法规及生产、生活安全常识并自觉应用。

6.强化安全文化氛围。安全文化教育是安全管理的重要内容之一,其目的是帮助员工正确认识和掌握安全生产规律,提高员工安全生产技术水平,自觉贯彻执行法规、标准、规范及制度,从根本上确保安全生产。

生动活泼的安全宣传教育培训能有效地提高员工的安全意识和安全技能,使安全教育免于枯燥、少点说教,起到实效。通过布设一些安全文化气氛浓、有益于人们增强安全意识、增加安全知识的宣传标志,利用节假日、安全年(月、周)、安全生产检查等时机,开展各种有益于安全文化建设的文娱体育活动,不断渲染和强化安全文化氛围。还可与大专院校、科研机构、行业协会及其他单位合作,资源共享,共建安全文化,逐步建设具有本单位特色的安全文化。

二、实施经常性的安全宣传教育

经常性安全宣传教育主要有下列形式:

(1)班前班后会;

（2）开展安全活动日（周、月、季、年）；

（3）召开安全生产会议（周、月、季）；

（4）召开事故现场会，分析造成事故的原因及教训，确认事故的责任者，制定防止事故再次发生的措施；

（5）组织员工参加安全技术交流，观看安全生产展览及安全电影、微电影、电视等；

（6）张贴安全生产宣传画、宣传标语、横幅及安全标志等。

三、安全文化建设应注意的问题

1.安全文化建设首先要解决好观念和态度问题。既要解决怎么想的问题，更要解决怎么做的问题。应避免喊在嘴上、写在纸上、贴在墙上，避免成为一种摆设、一个噱头，应当从观念、行为、制度规范等层面精耕细作。

2.安全文化是单位安全的灵魂。因此，必须从文化的高度全面审视安全，从以人为本的思想入手管理安全，从基础工作抓起，将安全文化融入单位建设发展的总体战略之中，整体推进。注重全员参与，培养员工安全素养。

3.安全文化应体现鲜明的单位特色。要有与时俱进的观念，要结合形势的变化，适时地修改安全文化中不适应的、落后的环节和内容，在员工中形成良好的安全习惯、安全行为、安全信念等，达到预防事故、保护员工安全健康、提高工作效率的目的。

4.安全文化应当融入日常工作中。各单位应将安全文化作为单位发展和日常工作的重要组成部分，纳入工作日程，高度重视，在人力、物力、财力等方面予以支持和倾斜。

5.安全文化建设必须以规章制度来强化和规范。先进的思想和文化需要用制度固化下来，只有融入制度中，文化才会发挥出巨大的物质力量。安全文化建设也是如此。不断地充实完善各项安全规章制度、不折不扣地落实执行安全规章制度就是建设安全文化的过程，也是安全管理价值观逐步具体化的传播过程。

6.安全文化建设切忌与企业管理、企业文化背道而驰。一个没有自己文化的企业是不可能无中生有出安全文化的。要切实落实层级安全责任制,建立横向到边、纵向到底,高效运作的安全管理网络,通过制度保障推进安全文化建设。

【链接】安全口号100句(摘自百度文库,作者有修改)

1.隐患是事故之源,懈怠是隐患之根。

2.安全创造幸福,疏忽带来痛苦。

3.安全警钟日日鸣,平安大道天天行。

4.只有紧绷安全意识的弦,才能弹出平安快乐的调。

5.多看一眼,安全保险;多防一步,少出事故。

6.健康的身体离不开锻炼,美满的家庭离不开安全。

7.安全是最大的节约,事故是最大的浪费。

8.不绷紧安全的弦,就弹不出生产的调。

9.宁绕百丈远,不冒一步险。

10.疏忽一时,痛苦一世。

11.生产再忙,安全不忘。

12.小心无大错,粗心铸大过。

13.粗心大意是事故的温床,马虎是安全航道的暗礁。

14.安全措施定得细,事故预防有保证。

15.眼睛容不下一粒砂土,安全来不得半点马虎。

16.快刀不磨会生锈,安全不抓出纰漏。

17.安全不离口,规章不离手。

18.骄傲自满是事故的导火线,谦虚谨慎是安全的铺路石。

19.落实一项措施,胜过十句口号。

20.不怕千日紧,只怕一时松。

21.疾病从口入,事故由松出。

22.遵章是幸福的保障,违纪是灾祸的开端。

23.见火不救火烧身,有章不循祸缠身。

24.一人违章,众人遭殃。

25.出门带伞防天雨,上岗遵章防事故。

26.你对违章讲人情,事故对你不留情。

27.与其事后痛哭流涕,不如事前遵章守纪。

28.宁可千日不松无事,不可一日不防酿祸。

29.船到江心补漏迟,事故临头后悔晚。

30.常添灯草勤加油,常敲警钟勤堵漏。

31.抓基础从小处着眼,防隐患从小处着手。

32.多看一眼,安全保险;多防一步,少出事故。

33.沾沾自喜事故来,时时警惕安全在。

34.病魔乘体虚而入,灾祸因麻痹而生。

35.灾害常生于疏忽,祸患多起于细末。

36.漏洞不补,事故难堵。

37.绳子断在细处,事故出在松处。

38.分分秒秒珍惜生命,时时刻刻重视安全。

39.居安思危年年乐,警钟长鸣岁岁欢。

40.安全意识"得过且过",危险隐患"得寸进尺"。

41.抓安全一狠二严宁求过,讲危害三情四理不嫌多。

42.违章易成千古恨,守纪常修百年福。

43.灾祸来自侥幸,谨慎成就平安。

44.安全来自长期警惕,事故源于瞬间麻痹。

45.未雨绸缪是良策,亡羊补牢时已晚。

46.虎脸抓安全,铁腕纠违章。

47.安全检查一丝不苟,事故处理"四不放过"。

48.安全重在预防,制度贵在落实。

49.查隐患洞察秋毫,纠违章举一反三。

50.学一分安全知识,多十分平安保障。

51.安全教育天天讲,事故隐患日日防。

52.安全是最大的节约,事故是最大的浪费。

53.在岗一分钟,负责六十秒。

54.不怕千日紧,只怕一时松;疾病从口入,事故由松出。

55.安全警句铭记在心,远离危险平安永驻。

56.你好我好大家好才是真的好,你安全我安全大家安全才是真的安全。

57.安全不光挂在嘴上,更应时刻记在心上。

58.麻痹大意处处有陷阱,谨慎小心步步是坦途。

59.安全为你送去欢乐,事故给你带来痛苦。

60.事后补救不如事前防范,省时省事省钱又少费神。

61.没有改变不了的坏环境,没有遏制不了的事故源。

62.关在笼子里的老虎仍然是老虎,潜伏的隐患依旧是事故的苗头。

63.绳子总在磨损之处断裂,事故常在薄弱环节发生。

64.一个烟头或许是一场大火的前奏曲,一杯美酒可能是一次车祸的催化剂。

65.遵章守法事事顺,违规违法埋祸根。

66.手挽手共织安全网,心连心同筑防火墙。

67.一秒钟的疏忽,一辈子的后悔。

68.宁停三分,不抢一秒。

69.司机一滴酒,亲人两行泪。

70.高高兴兴上班来,安安全全回家去。

71.安全天天讲,事故时时防。

72.与其把"安全"写在脸上,不如把"安全"装进心中。

73.心中牢记交通法,安全出车任我行。

74.忽视安全抓生产是火中取栗,脱离安全求效益如水中捞月。

75.个人安全你乐我乐全家乐,企业安全你欢我欢大家欢。

76.企业发展要持续,不能有短念头;安全方面要投入,不能短斤少两。

77.安全最大的敌人是麻痹,事故最大的敌人是认真。

78.安全第一,预防为主。

79.不绷紧安全的弦,就弹不出生产的曲。

80.隐患由小小疏忽所导致,事故因疏忽常积而降临。

81.安全应从微小之事做起,督查应从微小之处严起。

82.隐患如火,不除则燎原;隐患如水,不堵则滔天。

83.隐患非一日形成,安全需一生恪守。

84.隐患是祸事前兆,安全是幸福源泉。

85.蚁穴失察能溃大堤,隐患不除定成祸灾。

86.隐患不能因微小而忽略,微小隐患不除后患无穷。

87.宁可千日慎重,不可一时疏忽。

88.车辆号牌能遮住,交通事故拦不住。

89.安全与守法同在,事故与违法相随。

90.安全在你足下,平安在你手中。

91.麻痹侥幸一下子,痛苦后悔一辈子。

92.条条规章血写成,人人都应严执行。

93.严格要求安全在,松松垮垮事故来。

94.要我安全难安全,我要安全保安全。

95.防微杜渐,警钟长鸣。

96.安全给遵章者胸前佩戴红花,事故给蛮干者留下终身痛苦。

97.越想不到的地方越易出事,越自认为安全的环节越易藏漏洞。

98.一根再细的头发,也有它的影子;一个再小的事故,也有它的苗头。

99.秤砣不大压千斤,安全帽小救人命;快刀不磨会生锈,安全不抓出纰漏。

100.船到江心堵漏迟,事故临头后悔晚;常添灯草勤加油,常敲警钟勤堵漏。

【链接】企业安全文化建设导则(AQ/T 9004-2008)

1 范围

本标准适用于开展安全文化建设工作的各类企业,作为其促进自身安全文化发展的工作指南。本标准对具有下列愿望的企业尤为重要:

a)以严格的安全生产规章或程序为基础,实现在法律和政府

监管符合性要求之上的安全自我约束,最大限度地减小安全生产事故风险;

b)对寻求和保持卓越的安全绩效做出全员承诺并付诸实践;

c)使自己确信能从任何安全异常和事件中获取经验并改正与此相关的所有缺陷。

2 规范性引用文件

下列文件中的条款通过本标准的引用而成为本标准的条款。凡是注明日期的引用文件,其随后所有的修改单(不包括勘误的内容)或修订版均不适用于本标准。凡是不注明日期的引用文件,其最新版本适用于本标准。

GB/T 28001-2001 职业健康安全管理体系审核规范

3 术语和定义

下列术语和定义适用于本标准。

3.1 企业安全文化(enterprise safety culture)

被企业组织的员工群体所共享的安全价值观、态度、道德和行为规范组成的统一体。

注:在本标准中也被简称为安全文化。

3.2 企业安全文化建设(developing enterprise safety culture)

通过综合的组织管理等手段,使企业的安全文化不断进步和发展的过程。

3.3 安全绩效(safety performance)

基于组织的安全承诺和行为规范,与组织安全文化建设有关的组织管理手段的可测量结果。

注1:安全绩效测量包括安全文化建设活动和结果的测量。

注2:在本标准中也被简称为绩效。

3.4 安全自我约束(self restricting in safety)

通过组织管理手段实现非被动服从的、高于法律和政府监管要求的安全生产保障条件。

3.5 安全承诺(safety commitment)

由企业公开做出的、代表了全体员工在关注安全和追求安全绩效方面所具有的稳定意愿及实践行动的明确表示。

3.6 安全价值观(safety values)

被企业的员工群体所共享的、对安全问题的意义和重要性的总评价和总看法。

3.7 安全愿景(safety vision)

用简洁明了的语言所描述的企业在安全问题上未来若干年要实现的志愿和前景。

3.8 安全使命(safety mission)

简要概括出的、为实现企业的安全愿景而必须完成的核心任务。

3.9 安全目标(safety goal)

为实现企业的安全使命而确定的安全绩效标准,该标准决定了必须采取的行动计划。

3.10 安全志向(safety aspiration)

在企业组织和个人的安全绩效上追求卓越的意愿和决心。

3.11 安全态度(safety attitude)

在安全价值观指导下,员工个人对各种安全问题所产生的内在反应倾向。

3.12 安全事件(safety incident)

导致或可能导致事故的情况。

注:在本标准中也被简称为事件,引用于 GB/T 28001-2001 中 3.6 的定义。

3.13 安全异常(safety abnormity)

可导致安全事件的不正常情况。

3.14 安全缺陷(safety defect)

可被识别和改进的、对组织和个人追求卓越安全绩效造成阻碍的不完善之处。

3.15 不安全实践(unsafe practice)

由于计划、指挥、控制或行为人自身的差错而产生的不安全过程。

3.16 不符合(non-conformance)

任何与工作标准、惯例、程序、法规、管理体系绩效等的偏离，其结果能够直接或间接导致伤害或疾病、财产损失、工作环境破坏或这些情况的组合。

注：引用于 GB/T 28001-2001 中 3.8 的定义。

3.17 保守决策(conservative decision making)

在企业进行生产经营决策时，从多个备选行动方案中选取伤害风险为最小的方案的过程。

3.18 相关方(interested parties)

与组织的安全绩效有关的或受其安全绩效影响的个人或团体。

3.19 战略规划(strategic program)

指导企业全局的、较为长远的安全计划。

4 总体要求

企业在安全文化建设过程中，应充分考虑自身内部的和外部的文化特征，引导全体员工的安全态度和安全行为，实现在法律和政府监管要求之上的安全自我约束，通过全员参与实现企业安全生产水平持续进步。

企业安全文化建设的总体模式如下图所示。

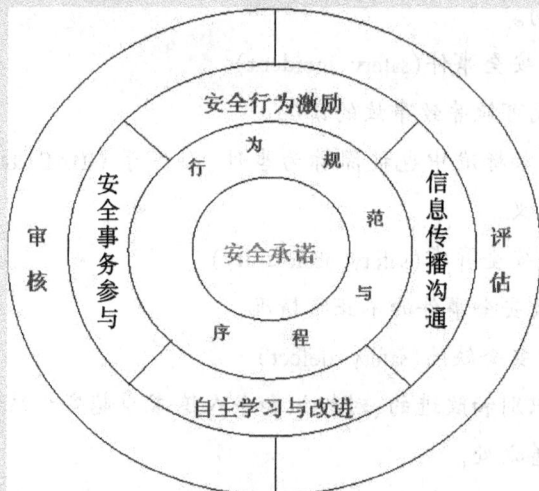

图 1 企业安全文化建设的总体模式

5 企业安全文化建设基本要素

5.1 安全承诺

5.1.1 企业应建立包括安全价值观、安全愿景、安全使命和安全目标等在内的安全承诺。安全承诺应：

——切合企业特点和实际，反映共同安全志向；

——明确安全问题在组织内部具有最高优先权；

——声明所有与企业安全有关的重要活动都追求卓越；

——含义清晰明了，并被全体员工和相关方所知晓和理解。

5.1.2 企业的领导者应对安全承诺做出有形的表率，应让各级管理者和员工切身感受到领导者对安全承诺的实践。领导者应：

——提供安全工作的领导力，坚持保守决策，以有形的方式表达对安全的关注；

——在安全生产上真正投入时间和资源；

——制定安全发展的战略规划以推动安全承诺的实施；

——接受培训，在与企业相关的安全事务上具有必要的能力；

——授权组织的各级管理者和员工参与安全生产工作，积极质疑安全问题；

——安排对安全实践或实施过程的定期审查；

——与相关方进行沟通和合作。

5.1.3 企业的各级管理者应对安全承诺的实施起到示范和推进作用，形成严谨的制度化工作方法，营造有益于安全的工作氛围，培育重视安全的工作态度。各级管理者应：

——清晰界定全体员工的岗位安全责任；

——确保所有与安全相关的活动均采用了安全的工作方法；

——确保全体员工充分理解并胜任所承担的工作；

——鼓励和肯定在安全方面的良好态度，注重从差错中学习和获益；

——在追求卓越的安全绩效、质疑安全问题方面以身作则；

——接受培训，在推进和辅导员工改进安全绩效上具有必要的能力；

——保持与相关方的交流合作，促进组织部门之间的沟通与协作。

5.1.4 企业的员工应充分理解和接受企业的安全承诺，并结合岗位工作任务实践这种安全承诺。每个员工应：

——在本职工作上始终采取安全的方法；

——对任何与安全相关的工作保持质疑的态度；

——对任何安全异常和事件保持警觉并主动报告；

——接受培训，在岗位工作中具有改进安全绩效的能力；

——与管理者和其他员工进行必要的沟通。

5.1.5 企业应将自己的安全承诺传达到相关方。必要时应要求供应商、承包商等相关方提供相应的安全承诺。

5.2 行为规范与程序

5.2.1 企业内部的行为规范是企业安全承诺的具体体现和安全文化建设的基础要求。企业应确保拥有能够达到和维持安全绩效的管理系统，建立清晰界定的组织结构和安全职责体系，有效控制全体员工的行为。行为规范的建立和执行应：

——体现企业的安全承诺；

——明确各级各岗位人员在安全生产工作中的职责与权限；

——细化有关安全生产的各项规章制度和操作程序；

——行为规范的执行者参与规范系统的建立，熟知自己在组织中的安全角色和责任；

——由正式文件予以发布；

——引导员工理解和接受建立行为规范的必要性，知晓由于不遵守规范所引发的潜在不利后果；

——通过各级管理者或被授权者观测员工行为，实施有效监控和缺陷纠正；

——广泛听取员工意见，建立持续改进机制。

5.2.2 程序是行为规范的重要组成部分。企业应建立必要的程序，以实现对与安全相关的所有活动进行有效控制的目的。程序的建立和执行应：

——识别并说明主要的风险，简单易懂，便于实际操作；

——程序的使用者(必要时包括承包商)参与程序的制定和改进过程，并应清楚理解不遵守程序可导致的潜在不利后果；

——由正式文件予以发布；

——通过强化培训，向员工阐明在程序中给出特殊要求的原因；

——对程序的有效执行保持警觉，即使在生产经营压力很大时，也不能容忍走捷径和违反程序；

——鼓励员工对程序的执行保持质疑的安全态度，必要时采取更加保守的行动并寻求帮助。

5.3 安全行为激励

5.3.1 企业在审查和评估自身安全绩效时，除使用事故发生率等消极指标外，还应使用旨在对安全绩效给予直接认可的积极指标。

5.3.2 员工应该受到鼓励，在任何时间和地点，挑战所遇到的潜在不安全实践，并识别所存在的安全缺陷。

对员工所识别的安全缺陷，企业应给予及时处理和反馈。

5.3.3 企业宜建立员工安全绩效评估系统，应建立将安全绩效与工作业绩相结合的奖励制度。

审慎对待员工的差错，应避免过多关注错误本身，而应以吸取经验教训为目的。

应仔细权衡惩罚措施，避免因处罚而导致员工隐瞒错误。

5.3.4 企业宜在组织内部树立安全榜样或典范，发挥安全行为和安全态度的示范作用。

5.4 安全信息传播与沟通

5.4.1 企业应建立安全信息传播系统，综合利用各种传播途径和方式，提高传播效果。

5.4.2 企业应优化安全信息的传播内容，将组织内部有关安全的经验、实践和概念作为传播内容的组成部分。

5.4.3 企业应就安全事项建立良好的沟通程序，确保企业与政府监管机构和相关方、各级管理者与员工、员工相互之间的沟通。沟通应满足：

——确认有关安全事项的信息已经发送，并被接受方所接收和理解；

——涉及安全事件的沟通信息应真实、开放；

——每个员工都应认识到沟通对安全的重要性，从他人处获取信息和向他人传递信息。

5.5　自主学习与改进

5.5.1　企业应建立有效的安全学习模式，实现动态发展的安全学习过程，保证安全绩效的持续改进。安全自主学习过程的模式如图2所示。

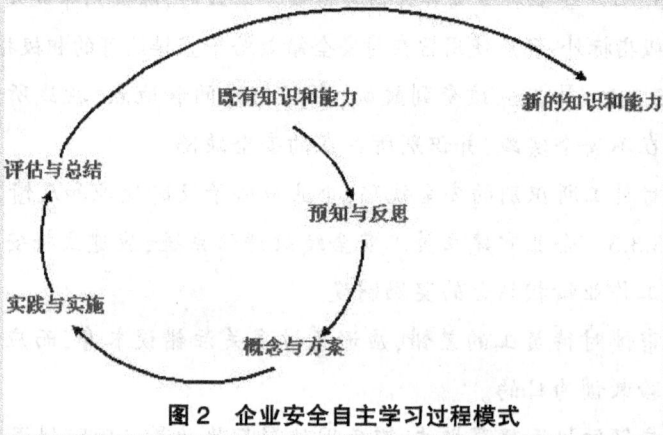

既有知识和能力　　新的知识和能力

评估与总结

预知与反思

实践与实施

概念与方案

图2　企业安全自主学习过程模式

5.5.2　企业应建立正式的岗位适任资格评估和培训系统，确保全体员工充分胜任所承担的工作。应：

——制定人员聘任和选拔程序，保证员工具有岗位适任要求的初始条件；

——安排必要的培训及定期复训，评估培训效果；

——培训内容除有关安全知识和技能外，还应包括对严格遵守安全规范的理解，以及个人安全职责的重要意义和因理解偏差或缺乏严谨而产生失误的后果；

——除借助外部培训机构外,应选拔、训练和聘任内部培训教师,使其成为企业安全文化建设过程的知识和信息传播者。

5.5.3 企业应将与安全相关的任何事件,尤其是人员失误或组织错误事件,当作能够从中汲取经验教训的宝贵机会与信息资源,从而改进行为规范和程序,获得新的知识和能力。

5.5.4 应鼓励员工对安全问题予以关注,进行团队协作,利用既有知识和能力,辨识和分析可供改进的机会,对改进措施提出建议,并在可控条件下授权员工自主改进。

5.5.5 经验教训、改进机会和改进过程的信息宜编写到企业内部培训课程或宣传教育活动的内容中,使员工广泛知晓。

5.6 安全事务参与

5.6.1 全体员工都应认识到自己负有对自身和同事安全做出贡献的重要责任。员工对安全事务的参与是落实这种责任的最佳途径。

5.6.2 员工参与的方式可包括但不局限于以下类型:

——建立在信任和免责备基础上的微小差错员工报告机制;

——成立员工安全改进小组,给予必要的授权、辅导和交流;

——定期召开有员工代表参加的安全会议,讨论安全绩效和改进行动;

——开展岗位风险预见性分析和不安全行为或不安全状态的自查自评活动。

企业组织应根据自身的特点和需要确定员工参与的形式。

5.6.3 所有承包商对企业的安全绩效改进均可做出贡献。企业应建立让承包商参与安全事务和改进过程的机制,包括:

——应将与承包商有关的政策纳入安全文化建设的范畴;

——应加强与承包商的沟通和交流,必要时给予培训,使承包商清楚企业的要求和标准;

——应让承包商参与工作准备、风险分析和经验反馈等活动;

——倾听承包商对企业生产经营过程中所存在的安全改进

机会的意见。

5.7 审核与评估

5.7.1 企业应对自身安全文化建设情况进行定期的全面审核,包括:

——领导者应定期组织各级管理者评审企业安全文化建设过程的有效性和安全绩效结果;

——领导者应根据审核结果确定并落实整改不符合、不安全实践和安全缺陷的优先次序,并识别新的改进机会;

——必要时,应鼓励相关方实施这些优先次序和改进机会,以确保其安全绩效与企业协调一致。

5.7.2 在安全文化建设过程中及审核时,应采用有效的安全文化评估方法,关注安全绩效下滑的前兆,给予及时的控制和改进。

6 推进与保障

6.1 规划与计划

企业应充分认识安全文化建设的阶段性、复杂性和持续改进性,由最高领导人组织制定推动本企业安全文化建设的长期规划和阶段性计划。规划和计划应在实施过程中不断完善。

6.2 保障条件

企业应充分提供安全文化建设的保障条件,包括:

——明确安全文化建设的领导职能,建立领导机制;

——确定负责推动安全文化建设的组织机构与人员,落实其职能;

——保证必需的建设资金投入;

——配置适用的安全文化信息传播系统。

6.3 推动骨干的选拔和培养

企业宜在管理者和普通员工中选拔和培养一批能够有效推动安全文化发展的骨干。这些骨干扮演员工、团队和各级管理者指导老师的角色,承担辅导和鼓励全体员工向良好的安全态度和行为转变的职责。

第九章
如何评估、检查及持续改进

亡羊补牢

羊跑了再去修补羊圈，还不算晚。出了问题一定要想办法补救，以防损失扩大。

本图片由广州苍龙动漫发展有限公司设计制作

本章关键词:项目,评估,检查,持续,改进

本章内容导读:

1.如何实施评估;

2.如何实施安全检查;

3.评估中发现的常见问题及分析;

4.持续改进的思路及计划。

在项目运作过程中,回头看这一步很重要。通过回头看,将达到两个效果:一是看已经行了多远;二是看前行的方向有否偏差。本章所指的评估,本质上就是回头看。因此,不能忽视了这重要的一步,不能省了不该省的步骤与时间。否则,欲速则不达。

安全社区建设过程中,通过评估,既能看到工作的成效,也能看到建设工作中的差距和不足。通过各类数据的对照分析,明确下一步工作重点、目标与计划,完善预防与纠正措施,坚持不懈地持续改进,终将有所成效。

第一节　如何实施评估

评估要注意三个问题：

一是评估时机，什么时候评估；

二是评估方式，谁来评估；

三是评估什么，即评估内容。

一、评估时机

在如下时间节点实施评估：

1.启动建设半年后；

2.启动建设 1 年后；

3.启动建设 1 年半以后。

二、评估流程

评估流程为：听取汇报、互动交流、查看档案资料、现场查看。

三、评估主体

1.自评。即项目组组织业务骨干对自己的项目实施评估。

2.内部组织评。即街镇创安办组织业务骨干对各项目实施评估。

3.专家评。可邀请地区支持中心专家，或者区有关业务主管部门的骨干、有关专家对各项目实施评估。

4.委托专业机构评。即邀请第三方专业机构对各项目运作情况实施评估。

四、评估内容

1.根据《安全社区建设中期评估工作方案》组织实施。

可定期组织各项目组汇报子项目运作情况，分析交流工作中遇到的问题与困难，提出改进措施。

（1）评估内容。①镇街总体安全状况。②子项目计划、措施与实施效果。③各行业、领域、场所日常安全检查。④居民满意度、覆盖率、知晓率调查。

（2）提出评估结论。如：环境安全度增加情况；事故减少情况；人员伤害减少情况；社区盗窃案件减少情况；居民安全知晓率提高情况；隐患整改率情况等。数据的对比分析（列图表介绍）。

（3）通过评估及总结分析，制定出下一年（下一步）安全社区建设工作目标、计划。

（4）根据评估结果及街镇目前创建状况。社区目前的创建状况，补充开展新项目，提出持续改进计划。

2.各项目组搜集整理一年（一段时间以来）各类工作情况、汇报和总结材料，按类别、方式进行问卷摸查评价、事故与伤害监测和专业评估分析，如职能部门的评价、医疗机构的伤害记录、各类事故与伤害情况、社区居民的评价、第三方专业机构的调查等。

3.街镇应根据自身的经济状况、客观环境条件的变化，法规、标准、规范的要求，危险源的变化、技术发展情况，社区建设目标与指标的要求、居民的需求等，及时修订计划与实施方案，不断更新、完善风险的控制措施，实现持续改进。

4.加强与国内外安全社区的联系，积极参与安全社区网络的有关活动，促进安全信息的内部交流和外部交流，积极引进、消化、吸收先进理念、先进技术和先进管理模式，取长补短。

五、覆盖率与知晓率的计算

1.培训覆盖率/宣传覆盖率的计算

在一次抽样调查中，相关事件覆盖率＝受培训或宣传的人数／样本总数×100%

2.知晓率的计算

相关知识知晓率＝被调查者合计答对知识类题目的数量／被调查者合计知识类答题总数×100%

相关事件知晓率＝被调查者中知晓此事件的人数／被调查的总人数×100%

【链接】有关问卷调查表参考案例

审核员：_____

问卷编号：_____　审核情况：1.有效；2.无效

街镇社区居民安全健康问卷调查表

住户住址：_____号楼____单元____室

所属村居：_____

调查日期：____年____月____日

调查开始时间：____时____分(24 小时制)

[调查问卷填写说明] 选项由被调查者口述,调查员填写。请用蓝色或黑色圆珠笔填写,字迹清晰,书写工整。选择类问题请在所选项前的对应数字上划√,未应答的问题不需填写。

[入户问候] 您好！我们受街镇委托,正在进行一项有关社区居民的安全健康调查。整个调查过程可能需占用您 20 分钟时间,您可随时中断调查。我们保证:对您个人资料和问答的信息内容保密。非常感谢您对我们工作的配合和支持！

[基本信息]

1.性别: A 男；B 女。

2.年龄: _____

3.文化程度: A 小学及以下；B 初中；C 高中/中专；
　　　　　　　D 大专/本科；　E 研究生以上。

4.职业状况: A 专家、技术人员及有关工作者；B 政府和企业管理人员；C 事务工作者和有关工作者；D 商业服务业工作者；E 学生；F 生产和有关工作者、运输设备操作者和劳动者；G 家务；H 待业；I 离退休；J 其他(请注明)_____。

5.家庭常住人数: _____人(每年在住户居住 6 个月以上)

年　龄	0~14	15~24	25~34	35~49	50~59	60~69	70~79	>80
常住人数								

一、社区安全

(一)社区治安

1.您认为以下哪一选项是报警电话号码?

A.122　B.120　C.168　D.119　E.135　F.110　G.不知道

2.您所在的社区是否装有电子视频监控系统?

A.是　　B.否　　C.不知道

3.您家安装了哪些防护设备? (可多选)

A.防盗门　B.防盗窗　C.封闭阳台　D.门禁设备　E.无

4.近年内,您和您的家人在生活中曾遭遇到以下哪几种行为? (可多选)

A.诈骗　　B.盗窃　　C.抢劫　　D.绑架　　E.无

5.您对所在社区的治安情况满意度是:

A.非常满意　B.比较满意　C.一般

D.不太满意　E.很不满意

(二)社区交通安全

1.您认为以下哪一选项是交通事故电话号码?

A.122　B.120　C.168　D.119　E.135　F.110　G.不知道

2.通常情况下,您出行时的交通工具是:

A.自行车　B.公交车　C.出租车　D.私家车　E.步行

3.您是否会耐心地等待绿灯变亮才通行?

A.是　　B.否　　C.视情况而定

4.您所居住的社区内道路被汽车或临时摊位挤占的情况如何?

A.非常严重　　B.比较严重　　C.一般

D.比较畅通　　E.很畅通

5.您对所在社区的交通状况满意度是:

A.非常满意　　B.比较满意　　C.一般

D.不太满意　　E.很不满意

(三)社区消防安全

1.您认为以下哪一项是火警电话号码?

A.122　B.120　C.168　D.119　E.135　F.110　G.不知道

2.当炒菜油锅突然起火时,您认为下列哪一做法将有可能引发伤害或事故?

A.盖上锅盖,关闭燃气阀门

B.在火势不大时,用湿抹布覆盖火苗

C.直接往油锅中泼水

D.向锅内放入切好的蔬菜冷却灭火

3.近一年内,你是否接受过社区消防知识培训?

A.是　B.否

4.您是否清楚自己居住的楼层灭火器的确切放置地点?

A.是　B.否

5.您是否知道灭火器的正确使用方法?

A.是　B.否

6.假如您在屋里听到有人喊"着火了",您的第一反应是什么?

A.置之不理　B.直接往外逃　C.收拾贵重物品后再往外逃

D.出门确认　E.救火　　　F.打电话报警

7.您对所在社区的消防安全满意度是:

A.非常满意　B.比较满意　C.一般

D.不太满意　E.很不满意

(四)社区公共设施、环境安全

1.您和您的家人是否会积极参加社区组织的活动?

A.是　B.否

2.您所在社区内的垃圾是否能得到及时处理?

A.是　B.否　C.不知道

3.您所在社区内的公共设施(如路灯、水井盖等)如被破坏,是否能得到及时维修?

A.是　B.否　C.不知道

4.您所在社区建筑物上是否有悬挂大型高空广告牌?

A.是　B.否　C.不知道

5.您觉得您所居住的环境存在哪些安全问题?(可多选)

A.危房　　B.危树　　C.电线老化　　D.房屋出租混乱

E.饮水水质污染　　F.室内环境污染　　G.噪声污染

H.废品回收　　　　I.其他

6.您对社区便民服务设施最不满意的是哪一项?

A.社区医疗站　B.理发店　C.生活用品店　D.托幼场所

E.早餐供应点　F.废品收购站　　G.洗衣店　　H.修理铺

I.菜市场　　　J.其他

7.您对所在社区的环境安全满意度是：

A.非常满意　　B.比较满意　　　C.一般

D.不太满意　　E.很不满意

(五)社区工作场所安全

1.您工作的地点是：

A.办公室　　B.企业　　C.其他

2.您所从事的职业是：

A.专家、技术人员及有关工作者　　B.政府和企业管理人员

C.事务工作者和有关工作者　　　　D.商业服务业工作者

E.生产和有关工作者、运输设备操作者和劳动者　　F.其他

3.您觉得您工作的企业存在哪些安全问题？(可多选)

A.现场监管不到位　　　B.安全制度不完善

C.设备、设施老化无效　D.员工的安全知识不足　E.其他

4.企业安全生产事故的主要原因是由于缺少：

A.安全设施　　　　B.安全培训　　C.安全操作规范

D.安全文化　　　　E.其他

5.您认为企业发生安全生产事故的主要原因是管理上缺乏：

A.安全管理人员　B.安全责任　C.安全文化

D.安全策略　　　　E.安全培训

6.您觉得谁应该为车间/工地发生的生产作业事故负责：

A.职工　　　　B.安全管理人员　　C.企业负责人

D.政府部门　　E安环部经理　　　F.其他

7.如果事故发生在您负责的车间/工地,您会怎么做？

A.马上停止工作直到事故的危险性被排除

B.继续工作,并且研究事故原因

C.找出谁是负责人　　D.不采取任何行动　　E.其他

8.您是否觉得您的管理部门和管理人员提供了足够的安全培训来保护您免于危险？

A.是. 　　B.没有　　C.不好说

9.您是否觉得您所在的企业安全培训投入了足够的时间？

A.是　　　B.没有　　　C.不好说

10.除了培训,您所在的企业还开展过哪些安全宣传活动？

A.组织观看安全动漫宣传片　　B.安全经验交流　　C.其他

11.您是否亲身经历过事故/伤害？是什么原因造成的？

A.是　　B.没有(注明原因:＿＿＿＿＿＿＿＿＿＿＿＿＿)

二、居家安全

(一)居家环境安全

1.冬天,您家的室内温度是:

A.<16℃　　B.16~24℃　　　C.>24℃　　　D.不知道

2.您知道冬季最适宜的室内湿度是多少？

A.<30%　　B.30%~80%　　C.>80%　　　D.不知道

3.下列选项中,您认为无助于净化室内空气的是:

A.茉莉　　B.芦荟　　C.万年青　　D.空气清新剂　　E.吊兰

(二)用电、用气安全

1.您家最常用的灶具设施是:

A.蜂窝煤灶　　B.煤气罐灶　　C.天然气灶

D.电磁炉　　　　E.其他(请注明)＿＿＿＿＿＿＿＿

2.燃气灶的正常使用寿命是8年,您知道超期使用可能造成哪些问题吗？(可多选)

A.短路熄火,影响正常使用　　B.燃气泄漏,导致燃气中毒

C.出现回火,引发火灾或爆炸　D.只要能用,就不会有问题

3.下列说法中,您认为哪一项是错误的？

A.家中电线出现金属丝裸露情况时,应及时断开电源,再用绝缘胶带包裹

B.燃气热水器在每年至少一次专业维护的前提下,使用6年后仍需及时更换

C.燃气灶使用完成后只要关闭灶具开关即可保证安全

D.金属外壳的电器安装使用时都要连接地线

4.假如您下班回家开门时闻到了很重的煤气味,您会怎么做? (可多选)

A.打开门窗　　　　　B.马上进屋给燃气公司打电话

C.关掉燃气开关　　　D.难以决定

5.您家是否存在临时接引电线的情况?

A.是　　B.否

6.近一年内,您家线路是否在开启电器较多时出现跳闸现象?

A.是　　B.否

7.冬季,您或您的家人是否还使用电热毯?

A.是　　B.否

(三)食品、卫生安全

1.您认为以下哪一选项是医院急救中心电话号码?

A.122　B.120　C.168　D.119　E.135　F.110　G.不知道

2.购买食品时,您是否会留意查看保质期以确保食品在保质期限内?

A.是　　B.否　　C.不确定

3.下列选项中,您认为哪些食品不宜食用? (可多选)

A.反复烧开的水　B.未经彻底加热的剩菜、剩饭

C.烤焦的鱼、肉　　D.在保质期内出现结块或分层的牛奶

4.当您或家人患有疾病时,您是否会严格遵守医生的医嘱?

A.是　　B.否　　C.不确定

5.您是否清楚自己或家人对哪些药物过敏或有其他不良反应?

A.是　　B.否　　C.不确定

6.冬季是流感的高发季节,您或您的家人是否会定期注射流感疫苗?

A.是　　B.否　　C.不确定

三、儿童安全

——如果您家中有14岁以下儿童请继续回答;否则跳至学校安全部分。

1.下列选项中,您认为将有可能导致儿童乘车伤亡的是:(可多选)

A.12岁以下的儿童坐在带有安全气囊的副驾驶位置上

B.0~3岁儿童未使用儿童安全座椅

C.儿童直接使用成年人安全带

D.儿童由成年人怀抱或坐在成年人腿上

2.您是否会有意识地为孩子讲解安全知识,提高他(她)的自我保护意识和能力?

A.是——跳至第4题

B.否——请继续下一题

3.上一题选否的原因:(可多选)

A.没有时间　　B.没有必要　　C.所知安全知识有限

D.其他(请注明)_____

4.您家孩子上学时是否会在校外或街边摊点上购买食物?

A.是　　　B.否　　　C.不知道　　　D.小孩尚未到学龄

5.您对孩子所在学校的周边交通环境状况是否满意?

A.非常满意　　B.比较满意　　C.一般

D.不太满意　　E.很不满意

6.您家孩子是否经常长时间(连续超过2个小时)看电视?

A.是　　B.否　　C.不确定

7.年节时,您是否允许孩子自行燃放烟花爆竹?

A.是　　　B.否

8.您是否愿意参加社区组织的预防儿童意外伤害培训?

A.是　　B.否　　C.不确定

四、学校安全

1.您所在的学校:_____年级_____班

2.您认为您在学校安全吗?

A.安全　　B.还可以　　C.不太安全　　D.一点都不安全

3.您觉得您学校及学校周边存在哪些安全问题?

A.打架斗殴　　B.校园内意外事故

C.在校园外面的马路上可能发生车祸

D.学校施工中可能被重物砸到　　E.寝室着火

F.学生跳楼事件　　G.寝室失窃事件　　H.外来人员的诈骗

I.食品安全问题　　J.校园性骚扰等恶性事件

4.您认为影响学校安全的因素有:(可多选)

A.学生之间的冲突

B.学生自我保护意识弱

C.外来人员多、成分复杂

D.校园内违规用电、使用明火不慎、乱扔烟头等引发火灾

E.学校施工

F.校园外马路上车辆行驶快,交通警示牌等设置不当,校园交通设施不完善

G.学校安全措施存在问题

H.食堂或者其他食品供应场所未做好卫生工作

I.其他

5.当您遇到校园安全事件时,您会:

A.向学校保卫部门求助   B.向周围同学朋友求助

C.自己解决   D.不知道怎么办   E.其他

6.如果学校发生火灾,您会:

A.不管怎样,马上逃生   B.通知其他人一起逃生

C.指挥逃生,确保同学们逃离现场   D.其他

7.学校有组织安全教育学习吗?

A.有过,很不错   B.有过,但流于形式

C.不知道,没听说   D.没有组织过

8.您认为谁应该为校园安全事件负主要责任?

A.学校   B.老师   C.学生   D.不好说   E.其他

五、居民的安全行为

(一)预判伤害发生的能力

1.您是否具有一定的判断伤害发生的经验?

A.比较丰富   B.一般   C.较少

2.您是否对伤害发生前的一些征兆有所察觉?

A.比较警觉   B.一般   C.不太在意

3.您安全意识方面的知识水平如何?

A.丰富   B.一般   C.较差

4.您是否能够对伤害发生前的征兆做出正确的判断?

A.可以　　B.不确定　　C.不能

5.您对一般性伤害事件(火灾、家庭伤害等)的认知水平如何?

A.清楚　　B.大体了解　　C.模糊

(二)采取措施减少伤害发生的能力

1.您的体力健康状况如何?

A.好　　　B.一般　　C.较差

2.您对伤害事件前兆的反应能力如何?

A.迅速　　B.一般　　C.较慢

3.您采取措施减少伤害发生的知识水平如何?

A.丰富　　B.一般　　C.较少

4.发现事故隐患而没有采取措施,您认为这种做法如何?

A.不对　　B.可以理解　　C.无所谓

5.发现事故隐患时您能否及时上报?

A.能够及时上报　　B.部分情况可以　　C.不清楚如何上报

6.您采取措施减少伤害发生的技能如何?

A.强　　　B.一般　　C.较弱

(三)自我保护的能力

1.您是否具有一定的自救知识?

A.丰富　　　B.一般　　C.基本没有

2.您是否有必要的体力及条件实施自我保护?

A.强　　　　B.一般　　C.较弱

3.当伤害事件发生时您是否会恐慌?

A.很镇静　　B.有点紧张　　C.非常紧张

4.遇到突发伤害事件时您的应变能力如何?

A.强　　　B.一般　　C.较弱

5.您对周边环境的熟悉程度如何?

A.非常熟悉　　B.一般　　C.不熟悉

6.您是否有从众心理?

A.强烈　　　B.一般　　C.没有

（四）控制局面、减少伤害的能力

1.您是否具备减少伤害损失的专业知识？

A.强　　B.一般　　C.基本没有

2.您是否具备整体的大局观？

A.强　　B.一般　　　C.较弱

3.您面对伤害事件的相关应急能力如何？

A.比较强　　　B.一般　　　C.差

4.您是否有协调各个相关部门的能力？

A.比较强　　　B.一般　　　C.差

5.您是否有控制整个局面的能力？

A.比较强　　　B.一般　　　C.差

6.您是否有很好的领导才能？

A.比较强　　　B.一般　　　C.差

六、近期伤害情况

1.您认为生活中最容易发生哪些伤害和事故？请勾出前三位。

A.治安事件　　B.交通事故　　C.火灾　　　　D.中毒

E.跌落、摔伤　F.烧伤、烫伤　G.钝/锐器伤　　H.溺水

I.自杀　　　　J.酗酒　　　　K.电击伤　　　　L.动物袭击

M.医疗事件　　N.恐怖事件　　O.猝死　　　　　P.管道破裂

Q.其他＿＿＿＿＿＿＿＿

2.您会哪些初级急救方法？（可多选）

A.都不会　　　B.心肺复苏　　C.伤口包扎　D.伤患运送

E.人工呼吸　　F.其他

3.您对社区存在的安全问题和改进措施有什么建议？

＿＿＿＿＿＿＿＿＿＿＿＿＿＿＿＿＿＿＿＿＿＿＿＿＿＿＿＿＿

＿＿＿＿＿＿＿＿＿＿＿＿＿＿＿＿＿＿＿＿＿＿＿＿＿＿＿＿＿

调查结束时间：＿＿＿时＿＿＿分(24小时制)

调查时间长度：＿＿＿分钟

调查情况：1.完整访问；2.不完整访问

街镇创建全国安全社区居民满意度调查表

调查时间：_____年___月___日 被调查人：_____ 调查人：_____

安全领域	调查内容	评价等级				
		A	B	C	D	E
交通安全	1.社区道路交通划线规范,设置了缓冲带和交通安全标识					
	2.经常性开展交通安全宣传和教育培训					
	3.社区内车辆行驶规范,停车管理到位,有相关规章制度					
	4.为社区驾驶员提供相关服务					
	5.开展了交通安全"五进"活动					
社区治安	1.建立社区治安综合治理网络。有专兼职治安人员。社会治安综合治理规章制度规范有效					
	2.社区防范设施完善。建立值班室、治安亭、报警点、巡逻队、看车棚和停车场以及视频监控系统相结合的有效防范网络					
	3.积极开展法律咨询、普法宣传、法律援助等形式多样的法制教育和宣传活动					
	4.重点部位(娱乐场所等)和特殊人员(刑满释放人员、吸毒人员和失足青少年)的管理较好,有效控制卖淫嫖娼、聚众赌博、打架斗殴、吸毒等现象					
	5.无造成恶劣影响的重大治安案件。居民有较高的安全感					
消防安全	1.社区内有符合要求的消防设施,方便使用					
	2.社区消防通道畅通					
	3.社区内无火灾隐患,楼道内杂物及时处理					
	4.每年在居住小区、商业区、重点企业、学校、人员密集场所等组织消防应急培训和逃生演练活动					
环境安全	1.社区具有适用的、足够的无障碍设施					
	2.经常进行社区环境安全隐患排查与治理,公共设施、公众场所体育健身器材完好,无明显事故与伤害隐患					
	3.社区环境充分考虑了人性化安全设施					

备注:评价等级分为5级:

A——很满意；B——满意；C——比较满意；D——一般；E——不太满意

第二节 如何实施安全检查

安全社区建设能否保证正常运转,能否实现持续改进,重要的一环是要建立自我调节、自我完善的监督检查机制,及时总结经验、发现问题并予以纠正。

一、检查的类型

(一)企业内部的检查

企业安全生产检查内容包括查思想、查制度、查管理、查隐患、查安全设施等方面。企业日常安全检查、季节性及节假日安全检查见下表。

表9-1 企业日常安全检查一览表

公司	车间	班组
安环部组织各部门参加	车间负责人组织安全工程师(安全主任)、技术员、工艺员等参加	班组长组织
全面检查	全面检查	全面检查
每月1次	每周1次	每日1次

表9-2 企业季节性及节假日安全检查一览表

公司	车间	班组
安环部组织各部门参加	由车间安全员组织有关人员参加	班组长组织
全公司范围	各车间、班组、岗位	班组、岗位
1.夏季、冬季"四防"检查:所在季节内每月检查1次; 2.国家法定节假日前检查,在节前5日内开展	1.夏季、冬季"四防"检查:所在季节内每半月检查1次; 2.国家法定节假日前检查,由车间视具体情况开展	1.夏季、冬季"四防"检查:所在季节内每周检查1次; 2.国家法定节假日前检查,由班组视具体情况开展

【链接】夏季"四防"与冬季"四防"

夏季"四防"是指：防暑降温、防台风、防汛、防雷电。

冬季"四防"是指：防冻、防滑、防火、防煤气中毒。

(二)企业间的互检

近些年,在同行业、领域的企业之间开展安全互检,实践证明是一种具有较好效果的模式,其好处在于:一是具有大企业带动小企业、好企业带动差企业的效果;二是可克服熟视无睹、麻木不仁的毛病;三是能做到不讲情面、实事求是;四是相互取长补短、共同提高。

互检模式可由政府有关职能部门或行业协会牵头实施。

(三)项目组(会同政府职能部门)的检查

日常或节假日检查,定期或不定期检查,专项或综合检查,季节性检查。

各有关职能部门的专项检查,如消防、综治、公安、三防、安监、质监、食药、卫生、交通、建筑、城管等,或区(县)安委办组织的综合大检查。

关于项目组检查的有关要求可阅读本书第四章第二节内容。

二、检查的时机

大致有如下情形:定点的与非定点的,安排的与随机的,准备的与未准备的,日常的与节假日前的。

三、检查的依据

检查人员必须严格依据安全生产法律、法规、国家或行业标准、规范要求开展检查。有关内容可阅读本书第三章第一节。

四、检查的内容

检查可从以下几方面考虑:

（1）街镇对辖内生产经营单位实施分类监管，尤其要严格监管高危作业场所，重点防范大型商场超市、大型作坊工场和员工宿舍等人员密集场地的消防安全，发现安全隐患应及时督办整改，严格落实整改复查环节。

（2）项目组对各自行业、领域开展日常安全管理、检查，包括对安全状况和风险控制的实时监控，如重点场所及人员密集场所安全巡查、游艺设备安全操作检查、特种设备安全检查等。

（3）项目组要针对本行业、领域、场所，按计划定期实施安全检查，对事故与伤害的隐患源点进行诊断分析，不断完善预防措施，减少各类事故与伤害。

（4）各项目组工作内容既各有侧重，又互有交叉。除加强相互间的信息交流和职能协调外，还应定期（如每年若干次）组织联合检查，以起到集中发现问题，集中解决问题的效果。如跨界的检查组，检查组成员可由企事业单位和有关机构代表、居民代表、安全专家等组成。根据任务量的大小，还可分为若干小组，每个小组负责相关区域或单位，尤其关注重点危险源控制情况和各项计划的落实情况，区域或单位的安全管理和安全运行状况以及全员参与情况、群众满意度等。参加联合检查的成员应具备相关法规、专业知识，具有较强的分析判断能力，客观公正。

（5）检查过程中发现的问题，项目组能立即解决的应立即解决，并做相关记录；项目组层面解决不了的问题，应及时上报街镇促委会协调解决。对检查发现的问题，应以书面形式（如安监部门出具的《责令限期整改指令书》）通知被检查方。被检查方接到通知后应进行原因分析，制定整改方案，落实整改措施。对被检查方整改措施的落实和有效性应进行跟踪验证（如安监部门出具的《整改复查意见书》）。

注意事项：

①检查中指出存在的问题，包括违法行为和事故隐患，应提供法律、法规、国家标准或行业标准及规程等依据，在表述上应与有关规定相符；

②采取纠正措施不能就事论事，应通过某一个问题，找出并且纠正其他类似问题，起到举一反三作用；

③纠正措施在制定及实施前，应对其可能存在的风险及程度做充分的估计与评价，如果该措施所带来的新风险是不可承受的，则应考虑调整、修改或制定新的纠正措施；

④保存工作痕迹资料。日常安全检查应注意拍摄现场相关照片,尤其是有隐患的现场和部位,整改复查时要在同一位置角度拍摄整改后的现场和部位影像资料,集中分类保存。

(6)街镇应建立、完善行政监督、公共监督制度,接受社会和媒体监督。有条件的街镇,可采用科技手段如视频监控重点区域、部位等,及时发现、解决问题。

(7)对日常安全工作实施查漏补缺的检查。按照安全社区建设标准及相关法规和标准等要求,全面梳理各类安全问题,找出缺失内容和不足部分,予以解决和完善。

如:内外信息交流渠道,志愿者组织与作用,各类生产经营单位尤其是小微企业的管理,需要记录的事项及记录管理要求,安全社区档案管理要求,安全绩效评估等。

如:特种作业人员持证率不足,村居无安全巡查人员,三小场所消防设施配备不全,农用运输车辆未办理牌照,安全管理覆盖面不够等。

第三节 评估中发现的常见问题与对策

下列问题,是在建街镇的评估中发现的常见问题,可对号入座,举一反三,顺藤摸瓜,全面梳理,查漏补缺,认真改进。

问题1:对安全社区理念的理解、普及及安全社区建设方法的掌握不够;建设骨干人员对建设方法的理解不够全面;资源整合覆盖面不够,跨界机构工作多停留在纸面上,工作场所、消防安全、交通安全等项目组在建设工作中未实现跨界联动;各项目组在运作过程中,形式上虽采用了项目化运作方式,但实际上仍习惯性地采用传统日常工作模式。部分村居不知如何参与安全社区建设,对创安理念和工作存在偏差,设定的目标、计划不够具体、明确。

落实机构:创安办、各项目组。

对策建议:

（1）开展集中培训。请安全社区建设专家对促委会、创安办、项目组成员进行一次集中培训，就安全社区创建工作的理念、方法、内涵进行再学习、再认识、再提高。

（2）进行专题学习。采取内部交流、互动提问、答卷考试等方式开展专题学习，使创安办、项目组成员能熟练掌握和运用安全社区建设的标准与方法，以更好地指导和开展工作。

（3）组织参观学习。组织促委会领导层、创安办、项目组负责人及村居委主任到已通过安全社区评定的街镇学习创建工作经验。

（4）多依靠专业部门、专业人员展开专业干预，充分发挥专业优势。

（5）完善领导组织机构，成员单位责任到人，进一步完善各项目组的成员结构，将相关成员单位纳入，增加跨界合作的力度。

（6）加强有效资源利用，进一步完善跨界资源整合。如辖区部队、电力、建筑、敬老院、卫生院、学校等单位与项目组之间互动和资源共享，加强在应急、救护、康复、心理咨询、监控、学校安全环境等方面建设和行业规范化管理。

（7）街镇创安办总结经验，推广宣传，加强机制建设和创安理念的普及。加强对村居工作人员的强化培训工作，让村居工作人员提高认识、掌握方法，提升安全社区建设工作的质量和日常安全管理水平。

问题 2：伤害监测和伤害信息记录工作不够细致，未建立有效工作机制。相关监测部门对社区居民的伤害监测未掌握科学的方法，各类伤害数据有重复统计现象，整合性不好，导致项目策划缺乏指向性、目标制定不够科学。辖区医院、学校和重点企业都只是记录简单的流水账，把数据报给街镇创安办，创安办对伤害发生的地点、场地、从事的活动和高风险的人群分析不够全面、细致。

落实机构：创安办、各项目组。

对策建议：创安办整合辖内资源，建立完善的伤害监测机制，把医疗卫生机构的伤害监测和劳动部门的工伤事故记录有机结合，依托现有卫生、教育部门等资源、拓宽渠道、明确职责，规范事故与伤害记录、分析及应用程序，收集相关事故数据，发挥其在伤害问题分析中的作用。进一步熟悉伤害监测数据的分析、伤害监测方法。

区(县)、街镇两级加大对老年人和居民意外伤害保险及医疗附加险的投保力度和资金支持,引导更多辖区企业参保员工团体意外伤害险。同时,将意外伤害保险投保和事故与伤害监测工作相结合,拓宽事故与伤害数据的收集渠道。

问题3:项目的靶向性不够强,有用日常工作替代促进项目工作现象。重点项目的覆盖面不够。如:老年人中的防跌倒干预项目,只是关注独居老人、孤寡老人、残疾人员的康复项目,对其他老年人的覆盖面不足。

落实机构:各项目组。

对策建议:将安全社区建设工作与各项日常安全管理工作有机结合,融入日常服务。如:将老年人防跌倒与送餐、日托所管理、村居委组织的活动、志愿者服务等结合,同步进行。下一步工作中要注意梳理归纳,尤其对辖区一些重点难点问题,要注重策划项目的效果,注意项目的针对性和措施的有效性。进一步整合资源,充分借助各职能部门的力量,结合基础性工作,对各项目制定和补充必要的、刚性的、关键性措施,使各项目更具针对性和有效性。

对已有项目进行总结、完善,推广取得明显成效的特色项目,如燃气安全促进项目、客运车辆安全运行促进项目等。建议对某村村民安全出行促进项目拓展覆盖到其余村居,同时进一步规范各村居的日常安全基础工作。

问题4:预防与纠正工作机制尚未有效地建立或建立得不够完善。

落实机构:创安办、各项目组。

对策建议:完善预防与纠正工作机制,明确工作要求,以推动辖区安全管理与安全社区建设工作的有效配合、深度实施。结合实际,进一步调整、补充、细化安全社区建设的相关制度内容。如安全社区协商议事制度、宣传教育制度、信息交流和全员参与制度、安全检查制度、危险源辨识及隐患排查制度、事故与伤害记录制度、事故与伤害报告处理制度、项目绩效评估制度、档案管理制度等,使各项制度更具针对性和可操作性。

问题5:风险诊断不够全面、到位,项目有所缺失。缺少管理缺陷分析和潜在风险识别等,学生骑车安全、吸毒人员矫正和帮扶、建筑施工安全、老年人跌倒伤害、出租房屋热水器安全等重点问题未引起充分关注,相应工作力度不够。

落实机构：创安办、各项目组。

对策建议：完善风险辨识评价机制（明确各领域重点、难点问题），对如何有效确定重点问题和掌握问题严重程度等方面做制度设计。

进一步加强项目策划，在项目开展上加强针对性，尤其是在交通、居家、老年人、残疾人等方面拿出有效措施，在特色项目挖掘上下功夫，如将居家燃气安全、用电安全等领域工作做总结梳理，初高中学校的一些特色做法可纳入项目化运作。

问题6：风险辨识评价、评审及持续改进等工作机制不健全，未合理策划，导致工作未有效开展；工作组织、流程不够明确，未形成长效机制；事故与伤害数据收集和挖掘不够；安全诊断覆盖面较窄，对居家燃气安全、职业健康、建筑施工安全等关注不够。部分领域辨识过程仅限于事故与伤害数据的简单分析，问卷调查的样本量较少，辨识过程缺少对管理机制和体制运行方面存在问题的深入分析，导致辖内存在的重点问题不能客观、全面反映。

辖内2所高中都有寄宿学生，对学生的心理健康问题，创安办未立项干预。如某中学开展个案心理干预和团体辅导，有一套完整的管理和工作机制，可进行梳理完善，关注整体安全管理，提升为学生心理安全干预项目。

缺乏对居家燃气安全、居家用电、高层住宅等领域消防逃生的关注，评估发现燃气公司能主动到到村居入户检查，但村居的跟进和配合不够。

落实机构：创安办、各项目组。

对策建议：进一步扩大各项目风险辨识的覆盖面及深度。尤其要发动各村居跟进掌握情况，除做好安全生产、消防安全、社会治安等领域的安全管理之外，也要关注居家安全和老年人安全，加强对辖内老年人、弱势群体等人群的关注度，进一步扩大全员参与率。

问题7：基层安全监管机制不完善，安全监管未做到全覆盖，监管重点不突出。经营场所的监管存在失察漏管情况、有盲区，存在风险告知缺失、职业健康关注不够等问题。

如：某建筑工地特种作业人员无证操作、"四口"安全防护不到位、施工物资仓库住人；某小区居民楼电源开关裸露、灭火器失效等问题。

如：职能部门对检查发现的安全隐患未及时告知、跟踪整改；对员工的岗前体检、工作过程中员工职业健康检查未全面开展;对某公司作业环境问题、噪音问题、高温防烫问题未引起重视;对三小场所用气、用电安全问题关注不够。

如:某五金店存在三合一现象,某便利店无证照、无健康证,某村便民杂货店用电不规范,某牛肉汤档、某刀削面店液化石油气罐来路不明等问题。

如:某拉面馆店内的 4 个燃气瓶无任何标识且锈蚀严重,某康复推拿所无营业执照,某网吧经营食品人员无健康证等问题。

如:某小区老旧住宅旁边小餐饮店电线乱搭接。评估发现对三小场所管理还存在机制上的问题,一些三小场所存在安全隐患,如网吧吸烟现象、消防通道不畅、塑钢加工作坊安全管理失控,多个三小场所存在"三合一"现象等。

如:某居民老旧院落有个别住户电源总闸还使用保险丝和老式电源闸刀开关、某路段沿线存在废弃锈蚀烟囱易脱落隐患等问题。

落实机构:街镇领导小组、创安办、各项目组,有关职能部门、有关科室。

对策建议:完善基层安全管理机制,明确各类场所安全基本要求并强化落实,提升安全监管效能。

结合职能部门的专业力量,加强培训、指导,对存在的安全问题落实整改。食药监管部门要加强对食品卫生的监管,要求从业人员持证上岗,加强对重点餐饮场所、大型公众参与的宴席的监管,食品要留足量、留足样检查,预防食品中毒事故的发生。

加强三小场所的规范化建设和监管。可将某市场成熟的管理经验引入到社区营业店铺上来,抓好各类证照和消防安全规范化管理。相关职能管理部门加强沟通、协调,对三小场所的监管做到无缝隙、全覆盖,保障其处于相对安全的状态。

加强老旧营院安全管理建设。协同解决老旧营院安全问题,不留死角,充分利用网格和第一时间社情民意平台做好隐患排查梳理,对问题早发现、早解决。

将残疾人安全、居家安全纳入项目化管理,在居家安全方面进一步加强对老旧房屋安全用电、用气排查整治。

进一步规范安全生产检查程序,规范记录格式,追踪整改结果,提高安全检查质量;加强对各行业、领域安全管理人员的业务培训,提高其专业水平和责任心。

问题8:交通安全、治安安全、工作场所安全领域重点问题项目化干预不足,干预措施多侧重于宣传和检查,技术措施、治本之策、工作模式和机制建立等体现不够;很多工作处于自发状态,缺乏有效的统筹等。各项目组的作用发挥不足,工作缺乏整体联动。

落实机构:创安办、各项目组、有关科室。

对策建议:强化对相关场所的日常安全监管,尤其是要加强相关工作人员的业务素质培训,提高发现问题的能力与素质。交通安全、消防安全、工作场所等项目组的设置要充分体现跨界合作,将企事业重点单位代表和志愿者纳入。

(1)工作场所安全方面。要及时关注辖内企业新情况、新问题,并在管理制度、工作措施上下功夫。如随机抽查的某公司、某钢管厂、某汽修厂、某冶金设备配件厂等,基本处于半停工状态,现场设备、设施陈旧,存在职业病因素、用电风险、机械加工风险等,对此街道应予以关注,即使对半停产状态企业的日常安全管理也应规范。针对某公司在建宿舍设备摆放散乱问题,项目组要将建筑工地列为重点监督对象,增加检查频次和强度。针对某公司员工提出的高温、噪声、机伤等问题,项目组要加强企业职业卫生安全监管,督促企业全面开展职业卫生安全基础知识培训,并配备相关劳保用品。

(2)居家安全方面。针对敬老院电暖器摆放不合理、在液化气瓶底部放置纸皮等问题,项目组要制定安装固定电暖器摆放的不锈钢架方案,并加大力度宣传燃气安全使用知识。

(3)交通安全方面。针对居民群众反映部分摩托车驾驶员不戴安全头盔驾驶问题,项目组要制定持续开展摩托车不安全行为重点整治行动方案,有效遏制各类摩托车的不安全行为。联系各村居、学校积极开展交通安全教育,组织警力和志愿者开展摩托车交通安全教育。继续购置发放摩托车反光背心,进一步引导居民骑摩托车时佩戴头盔。

(4)消防安全方面。针对群众反映"网格化"管理不够完善问题,项目组要加快完善推进17个中网格、24个小网格全面建设,深化"清剿火患"战役,深挖消防安全隐患,杜绝麻痹意识,确保辖区消防形势稳定。

(5)学校安全方面。针对某学校化学实验室用木柜存放化学品问题,项目组要落实辖内所有学校改用铁柜存放化学品的整改方案,规范化学品存放,确保师生安全。针对某幼儿园楼梯未安装扶手和门口未安装防夹手设施问题,项目组要组织开展对辖内所有幼儿园的楼梯和门口进行安全检查,限期整改。

问题 9:项目绩效评估制度未有效落实,需注意提高评估质量。

落实机构:创安办、各项目组。

对策建议:对评审制度进行调整、补充和完善,建立健全总结评审制度、现场检查制度和对比分析制度。通过评审真正反映工作情况、查找工作差距,有针对性地确定需持续改进的重点工作和应调整的项目。

问题 10:档案资料不够完善,档案记录的即时性痕迹不够清晰。

落实机构:创安办、各项目组、有关科室。

对策建议:加强基础工作,做好各类资料与数据的收集、归纳、统计和存档,保留安全社区创建过程的全部信息和工作痕迹。

相关台账如辖内企业负责人、安全管理人员、特种作业人员等培训持证台账,危化品及烟花爆竹企业基础台账等,应进一步补充、完善。

问题 11:实施的部分项目缺乏深度和广度。如:在弃管楼的项目开展上,改造安装的防盗门平时多数敞开未起到安防作用,且楼院无消防设施等问题。在燃气安全项目上存有死角,入户抽查的残疾人家庭,燃气灶已超使用期限,且未安装通风设施,配备的燃气报警器未安装使用。

落实机构:创安办、各项目组、有关科室。

对策建议:配备和完善弃管楼的消防器材,加强技防建设,充分发挥技防和人防资源作用,改善治安状况,让已有的防盗设施起到安全屏障作用。进一步整合燃气公司等资源,在燃气隐患排查、摸清底数、解决问题上下工夫。

问题 12:评估发现:某路段存在小生产作坊位于居民楼下、某省道某路段陡坡急弯但无警示标志、某学校初中部操场一边离地较高但未设置栏杆等问题。日常安全检查工作有待规范、加强,如安全检查日志记录了存在的问题、整改建议,但缺乏跟踪落实。

落实机构:创安办、各项目组、有关科室。

对策建议：创造条件进行规范。发动村居全面开展安全隐患自查自纠工作，确保辖内安全。进一步细化三小场所日常安全监管制度、措施。

问题 13：部分项目数据不太准确，部分项目如燃气安全项目措施比较单薄，内容仅局限于有关单位、部门的日常工作；部分项目如防高坠、居民楼消防点项目仅局限于行政化措施，完整性不够。

落实机构：创安办、各项目组、有关科室。

对策建议：对辖内企业底数、实际情况、生产特点应进一步摸查清楚，准确分类。如三小场所中小生产加工作坊底数，企业负责人、安全管理人员、特种作业人员培训底数等，进一步完善管理。

加强日常工作、项目的精细化运作。

问题 14：项目评估和年度评审机制不完善，评审组织、程序、内容等不明确，实施过程存在随意化现象，未很好地发挥过程评估作用，指导性不强。评估工作只针对项目开展，对辖区交通、消防、治安、学校及安全生产缺乏整体评估，持续改进计划的指向性和可操作性不强。安全社区建设工作的持续改进机制不够完善。

落实机构：创安办、各项目组。

对策建议：利用现有年度总结、安委会等工作平台，强化过程评估，规范年度评审机制，加强职能部门作用的发挥，借助专业力量加强评估工作，把握辖区特点和重点问题，分析深层次原因，为下一步持续改进工作提供有针对性的建设性意见。

问题 15：对高危行业安全工作监管力度不够。辖内建筑工地在项目中无实质性内容。如抽查的某建筑工地，存在制度不健全、个体防护用品配备不齐全、施工现场较乱等问题。

落实机构：创安办、各项目组。

对策建议：立刻整改，并举一反三，在建筑行业强化企业安全生产主体责任，进一步加强建筑企业规范化建设和监管力度。

问题 16：项目缺乏特色与亮点。一些项目缺乏针对性，如连续几年辖区火灾统计结果显示：火灾主要发生于农业设施和民居草垛，但设置的消防项目并未有针对性地解决该问题。

落实机构：创安办、各项目组。

对策建议:针对区域性特点和资源优势,确立安全促进项目。如:充分发挥金融中心作用,整合区域金融资源在村居和企业开展一些防诈骗等项目,举一反三,进一步整合资源,在辖区事企业单位开展一些亮点工程。

安全诊断结果要用于安全促进项目和措施,避免流于形式、缺乏针对性。

进一步加强社区内危险源辨识力度,在道路安全促进项目中村级支线道路亮化、边坡防护、农机管理,居家安全项目中家犬管理、居家屋顶平台堆物清理等方面,均有可持续开展的项目。

问题17:现场评估时发现存在个别电梯超期服役、维保不及时、应急呼叫装置失效,楼层消火栓水枪丢失等问题。一些村居提供并安装的燃气灶具无自动熄火装置,防滑垫的提供和使用不符合用户需求。

落实机构:创安办、各项目组。

对策建议:提高老旧、高层楼房安全管理力度,各小区消防通道应划线标识,在一些重点单位、场所设置燃气泄漏报警器。加强干预措施的针对性。提供的安全服务及设施要注意质量。

问题18:对个别企业在佩戴劳动防护用品方面监管不到位。

落实机构:创安办、各项目组。

对策建议:项目组应进一步加强对企业的安全监管,尤其在职业健康危害因素方面,进一步提升辖区企业本质安全管理水平。

问题19:评估发现部分单位和场所存在较严重隐患,如镇卫生院存在用电隐患;某村8层高出租屋中电梯无审批手续却在使用;某蔬菜基地对农药的储存、使用、管理无序,未建立起双人双锁专柜存放工作制度;某纺织品家庭作坊存在"三合一"问题;某家具城内"二合一"和"三合一"现象较普遍,可燃物存放在疏散通道;某超市唯一的消防通道增设了防盗门,这些问题暴露出日常基础安全管理工作薄弱,部分行业领域和监管部门未落实责任。

落实机构:创安办、各项目组。

对策建议:街镇创安办协调相关职能部门各负其责,各司其职,加强各行业领域日常安全监管,不留死角,确保辖内各类安全风险处于可控状态。

第四节 如何持续改进

无诊断就无改进,无改进就无提高。

改进的途径可以是利用日常渐进式的改进活动,也可以是突破性的改进项目。应将持续改进作为一种制度坚持下来。

一、持续改进的基础

持续改进的基础是具有完善的机制。当街镇安全社区建设推进到一定程度、运作一段时间之后,就需要考虑持续改进事宜。

持续改进的内容来自评估结论,可从三个角度考虑:

一是对日常安全监管工作的完善;

二是从原有项目考虑;

三是策划新项目。

(一)对日常安全监管工作的完善

对评估中发现的问题与不足,如本章第三节所述类似问题,举一反三,补充完善,力争不留漏洞、不留死角,排查隐患。

(二)原有项目内容的延伸与拓展

一是确定的项目要与街镇的亮点与特色相结合。认真分析街镇特点,根据人口情况、企事业及小微企业等情况,针对街镇特点开展安全促进项目建设。

二是确定的项目要与社区日常安全管理及已开展的其他创建工作相结合。结合有关要素,用项目化的要求重新梳理,将一次性的工作转化为阶段性的、可持续性的项目,让其更完善、更全面、更深入。善于将安全社区建设与绿色社区、环保社区、平安社区、文明社区、幸福社区、美丽乡村、社会主义新农村等建设工作有机结合。

思路之一:借力(借势),对辖内单位或部门的项目做总结推广;或依托社区建设的有关项目,融合安全要素。

【案例】某企业班组实行"每月一题"学习方法,即技术人员根据该班组工作每月出一道和设备、工艺、安全操作相关的题目,要求每个员工写出答案,贴到班组专栏里,大家交流讨论,技术人员给以评判,给出正确答案,对安全生产很有帮助。项目组借力发挥,总结、提升,设置为安全促进项目;组织其他企业学习交流,扩大该项目实施面;制定持续推进措施。

提示:擅于将辖内企事业单位中一些好的做法结合进来形成项目。

思路之二:延续,对现有项目进行完善和延伸。

【案例】某街道按照省的要求对出租屋进行规范管理,对照安全促进项目要求,该项工作符合项目要求,但是深入调查发现,燃气使用还存在问题,如用三通连接灶台和热水器导致胶管过长、拖地。因此需要完善有关措施,如针对胶管过长问题,首先均衡选择若干户出租屋调查,得出不符合要求户数的比例,制定有关措施:①规定要求;②责成出租屋管理部门监督整改;③联合燃气公司增加检查胶管老化内容;④提供更换老化胶管服务;⑤推荐使用不锈钢波纹管;⑥其他。制定持续推进措施。

三是确定的项目要与社会力量特别是志愿者活动相结合。充分整合社区力量、跨界合作,项目组要有尽可能广泛的相关单位成员,有些成熟的项目可安排社会组织、志愿者来做。

如某街道交通项目组各子项目延伸与拓展案例:

交通安全社区流动服务车(延续项目,交警中队牵头);

社区驾驶员之家(延续项目,项目组推广);

儿童安全步行(某学校组织,项目组推广);

安全车友会(某单位组织,项目组推广)等。

三、策划实施新的项目

围绕历史遗留问题或新出现问题来考虑。各项目组要重新审视辖区本行业、本领域的安全风险与隐患,筛选出需要立项解决的子项目。具体思路与流程可参考本书第四章第四节。

如某街道交通项目组新策划的一些子项目：某社区门口干道架设过街天桥（报请上级审批，项目组跟踪落实），交通黑点排查、整治（交警中队牵头），社区道路微循环及管理（将交警中队纳入项目组），交通安全漫画征集评比（老年书画班牵头），角色换位体验（将交警中队纳入项目组）等。

四、持续改进的计划应当尽量细化

持续改进的计划应避免大、虚、空的提法，提出尽量细化的计划要求。

【案例】交通安全领域持续改进计划

一是加强交通安全事故数据的收集，力求做到全面、准确掌握交通事故发生的各类伤害情况，从而更有针对性地开展伤害预防工作。

二是每季度召开交通安全联席会议，协调各部门、各机团单位解决辖内交通安全工作的重大问题。

三是继续对存在风险隐患的交通路口进行改造，排查需要改造的重点交通路段。对实验学校周边的某北路和某南路等路段的道路设施、警示标示和隔离带进行升级改造。

四是加强软件方面的管理，加大对繁忙交通路口的执法力度，消除因"六乱"（乱堆放、乱搭建、乱摆卖、乱停放、乱拉挂、乱张贴）造成的堵塞现象。

第十章
如何撰写工作报告与申请评定

小隙沉舟

细微的裂缝可使船沉没，对小隐忧的疏忽会招来大麻烦。

本图片由广州苍龙动漫发展有限公司设计制作

本章关键词:撰写,报告,申请,评定

本章内容导读:

1.工作报告有关要求及流程;

2.工作报告撰写注意事项;

3.申请评定流程。

2年前,我们扬帆起航,启动全国安全社区建设工作。

2年来,街镇举全街镇之力,以人为本、跨界合作、整合资源、全员参与、持续改进,动员辖内居民群众共同参与,全力打造辖内的安全港湾。

2年后,到了总结验收建设工作成效之时,我们该理理思路、收集工作素材,编写一份完整的工作报告来迎接国家的评定验收了。

第一节　工作报告有关要求及流程

一、工作报告的格式与篇幅

工作报告的格式无硬性要求。正文建议用 A4 纸篇幅，4 号仿宋字体，图题、表题用 5 号字，表格内文字用 5 号或小 5 号字。

工作报告的篇幅无硬性的字数要求。目前工作报告基本上都在 7 万 ~15 万字，一般为 10 万字左右。

二、工作报告的基本要求

1.对照要素和指标，全面反映安全社区建设的过程、工作内容及成效，强调描述的个性化、细致与特色亮点。工作报告应体现街镇建设全国安全社区的特点：

（1）体现党委领导、政府主导、部门联动、全员参与；

（2）体现社区安全体系的系统化推进；

（3）体现跨界合作、整合资源、全员参与、持续改进；

（4）体现建设过程与干预效果；

（5）体现安全基础管理与建设，体现重点问题项目化运作；

（6）体现对辖内的事故预防与系统安全打造；

（7）体现对整体风险的防控，全面提升社区安全防范能力。

2.资料齐全、信息充分、前后一致、文字简洁。

体现全面性——立体展现街镇 2 年来安全社区建设工作情况。

体现务实性——如何做就如何写。

体现效果性——通过定性的、定量的及硬性的、软性的对比如数据、图片等来体现建设成效。

3.资料齐全、信息充分、前后一致、文字简洁。注意数据和文字描述的严谨、清晰。

三、工作报告的撰写流程

1.明确总撰稿人。各个参与部门、单位、项目组安排分撰稿人。把相关内容分解到各项目组、相关部门、单位人员。

2.明确有关人员各自职责,归纳、列出每一部分的编写内容。

3.总撰稿人进行统稿,对不合要求部分应与有关人员进行沟通,或到现场了解,修改形成初稿。

4.将工作报告初稿提交各参与部门、单位、项目组讨论修改。

5.创安办根据各方意见反复修改,将修改稿提交街镇主要领导亲自把关。

6.地方支持中心安排专家审核修改。

7.暂定稿,由地方支持中心报全国安全社区促进中心审核。

8.定稿。全国安全社区促进中心对上报的工作报告安排专家审核,回复审核意见和结论,街镇依此意见再修改,直至全国安全社区促进中心专家审核合格,即完成工作报告的修改工作。

第二节　工作报告撰写注意事项

安全社区工作报告是街镇启动安全社区建设工作2年来整体工作的全面、真实反映。因此,应当注意如下要点:

1.务必体现"真"字:一是真实,必须遵循做了什么写什么、做了多少写多少的原则;二是以认真、细致的态度将2年来的整体工作进行全面、系统地总结、描述。

2.避免前后内容重复叙述的现象。对重复内容给出路径提示即可,不必再陈述。

3.文字、语法、数据描述的简洁、严谨。

4.所叙述的工作应提供相应的客观证据,如事故与伤害数据及变化情况、新旧数据对比、相应记录说明、影像资料等。

5.已通过评定授牌街镇的工作报告可以参考,但不能照抄照搬。

[安全社区工作报告目录参考案例]

第1章　社区概况

1.1　社区简介

1.2　人口信息

1.3　社区结构

1.4　辖区主要安全风险概述

1.5　安全管理机构与队伍(如安监、质监、治安、消防、交通、城管、食药等)

1.6　安全社区建设历程

1.7　安全社区启动前一年度各类事故与伤害数据

第2章　安全社区建设机构与职责

2.1　组织机构设置

2.2　工作职责

2.2.1　安全社区促进委员会工作职责

2.2.2　安全社区促进委员会办公室工作职责

2.2.3　各项目组职责

2.3　安全社区建设机构开展工作情况

2.4　安全社区建设条件保障(含资金投入)情况

第3章　信息交流与全员参与

3.1　政府及相关部门与社区成员沟通的渠道

3.2　社区成员与政府及相关部门沟通的渠道

3.3　社会组织、志愿者组织参与建设工作情况

3.4　组织、参与社区内外安全社区活动情况

第4章　事故与伤害风险辨识及其评价

4.1　风险辨识及评价方法

4.1.1　事故分析法

4.1.2 隐患排查法

4.1.3 问卷调查法

4.1.4 座谈会法

4.2 风险辨识及评价结论

4.2.1 事故分析法辨识及结论

4.2.2 隐患排查法辨识及结论

4.2.3 问卷调查法辨识及结论

4.2.4 座谈会法风险辨识及结论

4.3 综合分析及结论

第5章 事故与伤害预防目标及计划

(仅列出本街镇确定的安全类别即可,并非包括以下所有的12个安全类别)

5.1 工作场所安全预防目标及计划

5.2 交通安全预防目标及计划

5.3 消防安全预防目标及计划

5.4 居家安全预防目标及计划

5.5 老年人安全预防目标及计划

5.6 儿童安全预防目标及计划

5.7 学校安全预防目标及计划

5.8 公共场所安全预防目标及计划

5.9 体育运动安全预防目标及计划

5.10 涉水安全预防目标及计划

5.11 社会治安预防目标及计划

5.12 防灾减灾与环境安全预防目标及计划

第6章 安全促进项目

6.0 安全促进项目概述(采用表格式,内容为:安全类别、项目名称、项目来源、针对的问题、项目目标、项目对象、开始时间、项目单位、目前状况〈结束或持续〉)

6.1 工作场所安全

6.1.1 本领域基本情况

6.1.2 本领域基础(常态化)工作情况(这是规定动作)

6.1.3 安全促进项目策划实施(这是自选发挥动作)

(注意：此部分应当针对当前工作的不足、之前未解决的问题、新发现的问题等，提出持续改进计划，包括方案、欲策划的项目等，尽量避免"进一步加强"、"进一步加大"等内容空洞的描述。)

结束语

附　录

(辖内有关安全社区建设工作的特色资料等)

第三节 如何申请评定

根据《安全社区评定管理方法（试行）》规定：凡自启动起持续开展工作满两年以上，符合安全社区建设基本要求条件的街镇，可根据建设的实际情况，向全国安全社区促进中心递交工作报告和《安全社区评定申请书》。

（一）上网申请

上安全社区网（网址：www.safecommunity.org.cn）下载全国安全社区评定申请书，按表格要求填写。加盖街镇公章后上交区（县）安全监管局审核盖章，再上报地方支持中心审核，经同意后上报全国安全社区促进中心备案。

（二）上报工作报告

将经区（县）及地方支持中心专家修改后的工作报告文本的电子版上报全国安全社区促进中心办公室（邮箱：gshu3@163.com）备案，等候安排专家对工作报告的审核。

（三）专家审核反馈意见

上交的工作报告经专家审核后，反馈意见结论有 3 种情形：一是基本通过，根据审核提出的意见补充修改完善工作报告，待现场评定时再提交；二是有部分内容未达标，须根据审核意见补充修改，按时重新上报复审，视复审结果再安排现场评定；三是不合格，须按审核意见重新组织编写，暂不安排现场评定。

（四）等候安排现场评定

工作报告基本通过后，等候全国安全社区促进中心安排现场评定时间，期间应做好各项准备工作，具体见本书第十一章内容。

第十一章
如何准备现场评定

覆车之鉴

善于借鉴他人事故教训，举一反三，避免事故的发生方乃智者之举。

本图片由广州苍龙动漫发展有限公司设计制作

本章关键词: 现场,评定,档案,点,路线,准备,安排

本章内容导读:

1. 如何准备档案资料;

2. 如何准备现场验证点;

3. 如何准备迎检工作。

准备现场评定工作前,街镇创安办、项目组成员应认真阅读《安全社区评定管理办法(试行)》(见本书附录),全面掌握有关规定、流程,以扎实的工作、良好的精神面貌迎接全国安全社区建设的现场评定验收。

第一节　档案资料的准备

一、安全社区建设档案

(一)档案整理原则

1.实事求是。从启动之日起到评定验收之日,自始至终做好完整的创建活动记录(文字、照片、图像、视频等),也就是留下真实、完整、系统的创安工作痕迹。

2.全面、细致。档案的整理形式上无有明确要求,可根据《全国安全社区现场评定指标(暂行)》中的 12 个一级指标、50 个二级指标来整理、归纳。

3. 明确各子档案的去向。档案资料并无明确要求应当全部集中在一起,也可分散保管,但应明确有关资料的去向。

4.杜绝拼凑、修改、虚假档案的现象。

(二)档案形式

安全社区建设档案形式为:文字(书面或电子文档)、图片和音像资料等。

(三)档案管理

街镇应当制定安全社区建设档案的管理办法,明确使用、发放、保存和处置要求等。

二、迎检资料的准备

全国安全社区现场评定组通常会根据街镇工作报告中提及的内容、项目等,要求提供有关材料,如以下几个方面:

1.有关底账数据类。启动建设工作的当年以来生产安全、交通安全、消防安全、治安安全等数据及分析;医疗机构的伤害记录;有关伤害调查、满意度调查表。

2.项目类。各项目组两年来的工作目标、工作计划、活动记录、持续改进计划。

3.隐患排查整改类。对重点企业、人员密集场所、三小场所等两年来的安全隐患检查和整改记录。

4.基础台账类。危险源辨识、地下人防工程、在建工地、应急物资库、物业公司、三小场所、两年来非正常死亡分析、城中村等情况。各类台账要完备、底清数明。

5.工作机制类。有关工作制度,两年来的目标计划、议事制度、社会组织参与情况、志愿者活动情况、有关创建工作记录、外来流动人口管理。

6.各类活动类。两年来安全生产月、消防月、防震减灾、社区安全活动、各类培训、知识竞赛、社会单位活动等照片、签到资料。

7.总结评估类。整体评估、各项目组评估情况;新闻媒体对街镇建设安全社区的报道资料。

8.安全文化建设类。如企业安全文化、校园安全文化、居民群众安全文化等建设、活动情况,有关信息交流沟通载体如网站、微信、QQ、短信等。

注意:具体内容以评定组的要求为准。

第二节　现场验证点的确定及安排

现场评定目的有以下5个:

(1)听取汇报;(2)查验痕迹;(3)观摩项目;(4)体验氛围;(5)分享经验。

注意几点:

(1)现场评定是一次现场辅导,也是深化认识、提升质量、持续改正的一个重要过程;

(2)现场评定交流过程中碰到问题、难题时可向专家请教,不必害怕暴露问题;

(3)现场验证点的选点应以小见大,充分体现以人为本的安全理念及辖区的特色与亮点。

一、关于点的选取及安排

点的安排要与工作报告中的项目或日常工作对应,报告中写明的措施要能在现场中得到对应体现(验证)。

1.点的数量要求。通常选取 3 条路线,每条路线准备 10~15 个点。

2.点的选取原则。

一是选取的每个点均应当明确给评定专家看什么内容、反映什么工作、凸显什么特色(亮点)。

二是在 3 条路线上均应当有反映各子项目的点(即每个子项目均要安排 3 个点)。

三是在 3 条线路上均应当各安排 1 个三小场所的点(即要确定 3 个三小场所)。

四是在 3 条线路上均应当安排 1 个村居的点(即要确定 3 个村居)。

3.对 3 条线路对应安排 3 辆车、有关陪同人员、相应时间。

4.每条线路上均应当安排 1 名街镇领导、1 名部门(科室)负责人、1 名具体经办人。应当注意以点带面的覆盖情况,随时能回答评定专家对安全社区建设情况的提问。

5.注意 3 条路线上沿线有关单位、场所的全面检查、准备,尤其对三小场所的问题(评定专家有可能随机要求下车查看)。

注意几个问题:

(1)对三小场所,应重点关注消防安全、用电安全、用气安全及有关规章制度的建立、完善等;

(2)评定组将对街镇自行安排的验证线路与点进行随机调整,如更换或增加等;

(3)杜绝弄虚作假的行为、素材、资料等,否则评定结果将被一票否决。

二、关于验证点上有关工作及资料的准备

1.营造现场迎检氛围,对验证点单位全体人员做一个全面动员,对本单位的环境、工作或教学场所、设备设施、消防器材等做一个全面检查。

2.对本单位门口、周边环境等安全检查、准备。

3.准备有关档案资料。

汇报稿里提及的待检单位采取的安全措施应当有对应的素材资料,供评定组专家检查。待检单位应将这些素材资料有条理地整理好,材料务必充实、详尽、真实。资料包括安全管理机构、企业资质、安全评估、职业健康、安全宣传、安全检查、应急预案及演练资料、安全促进项目计划、安全促进措施验证材料、安全培训会议资料、员工培训签到表等。

(1)日常安全管理工作情况,最好能准备有特色的实物资料如小册子(折页)、小卡片、图片、视频光盘等;

(2)安全社区建设相关资料;

(3)项目组运作有关资料,尤其要注意体现对《街镇全国安全社区建设工作报告》所涉及的子项目中有关问题、干预措施的实施情况等内容的反映。

4.准备待检单位安全工作的简要情况书面汇报资料(包含日常安全管理工作、安全社区建设情况、项目组运作,要突出特点),届时给评定专家一份。

[企业类汇报材料内容参考模版]

(1)企业简介:企业名称、主要生产产品、主要工艺流程、占地面积、员工文化程度及数量、安全管理架构等;

(2)企业主要的事故与伤害类型:企业成立以来发生过哪些生产安全事故与伤害?发生过多少起?主要类型是什么(钝/锐器伤、跌倒摔伤、烧伤、烫伤、火灾等?)主要发生的原因是什么(如:企业作业场所安全防护设施不完善;企业对安全管理落实不到位,员工违规操作;外来工多,素质参差不齐,文化程度较低,安全意识淡薄,缺乏安全教育培训;企业设备设施隐患排查有漏洞,隐患整改不及时、不彻底等)。如果企业从未发生过生产安全事故与伤害,那么企业在风险辨识的自查中觉得可能存在哪些风险和安全隐患?因此,企业的安全重点工作放在哪些方面;

(3)针对上述安全突出问题和隐患,企业采取哪些措施,详细、具体地列举有关措施;

(4)在采取了这些措施后,效果如何?事故发生率是否有下降?下降了多少?员工的安全意识是否有提高?提高了多少?如果效果不好,是什么原因?

(5)下一步计划采取哪些措施进一步提高企业的安全工作。

注意:汇报的所有内容和数据必须与《街镇全国安全社区工作报告》相对应,避免相互矛盾。

[学校类汇报材料内容参考模板]

(1)学校(幼儿园)简介:学校(幼儿园)名称、占地面积、师生数量、学生主要来源地、安全管理架构等;

(2)学校(幼儿园)主要的事故与伤害类型:学校(幼儿园)成立以来学生发生过哪些安全事故与伤害?发生过多少起?主要类型是什么(摔倒、磕碰伤、体育运动伤害、交通事故等)?主要发生的原因是什么?(如:学校的安全管理制度不够健全;学生对安全不够重视,安全意识淡薄,安全应急技能缺乏;学校体育运动场所多为沙粒和水泥场地,运动器械安全防护措施不完善;小学生缺乏交通常识,忽视交通法规;校车规范管理存在漏洞等)。如果学校(幼儿园)从未发生过学生的安全事故与伤害,那么学校(幼儿园)在风险辨识的自查中觉得可能存在哪些风险和安全隐患?学校(幼儿园)的安全重点工作放在哪些方面;

(3)针对上述安全突出问题和隐患,学校(幼儿园)采取了哪些措施,详细、具体地列举有关措施;

(4)在采取了这些措施后,收到的效果如何?事故发生率是否有下降?下降了多少?如果效果不好,是什么原因?

(5)下一步计划采取什么措施进一步提高学校(幼儿园)的安全工作。

注意:汇报的所有内容和数据必须与《街镇全国安全社区工作报告》相对应,避免相互矛盾。

[村居类汇报材料内容参考模板]

安全无小事,居家的每一个细节都不容忽视。

(1)村居人员、建(构)筑物、环境等基本情况,安全管理架构;

(2)辖区风险诊断(安全方面存在的主要问题)、与居民群众的及时沟通联系及有关安全问题的跟踪处理情况;

(3)居民用气安全;

(4)居民用电安全;

(5)辖区养犬安全;

(6)辖区治安安全;

（7）辖区弱势群体如老年人、残疾人、儿童等安全工作；

（8）辖区家庭暴力情况；

（9）辖区高空抛物安全情况；

（10）辖区外墙悬挂空调支架锈蚀掉落风险；

（11）预防家庭暴力情况；

（12）预防居民自杀情况；

（13）对辖区居民群众安全理念宣传、安全技能培训情况；

（14）辖区安全应急预案及演练情况等。

5.准备汇报材料的PPT（10分钟以内的篇幅）及会议室。关注实地检查的细节。应当善于通过细节的做法来展现工作思路与成效。

如向评定专家展示学校（幼儿园）所做的安全工作，例如墙角原来是有尖角的，学生容易磕伤，因此进行了包边或者打磨，消除了安全隐患等。评定前应当仔细检查校园内可能存在的安全隐患点并进行处理。

如向评定专家展示企业所做的安全工作，如某工地原来脚手架是如何搭设的，可能存在某些安全隐患，现在如何改进，消除了安全隐患。如危化品企业某危险化学品原来是放在不符合规定的仓库里，现在放在了专门购置的防爆柜内。如大型仓库原来仓库作业平台如何，可能存在某些安全隐患，现在如何改进，消除了安全隐患。如宾馆、网吧、市场、商场原来的楼梯（含电梯）、通道、门窗、线路、厨房、卫生间等存在某些安全隐患，实施安全干预后，取得怎样的效果，下一步的考虑等。

三、关于验证点上解说人员的挑选及要求

1.从日常负责安全管理工作的领导或部门负责人或直接负责安全工作的人员中物色。

2.充分熟悉本单位有关日常安全管理及安全社区建设资料，尤其要把握本单位安全风险诊断情况、有关情况的底数等。

3.准备好向评定专家介绍、展示本单位的路线及内容——注意通过每一个细节来展示、体现本单位对人员、场所、作业环境等的安全关注与改善。

4.熟悉安全社区建设的理念及有关要求。

5.现场人员的回答要与《街镇全国安全社区工作报告》提到的数据、事项、措施相符。

6.对评定专家的有关质疑如有不同意见可以解释,避免态度生硬的争论,事后可通过有效材料、合适渠道等做补充、解释。

四、做好面上随机抽点的准备

在现场评定中,评定专家还会对项目运作情况进行随机抽点验证。对这种随机抽点验证,靠评定前的突击准备是做不好的,只能靠平时全面、扎实的基础工作来落实。

第三节　区有关职能部门如何协助街镇迎接现场评定

区(县)各有关职能部门应根据职责分工,明确相关责任人,逐一落实相关准备工作,主动、积极配合街镇做好现场评定工作。

具体可结合街镇特点,扩充有关部门参与面。以下表格仅供参考。

表 11-1　有关职能部门参与现场评定工作参考表

序号	职能部门	主要事项
1	区(县)安全监管局	与上级安监部门对接,统筹、协调、安排好对街镇的评定验收工作
2	区(县)交通局	1.组织开展街镇辖内各类交通安全专项整治行动; 2.协助对有关路段的交通安全隐患进行整改、辖内公交站(场)点设施的维护情况
3	区(县)交警大队	1.安排交警负责介绍有关路段交通安全促进项目情况(介绍有关路段发生的交通事故情况、事故原因、干预措施); 2.做好评定验收时段街镇辖内各路段的交通安全管控,禁止电动车非法营运行为; 3.安排交警和交通协管员在有关路口指挥交通秩序
4	区(县)建设局	负责验收沿线市政道路、护栏标识及相关设施的整改、修缮
5	区(县)教育局	1.督促辖内各学校、幼儿园开展安全宣传教育活动,增强学生的安全意识; 2.对辖内校车的安全状况进行全面排查整治

续表

序号	职能部门	主要事项
6	区(县)卫生局	督促街镇社区卫生服务中心、社区卫生服务站等医疗卫生机构做好评定验收工作，完善社区居民健康档案和事故与伤害记录、指导社区职业病的预防、保健,组织协调社区安全事故的紧急医疗救护
7	区(县)残联	负责对街镇残疾人康复、劳动就业、活动开展及家庭无障碍设施改造等,协助进行现场解答
8	其他有关部门	有关职责

第四节　如何准备迎检工作

一、有关资料的准备

视街镇实际考虑如下方面:

1.制作创建宣传视频短片(注意:图文并茂,展现特色,具有视觉冲击力)。

2.制作创建宣传画册,编印辖内有亮点或特色的资料,如村居、辖内企事业单位等有关安全资料。

3.浓缩提炼街镇建设安全社区的核心理念,如"共建安全社区,共享幸福生活"。

4.提炼汇报资料,注意篇幅不要太长(正常语速20分钟以内的文字材料),可从如下几个方面考虑:街镇基本情况、安全社区建设成效及特色之处、存在问题、下一步考虑等。

5.确定参加首次、末次会议人员名单。

尽量涵盖参与创建的区(县)有关部门,街镇各科室,辖内企事业单位,如:

(1)区有关职能部门代表,如区安监、质监、工商、交警、交通、建设、公安分局、教育、卫生、残联等;

(2)村居代表;

(3)辖内企业代表;

（4）医疗卫生机构代表；

（5）辖内学校、幼儿园代表；

（6）志愿者、社工代表；

（7）居民、专家代表；

（8）辖内人大、政协委员代表；

（9）驻街部队代表等。

注意：参会人员应全面了解创安社区建设工作情况，尤其是与本职安全业务工作有关项目的来龙去脉、前因后果及有关底数。

二、会场的准备

会场的大小根据参会人数确定。会场不要布置成台上台下的形式，通常布置成环形面对面形式，以方便交流，见下图。

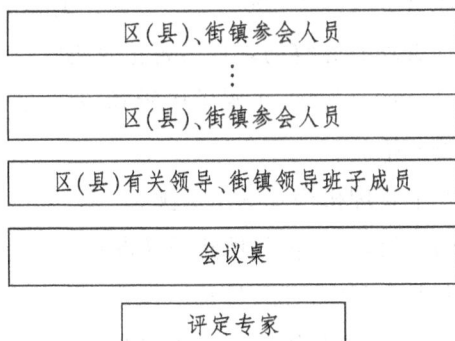

```
┌─────────────────────────────────┐
│       区(县)、街镇参会人员        │
└─────────────────────────────────┘
                 ⋮
┌─────────────────────────────────┐
│       区(县)、街镇参会人员        │
└─────────────────────────────────┘
┌─────────────────────────────────┐
│  区(县)有关领导、街镇领导班子成员  │
└─────────────────────────────────┘
┌─────────────────────────────────┐
│             会议桌               │
└─────────────────────────────────┘
     ┌─────────────────────┐
     │       评定专家        │
     └─────────────────────┘
```

图 11-1　会场布置图

三、首次会议上评定专家提问角度及思路

评定专家的各种提问及现场考查都将围绕《街镇全国安全社区工作报告》来展开。

下面提供的范例仅供参考，关键是举一反三、触类旁通，认真通读工作报告，同时系统梳理与工作报告相关的本职工作情况（尤其要清晰建设期间有关数据）。

（1）通过创安活动,社区内居民有哪些实实在在的感受?请通过具体事例来简要描述。(注意:类似综合性问题,专家可能并未指定具体由谁来回答,此时一般由安监中队长回答,其他参会人员做相关补充。)

（2）请街镇负责人回答:对创安活动的每一环节、每一过程是如何进行效能监察或者说绩效评估的? 各类活动成效如何?

（3）请宣传项目组回答:通过创安活动,对企业安全文化建设印象最深的是什么? 或者用一句话来表述企业安全文化的精髓。

（4）请外来务工项目组回答:本项目的特色之处有哪些?

（5）请医院代表回答:各类伤害数据如何获得、有什么渠道及制度等?

（6）请安监中队长回答:体现辖内企业安全生产软实力的内容有哪些?如国家注册安全工程师、安全主任等数量,安全文化示范企业数量、通过标准化评审的企业数量,分类分级企业数量等。对安全主任开展了哪些活动来进行沟通、交流从而共同提高?

辖内生产性企业负责人是否 100%参加培训? 请提供辖内生产性企业名单。每次到企业检查均有完整的现场检查记录吗?

对三小场所(小档口、小作坊、小娱乐场所)的安全监管、对安监队员的综合素质等方面有哪些措施?

简介街镇各类安全管理机构及队伍情况;

简介信息交流沟通渠道、宣传阵地建设情况;

简介街镇创安办公室基本情况、日常运作等。

请提供系列有关项目、干预措施有关单位及人员情况的名单,如:辖内物业公司名单、辖内大中小学及幼儿园名单、辖内物流运输企业名单、辖内仓储企业名单、辖内危险化学品企业名单、涉及职业病危害企业名单、已通过标准化评审企业名单、辖内商场超市名单、辖内农贸市场名单、辖内专业批发市场名单、辖内企业职业病情况一览表、辖内建筑工地名单。

（7）请区(县)食药局(由街镇相关科室或区驻街镇分支机构)回答:辖内对食品安全形势及监管的措施。

（8）请交通安全项目组回答:区(县)交警大队(中队)对 2012—2014 年每年事故指标及完成数量,对年度死亡事故情况的分析,对过境的大车安全监管情况等。

对辖内一般驾驶员安全意识及技能的培训教育，对运输企业驾驶员、校车驾驶员的培训教育等有些什么做法？

（9）请消防安全项目组回答：派出所对辖内消防管理的工作痕迹体现在何处，如检查记录、告知书、具体措施（告知应做什么、不能做什么）等。

你说对比数据下降了，请解释一下你们是通过哪些措施来达到目的的。

（10）请学校安全项目组回答：校园内对孩子们的伤害主要有哪些？

幼儿园管理代表回答（略）。

小学代表回答——关注隐性安全隐患，如坐姿、用眼卫生等。

初中代表回答——关注心理创伤、生理期卫生等。

大学代表回答（略）。

注意：既要关注安全硬性要素，也要关注心理健康等安全软性要素。

关注校车安全问题，如辖内校车有几辆？校车方面有哪些安全管理制度？

（11）请居家安全项目组回答：辖内居民洗澡用管道燃气、瓶装气、电的比例分别为多少？数据是如何得来的？比如问卷调查、入户调查、各村居收集汇总，燃气公司、电力公司、燃气公司等统计数据等。

再如，用管道燃气、灌装气洗澡、做饭的居民户数据等。

（12）请残疾人安全项目组回答：对残疾人出行交通安全的关注有哪些措施？

（13）请社会治安项目组回答：最近3年辖内自杀情况统计及分析，这些数据来自哪些部门？比如村居委、相关单位、派出所等。

辖内专题会议、联席会议有否制度化？主要依托哪些力量来抓好此项工作？街镇2年创建期间开了几次专题会议？会议原始记录保存在何处？有否开展横向交流活动？

（14）请机械伤害项目组回答：措施是针对问题进行修正的，也就是对症下药，有几个问题就相应有几方面改正措施。工作报告中提及的5个问题与后面的措施缺乏针对性，只有培训这一条勉强对应。请做一个补充解释。

（15）请养狗项目组回答：辖内登记有几条狗？对这些狗是如何管理的？有哪些措施？

（16）请老年人安全项目组回答：对辖内老年人安全状况是通过什么途径了解获得的？如老年人座谈会、对老年人的入户调查、街镇卫生服务中心统计数据等。

（17）请部队代表回答：安全社区建设对部队官兵心理及人身安全、装备安全、营区安全等关注及措施的完善有何促进效果？

（18）请有关项目组代表回答：立项的根据是什么或者说风险辨识（项目诊断）的手段、或者说采用了哪种方法进行诊断的？如专家分析、伤害数据分析、问卷调查分析、隐患排查分析、数据分析法确定等。数据来自哪里、什么渠道？原始数据保存在何处？发放了多少份调查问卷？如何发放的？比如通过志愿者、村居、出租屋管理办、企业员工等，或召开座谈会、职能部门提供相关数据等。

四、时间安排

对一般的街镇，全国安全社区现场评定组将安排 2 天时间，对街镇创安工作进行全面考察、了解、评定。

对一些大型的街镇，比如人口几十万人以上、区域面积较大的街镇，将安排 3 天时间进行评定验收。通常评定验收时间安排如下：

表11-2　评定验收时间安排表

日　期	时　间	活　动	主要内容及要求
第一天	9:00—9:30	首次会议	评定组介绍评定程序； 街镇领导简要介绍安全社区工作情况
	9:30—10:30	交流/查阅资料	就工作报告和介绍内容进行交流
	10:30—12:00	现场考察	随机抽样,获取信息,验证效果
	12:00—14:00	午　休	
	14:00—17:00	现场考察	随机抽样,获取信息,验证效果
第二天	9:00—12:00	现场考察	随机抽样,获取信息,验证效果
	12:00—14:00	午　休	
	14:00—15:00	补充现场考察点	
	15:00—16:30	评定组内部交流	
	16:30—17:00	末次会议	反馈现场评定意见

参考文献

[1] 国家安全生产监督管理总局政策法规司组织编写．安全文化知识读本．北京:煤炭工业出版社,2011.

[2] 张鹏主编．安全生产检查实务．北京:气象出版社,2007.

[3] 董传师主编,张喆、王学德副主编．安全智汇——意外伤害案例及应对方法．济南:山东大学出版社,2011.

[4] 北京天地大方科技文化发展有限公司编．安全更是自己的事．北京:航空工业出版社,2014.

[5] 广州市安全生产宣教中心,全国安全社区广州支持中心合编．安全社区标准与建设方法(广州地区培训教材),2014.

[6] 广州市安全生产委员会办公室主编．广州市安全监管培训专用教材(第二版),2014.

附录一

安全社区建设基本要求

(Basic Criteria of Safe Community Building)

(国家安全生产行业标准 AQ/T 9001-2006)

1 范围

本标准规定了安全社区建设的基本要求,旨在帮助社区规范事故与伤害预防和安全促进工作,持续改进安全绩效。

本标准适用于通过安全社区建设,最大限度地预防和降低伤害事故,改善社区安全状况,提高社区人员安全意识和安全保障水平的社区。

本标准供从事安全管理、事故与伤害预防和社区工作的人员使用。

2 规范性引用文件

下列文件中的条款通过本标准的引用而成为本标准的条款。凡是注明日期的引用文件,其随后所有的修改单(不包括勘误的内容)或修订版均不适用于本标准,然而,鼓励根据本标准达成协议的各方研究是否可使用这些文件的最新版本。凡是不注明日期的引用文件,其最新版本适用于本标准。

2.1　ILO/OSH 2001:职业安全健康管理体系导则,国际劳工组织;

2.2　世界卫生组织 2002:安全社区准则;

2.3　GB/T 28001-2001:职业健康安全管理体系规范。

3 术语

3.1　安全(safety)

免除了不可接受的事故与伤害风险的状态。

3.2　社区(community)

聚居在一定地域范围内的人们所组成的社会生活共同体。

3.3　安全社区(safe community)

建立了跨部门合作的组织机构和程序,联络社区内相关单位和个人共同参与事故与伤害预防和安全促进工作,持续改进地实现安全目标的社区。

3.4 安全促进(safe promotion)

为了达到和保持理想的安全水平,通过策划、组织和活动向人群提供必需的保障条件的过程。

3.5 伤害(injury)

人体急性暴露于某种能量下,其量或速率超过身体的耐受水平而造成的身体损伤。

3.6 事故(accident)

造成人员死亡、伤害、疾病、财产损失或其他损失的意外事件。

3.7 事件(incident)

导致或可能导致事故与伤害的情况。

3.8 危险源(hazard)

可能造成人员死亡、伤害、疾病、财产损失或其他损失的根源或状态。

3.9 事故隐患(accident potential)

可导致事故与伤害发生的人的不安全行为、物的不安全状态、不良环境及管理上的缺陷。

3.10 风险(risk)

特定危害性事件发生的可能性与后果的结合。

3.11 风险评价(risk assessment)

评价风险程度并确定其是否在可接受范围的全过程。

3.12 绩效(performance)

基于安全目标,与社区事故与伤害风险控制相关活动的可测量结果。

3.13 目标(objectives)

社区在安全绩效方面要达到的目的。

3.14 不符合(non-conformance)

任何与工作标准、惯例、程序、法规、绩效等的偏离,其结果能够直接或间接导致事故、伤害或疾病,财产损失、工作环境破坏或这些情况的组合。

3.15 持续改进(continual improvement)

为了改进安全总体绩效,社区持续不断地加强事故与伤害预防工作的过程。

4 安全社区基本要素

4.1 安全社区创建机构与职责

建立跨部门合作的组织机构,整合社区内各方面资源,共同开展社区安全促进工作,确保安全社区建设的有效实施和运行。

安全社区创建机构的主要职责包括:

a.组织开展事故与伤害风险辨识及其评价工作;

b.组织制定体现社区特点的、切实可行的安全目标和计划;

c.组织落实各类安全促进项目的实施;

d.整合社区内各类资源,实现全员参与、全员受益,并确保能够顺利开展事故与伤害预防和安全促进工作;

e.组织评审社区安全绩效;

f.为持续推动安全社区建设提供组织保障和必要的人、财、物、技术等资源保障。

4.2 信息交流和全员参与

社区应建立事故和伤害预防的信息交流机制和全员参与机制。

a.建立社区内各职能部门、各单位和组织间的有效协商机制和合作伙伴关系;

b.建立社区内信息交流与信息反馈渠道,及时处理、反馈公众的意见、建议和需求信息,确保事故和伤害预防信息的有效沟通;

c.建立群众组织和志愿者组织并充分发挥其作用,提高全员参与率;

d.积极组织参与国内外安全社区网络活动和安全社区建设经验交流活动。

4.3 事故与伤害风险辨识及其评价

建立并保持事故与伤害风险辨识及其评价制度, 开展危险源辨识、事故与伤害隐患排查等工作,为制定安全目标和计划提供依据。

事故与伤害风险辨识及其评价内容应包括:

a.适用的安全健康法律、法规、标准和其他要求及执行情况;

b.事故与伤害数据分析;

c.各类场所、环境、设施和活动中存在的危险源及其风险程度;

d.各类人员的安全需求;

e.社区安全状况及发展趋势分析；

f.危险源控制措施及事故与伤害预防措施的有效性。

事故与伤害风险辨识及其评价的结果是安全社区创建工作的基础，应定期或根据情况变化及时进行评审和更新。

4.4 事故与伤害预防目标及计划

根据社区实际情况和事故与伤害风险辨识及其评价的结果制定安全目标，包括不同层次、不同项目的工作目标以及事故与伤害控制目标，并根据目标要求制定事故与伤害预防计划。计划应：

a.覆盖不同的性别、年龄、职业和环境状况；

b.针对社区内高危人群、高风险环境或公众关注的安全问题；

c.能够长期、持续、有效地实施。

4.5 安全促进项目

为了实现事故与伤害预防目标及计划，社区应组织实施多种形式的安全促进项目。

4.5.1 安全促进项目的重点应针对高危人群、高风险环境和弱势群体，并考虑下列内容：

a.交通安全；

b.消防安全；

c.工作场所安全；

d.居家安全；

e.老年人安全；

f.儿童安全；

g.学校安全；

h.公共场所安全；

i.体育运动安全；

j.涉水安全；

k.社会治安；

l.防灾减灾与环境安全。

4.5.2 安全促进项目的实施方案内容应包括：

a.实施该项目的目的、对象、形式及方法；

b.相关部门和人员的职责；

c.项目所需资源的配置和实施的时间进度表；

d.项目实施的预期效果与验证方法及标准。

4.6 宣传教育与培训

社区应有安全教育培训设施，经常开展宣传教育与培训活动，营造安全文化氛围。宣传教育与培训活动应针对不同层次人群的安全意识与能力要求制定相应的方案，以提高社区人员安全意识和防范事故与伤害的能力。

宣传教育与培训方案应：

a.与事故和伤害预防的目标及计划内容一致；

b.充分利用社会和社区资源；

c.立足全员宣传和培训，突出对事故与伤害预防知识的培训和对重点人群的专门培训；

d.考虑不同层次人群的职责、能力、文化程度以及安全需求；

e.采取适宜的方式，并规定预期效果及检验方法。

4.7 应急预案和响应

对可能发生的重大事故和紧急事件，制定相应的应急预案和程序，落实预防措施和具体应急响应措施，确保应急预案的培训与演练，减少或消除事故、伤害、财产损失和环境破坏，在发生紧急情况时能做到：

a.及时启动相应的应急预案，保障涉险人员安全；

b.快速、有序、高效地实施应急响应措施；

c.组织现场及周围相关人员疏散；

d.组织现场急救和医疗救援。

4.8 监测与监督

制定不同层次和不同形式的安全监测与监督方法，监测事故与伤害预防目标及计划的实现情况。建立社区内政府和相关部门的行政监督，企事业单位、群众组织和居民的公众监督以及媒体监督机制，形成共建社区和共管社区的氛围。

安全监测与监督内容应包括：

a.事故与伤害预防目标的实现情况；

b.安全促进计划与项目的实施效果；

c.重点场所、设备与设施安全管理状况；

d.高危人群与高风险环境的管理情况；

e.相关安全健康法律、法规、标准的符合情况；

f.社区人员安全意识与安全文化素质的提高情况；

g.工作、居住和活动环境中危险有害因素的监测；

h.全员参与度及其效果；

i.事故、伤害、事件及不符合的调查。

监测与监督结果应形成文件。

4.9 事故与伤害记录

建立事故与伤害记录制度，明确事故与伤害信息收集渠道，为实现持续改进提供依据。事故与伤害记录应能提供以下信息：

a.事故与伤害发生的基本情况；

b.伤害方式及部位；

c.伤害发生的原因；

d.伤害类别、严重程度等；

e.受伤害患者的医疗结果；

f.受伤害患者的医疗费用等。

记录应实事求是，具有可追溯性。

4.10 安全社区创建档案

建立规范、齐全的安全社区创建档案，将创建过程的信息予以保持，包括：

a.组织机构、目标、计划等相关文件；

b.相关管理部门的职责，关键岗位的职责；

c.社区重点控制的危险源，高危人群、高风险环境和弱势群体的信息；

d.安全促进项目方案；

e.安全管理制度、安全作业指导书和其他文件；

f.安全社区创建活动的过程记录。包括：创建活动的过程、效果记录；安全检查和监测与监督的记录等。

安全社区创建档案的形式包括文字(书面或电子文档)、图片和音像资料等。

社区应制定安全社区创建档案的管理办法，明确使用、发放、保存和处置要求。

4.11 预防与纠正措施

针对安全监测与监督、事故、伤害、事件及不符合的调查,制定预防与纠正措施并予以实施。对预防与纠正措施的落实情况应予以跟踪,确保:

a.不符合项已经得到纠正;

b.已消除了产生不符合项的原因;

c.纠正措施的效果已达到计划要求;

d.所采取的预防措施能防止同类不符合的产生。

社区内部条件的变化(如场所、设施及设备变化、人群结构变化等)和外部条件的变化(如法律法规要求的变化、技术更新等)对社区安全的影响应及时进行评价,并采取适当的纠正与预防措施。

4.12 评审与持续改进

社区应制定安全促进项目、工作过程和安全绩效评审方法,并定期进行评审,为持续不断地开展安全社区建设提供依据。

评审内容应包括:

a.安全目标和计划;

b.安全促进项目及其实施过程;

c.安全社区建设效果;

d.确定应持续进行或应调整的计划和项目;

e.为新一轮安全促进计划和项目提供信息。

社区应持续改进安全绩效,不断消除、降低和控制各类事故与伤害风险,促进社区内所有人员安全保障水平的提高。

附录二

全国安全社区评定指标

一级指标	二级指标
1.安全社区创建机构与职责	1.有安全社区建设领导机构,成员组成符合跨部门合作的要求,涵盖了辖区内主要相关部门、社会组织及其负责人,负责组织、协调安全社区建设和绩效评审工作
	2.有符合社区实际情况的若干个安全促进项目组,成员包括相关职能部门和社会单位管理人员、专业技术人员、社会组织代表、志愿者及社区居民等,负责组织实施安全促进项目
	3.建立健全了安全社区建设领导机构和安全促进项目组的工作制度并规定其职责
	4.制定了长期和年度的安全社区工作目标和工作计划
	5.有必要的资金投入,保障安全社区建设顺利进行
2.信息交流和全员参与	6.积极组织和广泛参与辖区内、外的安全社区各类交流活动
	7.建立了相关安全信息收集、交流、沟通、传递和反馈渠道,保持社区内纵向各层级和横向各部门以及国内安全社区网络的沟通积极、顺畅
	8.有持续参与社区安全促进工作的志愿者和社会组织,充分发挥其作用且活动有效果
	9.组织社区成员以不同形式广泛参与各类安全促进活动
3.事故与伤害风险辨识及其评价	10.选择并运用适用的方法(如隐患排查、安全检查表、社区调查、伤害监测、专家经验等)对社区各类事故与伤害风险进行辨识与分析
	11.辨识的风险符合社区实际情况。事故与伤害资料数据真实,能够反映其发生的频次和原因
	12.分析容易发生或受到伤害的高危人群、高风险环境和弱势群体并确定重点人群、重点场所、重点问题
	13.建立了各类生产经营和商贸、服务性单位的安全专项台账,及时掌握其安全动态
4.事故与伤害预防目标及计划	14.根据事故与伤害风险辨识及其评价的结果、社区实际情况和社区成员的安全需求,制定了事故与伤害预防控制目标,应有明确的针对重点人群、重点场所、重点问题的安全促进目标
	15.制定了覆盖不同人群、环境和设施的并能够长期、持续、有效进行的事故与伤害预防和风险控制计划,尤其是针对重点人群、重点场所、重点问题的安全促进计划

一级指标	二级指标
5.安全促进项目	16.依据事故与伤害预防、控制目标和安全促进计划,策划并确定安全促进项目
	17.安全促进项目的策划要针对社区存在的特定问题,有实施方案和具体措施,项目结构完整
	18.安全促进项目覆盖了工作场所、消防、交通、社会治安、居家等主要方面。工作场所安全应关注从业人员的职业安全与职业健康
	19.安全促进项目覆盖了目标人群或场所,覆盖面不少于50%
	20.安全促进项目组能够履行职责,发挥作用,组织或实施各项安全促进项目
	21.能够体现社会组织、志愿者和社区单位的参与情况,证明已多渠道整合了各类资源
	22.安全促进项目实施效果良好并能够提供相应对比数据或客观证据,并用于持续改进
6.宣传教育与培训	23.吸纳和整合能够满足社区需要的安全宣传教育与培训的设施和资源,包括社区内部资源和外部资源
	24.有符合社区制定的事故与伤害预防计划的宣传教育与培训计划以及相关管理要求
	25.采取多种形式组织实施对社区成员适用的安全知识和技能的宣传教育与培训工作。实施效果能够满足不同需求与要求,达到预期效果
	26.安全社区建设领导机构和各安全促进项目组的骨干参加了安全社区标准和建设方法的培训
	27.重视安全文化建设,建立并充分运用传播安全知识的渠道和载体
	28.依据相关要求组织或监督对从业人员的安全培训和职业健康教育
7.应急预案和响应	29.针对社区自然灾害、事故灾难、公共卫生事件和社会安全事件等突发事件制定不同层次、具有可操作性的应急预案或应急响应措施
	30.按标准、要求或预案规定配备了应急设施和器材并保持完好
	31.建立了专职或兼职的应急队伍,有组织、调动和训练的制度体系,能够保证快速、有效地进行应急响应和救援处置
	32.有针对性的组织应急知识宣传、应急技能培训及必要的应急演练,社区成员具有基本的自救互救知识和应急避险能力

续表

一级指标	二级指标
8.监测与监督	33.有社区专职或兼职安全监督机构,认真履行职责。制定并有效实施社区成员对社区各类安全工作的监测与监督方法
	34.有不同形式和内容的定期、不定期、专项及综合安全检查制度并严格执行。检查范围覆盖社区内所有场所、设施和环境尤其是工矿商贸企业的关键岗位、要害部位。全面、综合性安全检查每年不少于4次
	35.事故与伤害数据的监测结果能够按要求如实报告相关主管部门并及时反馈给安全社区建设领导机构和安全促进项目组
9.事故与伤害记录	36.建立了事故与伤害记录制度,能够将社区各类伤害尤其是工作场所、消防、交通、社会治安等方面的事故与伤害进行记录
	37.按照相关部门的要求,规范了记录的种类、格式、内容和填写要求,记录内容真实、完整,信息全面
	38.有事故与伤害记录的管理制度。五年内的事故与伤害记录保存完好,具有可追溯性且便于查阅
	39.指定专门工作组或专人负责各类伤害记录的收集、整理与分析并将结果反馈给安全社区建设领导机构和相关安全促进项目组
	40.伤害记录(包括人群伤害调查)与分析的结果应用于绩效分析、预防与纠正措施及策划安全促进项目等方面
10.安全社区创建档案	41.建立了适用的、符合社区工作惯例的、不同形式的、包含了安全社区建设主要工作和信息的档案
	42.制定了安全社区创建档案的管理办法,明确档案的使用、发放、保存和处置要求
	43.安全社区档案的保存、管理符合社区实际情况,满足各单位和部门工作需要
11.预防与纠正措施	44.对社区各类风险识别和信息交流、各类安全监测与监督以及社区安全绩效评审或评估工作中发现或反映的问题,采取了有效的整改措施并对整改结果有验证
	45.认真调查分析社区发生的各类事故与伤害,有针对性的制定了纠正措施并予以实施
	46.针对已发现的问题和发生的各类事故与伤害,能够采取预防措施,防止同类问题重复出现
12.评审与持续改进	47.有计划、目标、项目与措施、效果评审的制度与方法
	48.每年组织不少于一次的安全社区建设整体工作的安全评审。对重点安全促进项目进行了计划、过程和效果评审
	49.评审结果能够反映安全促进工作的实际效果并用于指导持续改进工作的开展
	50.根据随机抽查结果,大多数社区成员对社区总体安全状况表示满意,对实施的重点安全促进项目表示满意

附录三

安全社区评定管理办法(试行)

第一章 总 则

第一条 根据国家安全生产监督管理总局（以下简称安全监管总局）《深入开展安全社区建设工作的指导意见》(安监总政法〔2009〕11号)、国务院办公厅印发的《安全生产"十一五"规划》、安全监管总局和中央综合治理委员会办公室联合下发的《关于在安全生产领域深入开展平安创建活动的意见》(安监总协调〔2006〕67号)要求,为促进安全社区建设,规范安全社区评定管理,特制定本办法。

第二条 安全社区评定依据安全监管总局颁布的《安全社区建设基本要求》(AQ/T 9001-2006)标准对申请社区实施评定,遵循客观、公正、公平、公开的原则。

第三条 凡符合《安全社区建设基本要求》(AQ/T 9001-2006)"社区"定义的城市社区、农村社区和企业主导型社区均可提出申请。

第四条 受安全监管总局委托,中国职业安全健康协会(以下简称协会)负责安全社区的评定与管理工作。

第五条 安全社区评定管理程序,分为申请与初审、现场评定、综合评定与证后管理(含复评)。

第二章 申请与初审

第六条 申请社区按照标准启动安全社区建设并向协会备案后,申请评定时应具备以下条件:

(一)按照安全监管总局颁布的《安全社区建设基本要求》(AQ/T 9001-2006),持续开展安全社区建设两年以上;

（二）有效地预防、减少事故和伤害的发生，生产安全事故及其他各类事故与伤害指标连续两年在当地政府下达的控制考核指标以内。

第七条 凡符合申请条件的社区，应按要求填写《安全社区评定申请书》，经社区所在地县级以上人民政府安全监管部门审核同意，出具推荐意见并加盖省市级安全监管局印章后向协会提出评定申请。

第八条 申请社区提交材料包括：

（一）《安全社区评定申请书》（纸质一式三份和电子版）；

（二）创建安全社区工作报告（纸质一式三份和电子版），主要内容应包括：社区概况、工业与商贸网点分布情况、创建安全社区以来安全促进工作取得的成效、持续改进计划、各类伤害与事故监测结果、社区居民满意度等；

（三）社区联系方式，包括地址、电话、网址、电子信箱和联系人等。

第九条 协会收到社区提交的申请材料后于20个工作日内对申请社区完成材料初审，提出初审意见后报安全监管总局备案，同时以书面形式通知申请社区。

第三章 现场评定

第十条 现场评定由促进中心派出现场评定组。现场评定实行组长负责制，并对现场评定的质量控制负全面责任。

第十一条 现场评定组通常由3~5人组成，组长应由具有高级技术职称的安全专家或具有丰富安全社区创建工作经验的人员担任。

第十二条 现场评定组职责：

（一）编制现场评定计划和评定工作文件；

（二）组织和实施现场评定；

（三）协调现场评定有关事宜；

（四）及时报告现场评定工作中发现的重大问题；

（五）根据现场评定情况反馈现场评定意见。

第十三条 评定计划的编制。评定计划的编制通常包括以下内容：目的与任务、评定依据、评定人员、日程安排等。评定计划应在评定前通知申请方并应得到申请方确认。

第十四条 评定工作文件的编制。评定工作文件是评定组实施和确定评定质量的依据。评定工作文件通常包括:质量控制规范、评定检查表、会议记录、调查问卷、指标评定汇总表等。

第十五条 现场评定人员的条件:

(一)熟悉相关法律法规、安全社区评定程序和评定标准;

(二)具有开展安全社区建设等方面的知识;

(三)有较丰富的安全社区工作经验或经历;

(四)与申请方没有直接利益关系。

第十六条 现场评定人员职责:

(一)全过程参加现场评定工作;

(二)及时报告现场评定工作情况和评定工作中发现的重大问题;

(三)准确记录评定工作情况,对现场评定提出评定意见;

(四)客观公正、严谨务实、清廉自律、遵守保密规定。

第十七条 现场评定程序:

现场评定包括召开首次会议、现场考察、汇总分析和召开末次会议。

第四章 综合评定

第十八条 现场评定组完成现场评定工作任务后,应在10个工作日内向促进中心提交评定工作报告。

第十九条 评定工作报告主要内容:

(一)评定的过程;

(二)评定的项目与方法;

(三)材料初审与现场评定情况、随机调查和指标评定结论;

(四)存在问题与整改建议;

(五)评定结论性意见。

第二十条 协会收到现场评定组的评定工作报告后,召开专题会议,研究做出综合评定结论。

第二十一条 协会将综合评定结论以书面形式报安全监管总局备案,并在协会网站予以公示,公告时间不少于15日。

第二十二条 公示期内,如有异议,反映者须署真实姓名向协会反映。公示时间截止后,如无异议,协会以书面形式反馈申请社区并抄送相关安全监管部门,并向申请社区颁发"全国安全社区"证书和牌匾。

第五章 证后管理

第二十三条 "全国安全社区"称号有效期五年。期满三个月前应该提出复评申请,并提交复评申请书和工作报告,由协会派评定组进行现场复评。逾期未提出复评申请的,"全国安全社区"称号自动废止。

第二十四条 获得"全国安全社区"称号的社区应于每年1月30日之前向协会递交年度工作报告,内容包括上年度安全社区工作总结和本年度持续改进计划。协会组织专家抽检。

第二十五条 未提交工作报告的,协会有权要求其限期提交年度工作报告。连续两年未能提交工作报告和情况说明的,由协会撤销其"全国安全社区"称号,同时报安全监管总局备案。

第二十六条 社区在保持"全国安全社区"称号期间,发生重特大生产安全责任事故或社会影响重大事件的,协会将撤销其"全国安全社区"命名,并予以公告,同时报安全监管总局备案。

第二十七条 对评定或评定管理工作有异议的社区,可向中国职业安全健康协会(促进中心)投诉和举报。对终审结果有异议的,可向安全监管总局提出申诉。

第六章 附　则

第二十八条 本评定管理办法由中国职业安全健康协会(促进中心)负责解释。

第二十九条 本评定管理办法自公布之日起开始实施。

附录四

国务院安委会办公室
关于进一步深入推进安全社区建设的通知

（安委办〔2011〕38 号，2011 年 10 月 19 日下发）

各省、自治区、直辖市及新疆生产建设兵团安全生产委员会，国务院安委会有关成员单位，有关中央企业：

　　安全社区建设是在全国范围内推进的一项旨在提高安全意识，加强安全生产基层基础(以下简称"双基")建设，减少各类事故与伤害的主要举措。截至 2011 年 8 月底，全国启动安全社区建设的单位(街道或乡镇)已达 1280 个，已命名 229 个全国安全社区。安全社区建设不断扩展，已由北京、上海、大连等重点城市、东部沿海地区向中西部地区延伸，呈现良好发展态势。

　　为认真贯彻落实《国务院关于进一步加强企业安全生产工作的通知》(国发〔2010〕23 号)以及国务院常务会议、国务院安委会全体会议精神，进一步深入推进安全社区建设，提高全民安全意识和安全行为能力，最大限度地降低和减少各类事故与人员伤亡，促进全国安全生产形势持续稳定好转，现就有关事项通知如下：

　　一、立足促进安全发展、创新社会管理，推进安全社区建设

　　安全生产事关人民群众的切身利益，事关改革发展稳定大局，事关党和政府形象和声誉。做好安全生产工作，是贯彻落实科学发展观、构建社会主义和谐社会的必然要求，是转变经济发展方式、推进经济社会全面协调可持续发展的重要任务，是实现全面建设小康社会目标、加快改革开放和现代化进程的重要保障。各地区、各有关部门和单位必须从全局和战略的高度，充分认识做好安全生产工作的极端重要性，牢固树立以人为本、安全第一、安全发展的科学理念，切实把保护人民群众生命财产安全放在各项工作的首位，把加强安全生产工作摆在政府工作的重中之重，以高度的责任感、使命感和紧迫感，扎实抓好安全生产各项工作，通过建设安全社区，扩大安全管理工作的范围和深度，加强安全生产"双基"建设，进一步推动全国安全生产状况持续稳定好转。

要从加强和推动社会管理创新的高度充分认识安全社区建设的重要意义,把创建安全社区作为推动社会管理创新的重要载体,从提升社会管理水平、转变社会管理模式、增强社会管理基础、提高社会管理效能四个方面促进社会管理创新。要整合各部门资源,促进安全社区管理队伍的建设,实现以公众参与为重点的社区安全促进机制,为社会管理创新奠定良好的群众基础。

二、明确安全社区建设的指导思想、工作思路和工作目标

(一)指导思想。倡导"安全、健康、和谐"的理念,坚持"安全第一、预防为主、综合治理"的方针,立足"安全服务、持续改进"的原则,推动社会管理创新。加强安全文化和社区环境建设,加强安全生产"双基"工作,提高社区成员的安全意识和防范能力,最大限度地降低和减少各类事故和人员伤害。

(二)工作思路。加强城市安全社区建设,推动农村安全社区建设,着力开展企业主导型、工业园区和经济技术开发区的安全社区建设,做到统筹规划、试点先行、重点突破、有序推进。要加强包括组织建设、制度建设、设施建设和队伍建设的安全生产基础建设,完善管理机制。要结合社区实际,针对社区安全的重点问题、重点人群和重点场所实施安全促进,做实事、求实效。

(三)工作目标。继续由经济发达地区向中西部地区推进安全社区建设,扩大覆盖面,继续向企业主导型社区以及国家级和省级经济开发区、工业园区安全社区建设重点倾斜。力争到"十二五"末期,我国80%的省级区域开展了安全社区建设,50%以上的省级区域有被命名的安全社区,乡镇安全社区建设比例由现在的1.5%提高到3%左右。企业主导型社区由煤炭、石油、石化扩展到钢铁、电力、铁路等重点行业。

三、加强安全社区建设的组织领导,建立健全安全社区推进工作机制

各地区要切实加强对安全社区建设工作的领导,进一步理顺关系、明确责任,逐步建立完善"党委领导、政府负责、安委办牵头、多元参与、联合共建"的工作机制,把安全社区建设纳入地方各级政府工作日程;要建立安全社区建设激励和约束机制,将其纳入绩效考核内容;对于本地区安全社区建设工作效果好,群众满意度、参与度不断提高的单位和个人,应予以表彰和奖励。要把安全社区建设计划纳入地方财政支持范围,为安全社区建设提供人、财、物等条件保障。地方各级安委会办公室要在地方党委和政府的领导下,指导和协调有关安委会成员单位和其他专业部门、社会团体、志

愿者等社会资源,成立安全社区推进机构,参与安全社区建设,提供必要的技术支撑和资源支持,并组织开展各类安全进社区、进单位、进学校、进农村、进家庭活动,实现共驻社区、共建社区、共享安全与健康。

各建设单位要按照《国家安全监管总局关于深入开展安全社区建设的指导意见》(安监总政法[2009]11号)的要求,建立跨界、跨部门合作组织机构,制定社区安全规划,规范安全基层和基础建设,组织策划和实施安全促进项目。要组织社区企事业单位、社会组织、志愿者和广大群众参与安全促进活动,充分发挥他们的优势,建立和完善全员参与机制。

四、推进实施安全社区建设工程

各地区要积极创造条件,策划和实施下列安全社区建设工程:

(一)推广安全促进示范项目,内容涵盖交通安全、火灾预防、农民工安全技能培训、社区危险源控制、社区应急能力建设、高层建筑安全、学校安全、公共场所安全、从业人员职业安全与健康、安全生产"五进"(进社区、进单位、进学校、进农村、进家庭)等。

(二)建设安全健康教育基地,面向广大社区成员宣传各类安全知识,让群众知晓、掌握安全知识和基本技能。

(三)实施全民安全素质工程,通过组织安全知识竞赛、应急演练、安全培训与教育、安全主题的文体活动等方式,提高全民安全意识和安全素质。

(四)建设和沟通安全信息渠道,包括网站专页、社区论坛、社区信息化平台以及民意民情收集、处理和反馈系统等。

(五)建立安全社区建设骨干队伍,逐步配备街道、村委会(居委会)专、兼职人员,充实基层安全社区建设队伍。

五、规范安全社区建设,提高社区安全绩效

安全社区建设工作专业性强,各建设单位要在有关部门和专业人员的指导下,正确使用事故和伤害风险识别方法,逐步建立和完善事故与伤害监测机制;要结合社区安全特点和社区条件,有针对性地策划实施安全促进项目,实现既定安全目标和计划。要注重对安全社区创建过程、安全促进项目、事故和伤害发生与分布规律、社区成员安全认知度以及满意度等进行评估,实现持续改进。

各地区、各有关部门和单位要认真抓好安全社区建设推进工作,尽快将本通知精神传达到地方各级政府、部门,并结合实际做出安排部署,确保取得实效。

附录五

国家安全监管总局关于深入开展
安全社区建设工作的指导意见

（安监总政法〔2009〕11号）

各省、自治区、直辖市、计划单列市及新疆生产建设兵团安全生产监督管理局：

近年来，全国安全社区建设稳步推进、有序发展，效果明显。2006年2月，国家安全监管总局发布了《安全社区建设基本要求》(AQ/T 9001-2006)，规范了安全社区建设标准。同年，国务院办公厅印发的《安全生产"十一五"规划》和国家安全监管总局印发的《"十一五"安全文化建设纲要》都提出了建设安全社区的任务和目标。但是，目前全国的安全社区建设工作发展还不平衡，一些地区对开展安全社区建设工作认识不足，对安全社区理念理解不够，有的持观望态度，工作进展缓慢。

为进一步推动安全社区建设，提高全员安全意识和防范能力，最大限度地降低和减少各类事故与人员伤害，依据安全社区标准，结合安全社区建设的进展情况和经验，提出以下指导意见。

一、指导思想

1.以科学发展观为统领，坚持以人为本，贯彻"安全第一、预防为主、综合治理"的方针，促进安全发展、健康发展、和谐发展。紧紧围绕全国安全生产中心工作，以加强安全生产基层基础工作(以下简称"双基"工作)为切入点，建设安全社区，促进安全生产长效机制建设。

二、加强安全社区建设组织领导工作

2.国家安全监管总局负责指导安全社区建设工作，组织制定和发布安全社区建设规划和标准。

3.推动安全社区建设的有序、健康发展，有关部门和单位应承担如下工作：

(1)在国家安全监管总局宣传工作领导小组领导下，由中国职业安全健康协会负责组织开展全国安全社区建设工作。

一是负责全国安全社区推进工作,组织指导各地开展安全社区创建活动;

二是为安全社区建设提供技术支持,宣传贯彻安全社区理念,培训安全社区建设骨干;

三是研究拟订安全社区建设发展规划,规范安全社区创建工作,依据安全社区标准,制定相关实施要求和管理办法;

四是负责全国安全社区评审、协调管理以及证后管理工作。

(2)地方各级安全监管部门负责指导本地区安全社区建设工作。

(3)各社区按照安全社区标准要求,结合本社区实际情况,针对重点场所、重点人群,实施安全促进,实现安全发展。

(4)各级安委会成员单位、社会单位、民间组织,应积极参与安全社区创建,实现共建、共享。

三、建设安全社区工作原则和实施依据

4.全国安全社区建设工作遵循以下原则:

(1)国家鼓励、支持和指导各种功能型社区创建安全社区,使其成为加强安全生产"双基"工作的有效平台。

(2)安全社区建设在地方政府领导下开展,纳入安全生产长效机制建设。

(3)符合安全社区标准要求和达到"全国安全社区"基本条件的社区,可按照《安全社区评定管理办法》申报,安全监管部门做好审查和推荐工作。

5.全国安全社区建设实施依据:

(1)《安全社区建设基本要求》(AQ/T 9001-2006);

(2)《安全社区评定管理办法》;

(3)《安全社区评定指标》;

(4)其他有关要求。

四、工作目标和计划

6.努力实现《安全生产"十一五"规划》提出的广泛开展安全社区建设和《"十一五"安全文化建设纲要》提出的"十一五"期间创建安全社区的目标要求。

7.各级安全监管部门要加强对安全社区建设工作的监督检查,结合实际,精心组织,分类指导、科学创建。争取到2010年在省会及重点城市有

10个以上的社区单位开展创建,有较多的企业主导型社区参与创建,有部分农村乡镇开展创建。

五、坚持政府部门主导,整合各类资源,建立健全安全社区推进机制

8.各地安全监管部门要在地方党委和政府领导下,指导和协调相关部门和其他社会资源,开展各类安全进社区、进企业、进学校、进农村、进工地、进家庭活动,积极参与安全社区建设工作,提供必要的技术支撑和资源支持。

9.创建单位要依据标准建立跨部门合作的安全社区创建组织,明确职责,制定社区安全规划,组织策划和实施安全促进项目,评估安全绩效,持续改进,实现安全目标。

10.建立安全社区建设激励机制。对于本地区安全社区建设工作成果好,群众满意度、参与度不断提高的单位和个人应予以表彰,有条件的可以适当给予奖励。

11.建立安全社区建设约束机制。已经命名的全国安全社区,要坚持不断改进和完善。发生不符合《安全社区评定管理办法》中"证后管理"要求的,将按规定撤销命名。

12.建立安全社区推进长效机制。各级安全监管部门和创建单位要长期、有效推进安全社区建设工作,切忌运动化和形式主义,切忌搞成政绩工程和形象工程。

13.建立全员参与机制。创建单位要组织社区企业、单位、社会组织、志愿者和广大群众参与安全促进活动,充分发挥他们的优势,形成全员参与机制,提高社区成员安全认同度和知晓率。

六、加强社区安全生产管理工作

14.加强社区安全生产管理工作。各地安全社区推进机构要结合当地实际情况,积极创造条件,做好安全生产管理、信息、资料和宣传工作。

15.通过加强安全社区建设,努力实现基层安全生产管理工作较全面覆盖。对于较小规模的生产经营单位和商贸网点,创建单位要建立台账,了解其安全生产状况,整合基层社区各类安全监管力量,实施综合管理。

七、积极推进各类社区的安全社区建设

16.积极推进城市安全社区建设。城市社区社会资源丰富,公共设施较为完善,要充分协调和利用各类资源,实行部门联动。要将安全内容有机融入各类社区建设项目和工作中。要调动和发挥社会单位、志愿者组织、专业技术部门和居民的积极性,形成共建、共享安全与健康的创建机制。

城市一般应以街道办事处为单位开展安全社区创建工作。

17.在建设社会主义新农村过程中,逐步推进农村安全社区建设。当地安全监管部门要加强乡镇企业生产安全管理,充分考虑农村安全特点和重点,指导村(居)针对农村用电安全、农机安全、涉水安全、农药中毒预防、火灾预防等问题开展安全促进。

农村地区一般应以乡、镇为单位开展安全社区创建工作。

18.积极推进企业主导型安全社区建设。企业主导型社区指由企业自主管理的社区,其居民成分主要为企业员工及家属。企业尤其是大型企业要围绕企业的安全生产和企业发展开展创建工作。创建单位要致力于服务一线的安全生产,关注企业员工居住和生活环境安全,结合社区特点,开展各类安全促进活动,构建安全生产保障基础。企业要积极与当地政府及部门沟通,充分利用社会资源,促进企业主导型社区的安全、健康、和谐。

各类社区尤其是城市社区要注意小规模(型)商场、学校(幼儿园)、医院、餐馆、旅馆、歌舞娱乐场、网吧、美容洗浴、生产加工等场所的综合安全管理。

八、规范安全社区建设方法,提高社区安全绩效

19.科学运用风险管理模式。创建单位要在安全监管部门和专家的指导下,正确使用事故和伤害风险识别方法,建立隐患排查整改等方面的制度,完善安全管理机制。

20.逐步建立和完善事故与伤害监测机制。创建单位要规范生产、交通、消防和社会治安等方面的事故与伤害记录和统计工作。有条件的地方,应依靠专业部门,选择适用的伤害监测方法,为全面评估安全绩效提供依据。

21.制定切实可行的安全目标和计划。创建单位要制定安全社区创建目标和计划,并结合事故和伤害重点因素,制定事故和伤害预防控制目标以及相应计划。目标和计划要切实可行,能够指导安全促进项目的制定,体现持续改进的要求。

22.策划实施安全促进项目。创建单位应结合社区安全情况和社区条

件,有针对性地策划实施安全促进项目,实现既定目标和计划。安全促进项目可以通过多种措施包括安全管理、安全宣传教育培训、安全服务、安全设施和产品、安全工程等手段实现。

23.加强社区应急能力建设。创建单位要针对社区潜在的自然灾害、事故灾难、公共卫生事件和社会安全等突发事件,制定具有可操作性的应急响应预案或计划,配备应急设施和器材,加强应急管理工作。组织应急知识、宣传普及活动和必要的应急演练,使社区居民具备基本的自救互救知识和能力。

24.加强信息交流,强化监督检查。创建单位要建立、畅通外部信息交流和内部信息交流渠道。创建单位要选择和实施适用的监督检查方法。对隐患排查、监督检查工作中发现的问题,要认真分析原因,有针对性地制定和实施纠正措施和预防措施。

25.中国职业安全健康协会和地方各级创建机构要指导社区采用定性或定量的方法,对安全社区创建过程、安全促进项目、事故与伤害发生发展情况、社区成员安全认知情况以及满意度等进行检查和评估,实现持续改进。

国家安全生产监督管理总局

二〇〇九年一月十四日

附录六

国家安全监管总局关于印发企业安全生产责任体系五落实五到位规定的通知

(安监总办〔2015〕27号)

各省、自治区、直辖市及新疆生产建设兵团安全生产监督管理局,各省级煤矿安全监察局,各中央企业:

为深入贯彻落实习近平总书记关于安全生产工作的重要论述精神和全国安全生产电视电话会议部署,全面贯彻落实新《安全生产法》,进一步健全安全生产责任体系,强化企业安全生产主体责任落实,国家安全监管总局制定了《企业安全生产责任体系五落实五到位规定》(以下简称《规定》),现印发给你们,请认真贯彻落实。

一、请各级安全监管部门根据本地实际情况和附后式样,安排印制《规定》挂图,按照监管范围、企业属地监管的原则,在4月底前分级发放至辖区内企业,确保全覆盖、无遗漏。国家安全监管总局负责印发中央企业总部。

二、各企业要将《规定》张贴在醒目位置,并严格按照要求,抓紧完善安全生产领导责任制,调整安全生产管理机构人员,建立相关工作制度。2015年底所有规模以上企业必须做到安全生产责任体系五落实五到位,2016年扩大到所有规模以下企业。

三、各地区要加大宣传和曝光力度,强化示范引领和鞭策推动。各级安全监管部门、煤矿安全监察机构要加强督促检查,指导、推动企业抓好贯彻落实。国家安全监管总局将组织对重点地区、重点企业落实情况开展抽查。

附件:挂图式样(略)

国家安全监管总局

2015年3月16日

企业安全生产责任体系五落实五到位规定

一、必须落实"党政同责"要求,董事长、党组织书记、总经理对本企业安全生产工作共同承担领导责任。

二、必须落实安全生产"一岗双责",所有领导班子成员对分管范围内安全生产工作承担相应职责。

三、必须落实安全生产组织领导机构,成立安全生产委员会,由董事长或总经理担任主任。

四、必须落实安全管理力量,依法设置安全生产管理机构,配齐配强注册安全工程师等专业安全管理人员。

五、必须落实安全生产报告制度,定期向董事会、业绩考核部门报告安全生产情况,并向社会公示。

六、必须做到安全责任到位、安全投入到位、安全培训到位、安全管理到位、应急救援到位。

附录七

关于印发《广东省安委会办公室关于进一步深入推进安全社区建设的实施方案》的通知

(粤安办〔2011〕122号)

各地级以上市安全生产委员会、顺德区安全生产委员会,省安委会各成员单位:

为贯彻落实国务院安委会办公室《关于进一步深入推进安全社区建设的通知》(安委办〔2011〕38号)等精神,现将《广东省安委会办公室关于进一步深入推进安全社区建设的实施方案》印发给你们,请认真贯彻落实。执行中遇到的问题,请迳向省安委会办公室反映。

广东省安委会办公室

二○一一年十二月二十三日

附录八

广东省安委会办公室《关于进一步深入推进安全社区建设的实施方案》

安全生产事关人民群众生命财产安全,事关改革开放、经济发展和社会稳定大局,事关党和政府形象和声誉。安全社区建设是在全国范围内推进的一项旨在提高安全意识,加强安全生产基层基础(以下简称"双基")建设,减少各类事故与伤害,实现经济社会科学发展、安全发展的重要举措。为认真贯彻落实《国务院关于进一步加强企业安全生产工作的通知》(国发〔2010〕23号)、《广东省人民政府贯彻〈国务院关于进一步加强企业安全生产工作的通知〉的实施意见》(粤府〔2010〕147号)和《中共广东省委 广东省人民政府关于进一步加强安全生产工作的意见》(粤发〔2011〕13号)精神,按照《印发广东省安全生产"十二五"规划的通知》(粤府办〔2011〕36号)和国务院安委会办公室《关于进一步深入推进安全社区建设的通知》(安委办〔2011〕38号,见附录一)要求,进一步做好我省安全社区建设工作,特制订《广东省安委会办公室关于进一步深入推进安全社区建设的实施方案》。

一、指导思想

我省安全社区的建设工作,坚持以人为本、安全发展的理念,坚持"安全第一、预防为主、综合治理"的方针,以推动科学发展、加快转型升级、建设幸福广东为出发点,以保障人民群众生命财产安全为落脚点,以遏制伤亡事故和减少职业危害为着力点,立足"安全服务、持续改进"的原则,推动社会管理创新,加强安全文化和社区环境建设,加强安全生产"双基"工作,提高社区成员的安全意识和防范能力,最大限度地降低和减少各类安全事故和人员伤害,最大限度地增加社会和家庭和谐因素,为"加快转型升级、建设幸福广东"创造良好的安全生产环境。

二、工作目标

(一)**总体目标**:按照国家的部署和省的要求,到"十二五"末期2015年,全省建设 100 个以上安全社区,其中力争创建"全国安全社区"80 个、"国际安全社区"5 个、"广东省安全社区"40 个,努力实现《广东省安全生产"十二五"规划》确定的创建安全社区目标任务。同时,由经济发达珠江三角洲地区向粤东、粤西、粤北地区推进安全社区建设,扩大覆盖面;我省 100%的地级以上市(含顺德区,下同)开展省级安全社区建设,60%以上的地级以上市、省有关单位有被命名的全国安全社区。积极推动商场、学校(幼儿园)、医院、餐馆、旅馆、休闲基地等行业领域安全社区创建。积极向企业主导型社区以及国家级和省级经济开发区、工业园区安全社区建设重点倾斜。企业主导型社区由石油、石化、矿山扩展到钢铁、电力、铁路等重点行业。

(二)具体目标:各地级以上市、省有关单位要积极广泛开展安全社区创建工作,自行选定 1—3 个社区作为安全社区试点开展创建工作。在各地市、各单位开展试点的基础上,省安委会办公室将在 2012 年 9 月召开一次全省创建安全社区活动现场会,总结推广经验,分批创建成"全国安全社区"。2013 年底前,广州、深圳、珠海、佛山、东莞、中山等珠江三角洲地区各市 50%以上县区应有国家级安全社区命名单位,粤东、粤西、粤北地区各市 20%以上县区应有国家级安全社区命名单位。2014 年底前,广州、深圳、珠海、佛山、东莞、中山等市力争创建各 1 个以上"国际安全社区"。2015 年底前,在全省培育 5 个国际安全社区、80 个国家级安全社区、40 个省级安全社区建设示范单位,建立起与经济社会发展需要相适应、定位准确、功能到位、作用显著的安全社区发展格局。

三、组织领导

省安委会办公室负责指导全省安全社区建设工作,协调推进全国安全社区创建,并组织制定和发布我省安全社区建设基本要求和管理办法。在省安委会办公室领导下,由省安全生产技术中心、省安全生产协会具体负责安全社区的具体推进工作。

各级安委会、省安委会有关成员单位负责指导和协调本地区、本单位安全社区建设工作,加强对安全社区建设工作的监督检查,积极推动和参与安全社区建设,为安全社区建设提供必要的技术支撑、资源支持和物质保障。

各创建单位要切实加强对安全社区建设工作的领导,明确安全社区组织推进机构,制定安全社区创建目标和计划,纳入本单位重点工作予以落实,有效推动安全社区建设工作。

四、工作重点

安全社区建设工作着力点在城市区域、街道、社区(居委会),或企业主导型社区、开发区、工业园区和县、乡镇、村等。要坚持自主、务实、引导的原则,倡导"安全、健康、和谐"的理念,全力推进安全社区的创建工作。加强城市安全社区建设,推动农村安全社区建设,着力开展企业主导型、工业园区和经济技术开发区的安全社区建设,做到统筹规划、试点先行、重点突破、有序推进。

各创建单位要按照《国家安全监管总局关于深入开展安全社区建设的指导意见》(安监总政法〔2009〕11号,见附录五)等要求,严格落实《安全社区建设基本要求》(AQ/T 9001-2006)(见附录一)和《安全社区评定管理办法》(见附录三)以及随后下发的《广东省安全社区建设基本要求》《广东省安全社区评定管理办法(试行)》,建立跨界、跨部门合作组织机构,制定社区安全发展规划,规范安全基层和基础建设,组织策划和实施安全促进示范项目、建设安全健康教育基地、实施全民安全素质工程、建设安全信息沟通渠道及建立安全社区建设骨干队伍,并持续改进,实现安全目标。

五、工作步骤

(一)2011年12月中旬前,下发《广东省安委会办公室关于进一步深入推进安全社区建设的实施方案》,并转发国务院安委会办公室《关于进一步深入推进安全社区建设的通知》(安委办〔2011〕38号),对各地、各单位安全社区工作进行动员部署。

(二)2012年2月底前,由各地、各单位按国家和省的要求,制定本地区、本单位安全社区建设具体实施方案,确定试点社区,并上报省安委会办公室。

(三)2012年3—6月,各地、各单位按安全社区建设工作方案、安全社区建设基本要求等组织实施(试点)创建工作。省安委会办公室将适时派工作督查组到各地、各单位指导、抽查安全社区创建工作。

(四)2012年5—8月,省安委会办公室在调研各地、各单位开展安全社区创建工作基础上,制订《广东省安全社区建设基本要求》《广东省安全社区评定管理办法(试行)》,指导各地、各单位开展省级安全社区创建工作。

(五)2012年8—9月,省安委会办公室召开全省安全社区创建工作现场会,总结推广各地市、各单位安全社区试点经验,并大力组织、推荐条件成熟的社区参加"全国安全社区"的评选,推广试点经验,逐步在全省各地、各单位推广实施。

(六)2013—2014年,全省创建30个以上"广东省安全社区"、60个"全国安全社区"、3个"国际安全社区",形成安全发展的良好格局。

(七)2015年,实现以公众参与为重点的社区安全促进机制,全省创建100个以上安全社区,其中"国际安全社区"5个、"全国安全社区"80个、"广东省安全社区"40个。在2015年第四季度,组织召开"十二五"时期我省安全社区工作总结大会,为安全生产社会管理创新建立长效机制。

六、工作要求

(一)**提高认识,加强领导**。做好安全生产工作,是贯彻落实科学发展观、构建社会主义和谐社会的必然要求,是转变经济发展方式、推进经济社会全面协调可持续发展的重要任务,是实现全面建设小康社会目标、加快改革开放和现代化进程的重要保障。安全社区建设是一项利国利民的工程,安全社区创建工作是加强安全生产基础管理的重要工作。我们要深刻认识安全社区创建对我省安全生产形势稳定好转将起重要促进作用,增强责任感、紧迫感和使命感,积极参与推进我省安全社区创建工作。各地和省安委会成员各有关单位要切实加强组织领导,广泛发动,精心安排,科学规划,落实安全社区创建工作的责任和措施,有计划、有步骤、有重点地组织实施,确保安全社区创建工作取得实效。

(二)**落实责任,形成合力**。开展安全社区及试点工作是具有创新性和前瞻性的实践,需要各相关部门、单位的密切协同配合。各地要把安全社区建设纳入地方各级政府工作日程;要建立安全社区建设激励和约束机制,将其纳入绩效考核内容;对于本地区安全社区建设工作效果好,群众满意度、参与度不断提高的单位和个人,应予以表彰和奖励。要把安全社区建设计划纳入地方财政支持范围,为安全社区建设提供人、财、物等条件保障。省安委会有关成员单位、各地级以上市要发动各有关单位、社区企业、社会组织、志愿者和广大群众积极参与安全社区创建,并加强信息沟通,及时反馈情况,扩大新闻媒体宣传,形成工作合力,实现共驻社区、共建社区、共享安全与健康的创建机制。

（三）完善机制，规范管理。开展安全社区及试点工作要研究拟订安全社区建设发展规划，各地、各单位要着力从完善机制、规范管理入手，制订相关实施要求和管理办法，为安全社区建设提供必要的技术支撑、资源支持和物质保障。要切实加强安全管理，建立健全全员培训、绩效考核奖惩、事故隐患排查整改、政务公开和接受社会监督等方面的制度，推进安全生产标准化建设，完成总体和阶段目标任务，并整合各类资源，做到标本兼治，实施综合管理。

（四）求真务实，注意总结。开展安全社区及试点工作对于安全社区的成功推广具有重要的借鉴作用。在开展试点工作的过程中，一方面要求真务实，根据实际情况和各类社区开展试点工作，用提高全员安全意识和防范能力、最大限度地降低和减少各类事故与人员伤害的实际效果来评价、检验试点工作；另一方面要创新安全社区建设的方式方法，及时研究、总结和解决试点工作中好的做法、经验和出现的问题，为我省安全社区建设的推广工作积累宝贵的经验。

要通过全省上下共同努力，把创建安全社区作为推动社会管理创新的重要载体，从提升社会管理水平、转变社会管理模式、增强社会管理基础、提高社会管理效能四个方面促进社会管理创新。同时，将安全社区建设及试点工作成为全省落实安全生产责任、完善安全管理体系、普及安全生产宣传教育、遵守安全生产法规、整治事故隐患、加大安全投入、改善安全生产条件、实现安全生产状况持续稳定好转的良好示范，推动安全生产科学发展，进一步提高安全生产服务经济社会又好又快发展的能力，保障人民群众生命财产安全。

请各地级以上市、省安委会有关成员单位将安全社区建设具体实施方案、意见以及分管领导和具体联系人的名单（表格见附件5），于2012年2月28日前报省安委会办公室。（联系人：李洁、张建伟，联系电话：020—83135911、83135923，传真：020—83135923）